21世纪
高职高专规划教材
市场营销系列

"十三五"江苏省高等学校重点教材

2018-1-091

团队管理

Team Management

（第2版）

主　编／陈　锋

副主编／袁玉玲　王金龙

中国人民大学出版社

·北京·

前　言

根据教育部《关于加强高等学校在线开放课程建设应用与管理的意见》(教高〔2015〕3号)和《省教育厅关于做好“十三五”高等学校在线开放课程建设工作的通知》(苏教高〔2016〕14号)等文件要求，“互联网+教育”时代已经到来，职业教育的教学环境以及教学理念都发生了很大的变化，加上信息技术的高速发展，“教师、教材、教法”的三教都需要进行变革。

本教材是江苏省2018年高等学校重点立项建设教材，所依托的“团队管理”课程也被立项为2019年度江苏省高校在线开放课程。教材依托“中国大学MOOC(爱课程)”平台推进建设，致力于引导教师变“教学”为“导学”，打破传统的“以教师为中心、以教材为中心、以教室为中心”的传统模式，向“以学生为中心”转变。学生可以借助“中国大学MOOC”平台自主学习，在线与本教材主编进行无障碍沟通，并获取本教材的增值以及定期升级服务，采用本教材的授课教师可以实现“线上”和“线下”结合的混合式教学，真正实现“教师、教材、教法”的三教融合。

在“团队管理”课程的教学实践和同名教材第2版的修订过程中，我们十分注重教学实践的积累，也十分注重与地方企业的合作，通过为企业提供团队拓展培训，积累宝贵的课程教学资源。同时，对本教材体例进行了优化，由原来的“项目”和“任务”升级为“专题”和“模块”。本教材以“团队认知需体验一团队诞生看流程一团队绩效要激励一团队领导讲艺术一团队建设靠培训一团队精神重塑造”为逻辑路径，将碎片化的知识点和技能点进行系统化的设计，构建了专题化的内容体系，共涵盖六大专题、二十四个具体模块。每个专题层层递进，直至升华。本教材每一专题都有知识目标、能力目标、模块内容、游戏拓展、知识链接、专题小结、主要名词以及课后习题。每一模块下面设置了故事导入、教师启发、课前提问以及相关知识点。

本教材由无锡商业职业技术学院的陈锋担任主编，负责总体策划、统稿定稿并编写修订专题二、专题三、专题四、专题五，以及前言、附录的全部内容；无锡商业职业技术学院的袁玉玲担任副主编，编写了专题一的全部内容；无锡商业职业技术学院的王金龙担任副主编，编写了专题六的全部内容；无锡商业职业技术学院的闫冬梅和武翠提供了部分案例与视频；江苏红豆杉生物科技股份有限公司总经理徐信保参与编写了项目设计，提供了企业案例等。

在本教材的修订过程中，我们也得到了一些企业的大力支持和帮助，在此向江苏红豆杉生物科技股份有限公司、无锡市万有影丽文化传媒有限公司等一并表示诚挚的谢意。本书在修订过程中，参考了国内外相关文献，在此向原著作者表示感谢，同时也向第1版的所有参编人员表示感谢。

由于编者水平有限，书中仍有不足之处，希望读者多提宝贵意见。再次感谢因此书有缘结识的人。

陈　锋

2020年1月

目 录

专题一 团队认知需体验

知识目标

1. 掌握团队、群体的含义以及团队和群体的区别
2. 熟悉团队的产生与发展、团队类型的新发展
3. 熟悉群体的发展阶段和类型
4. 熟悉团队的常见类型
5. 理解团队流行的原因、组建团队所遇到的阻力、团队的七个特征
6. 理解团队的角色分析和团队对组织和个人的影响

能力目标

1. 能够举例说明群体和团队的区别
2. 能够运用所学知识区分团队常见的几种类型
3. 能够在实践中发挥团队的作用

模块一 团队的起源与发展

故事导入

惠普的敞开式办公室

美国惠普公司创造了一种独特的“周游式管理办法”，鼓励部门负责人深入基层，直接接触广大员工。

为满足此目的，惠普公司的办公室布局采用美国少见的“敞开式大房间”，即全体人员都在一间敞厅中办公，各部门之间只有矮屏分隔，除少量会议室、会客室外，无论哪级领导都不设单独的办公室，同时不称头衔，即使对董事长也直呼其名。这样有利于同事间互相沟通，营造无拘束和合作的氛围。

教师启发

单打独斗、个人英雄主义的闭门造车工作方式在现今社会越来越不可取，团队的分工合作方式正逐渐被各企业认同。管理中打破各级、各部门之间无形的隔阂，形成相互之间融洽、协作的工作氛围是提高工作效率的良方。

不要在工作中人为地设置屏障分隔，敞开办公室的门，制造平等的气氛，同时也敞开了彼此合作与心灵沟通之门。

对一个企业而言，最重要的一点是营造一个快乐、进步的环境，在管理的架构和同事之间，可以上下公开、自由自在、诚实地沟通。

? 课前提问

你心中的团队是什么样子的？

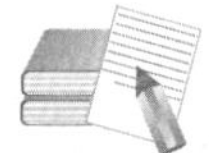

相关知识点

一、团队的含义

团队是指由两个或两个以上的人组成的一个共同体，该共同体合理利用每一个成员的知识和技能协同工作、解决问题，达到共同的目标。团队有几个重要的构成要素，总结为5P。

（一）目标（Purpose）

团队应该有一个既定的目标，为团队成员导航，知道要向何处去，没有目标，这个团队就没有存在的价值。

三叶草

自然界中有一种昆虫很喜欢吃三叶草，这种昆虫在吃食物的时候都是成群结队的，第一个趴在第二个的身上，第二个趴在第三个的身上，由一只昆虫带队去寻找食物，这些昆虫连接起来就像一节一节的火车车厢。管理学家做了一个实验，把这些像火车车厢一样的昆虫连在一起，组成一个圆圈，然后在圆圈中放它们喜欢吃的三叶草，结果它们爬得精疲力竭也吃不到这些草。

这个例子说明在团队中失去目标后，团队成员就不知道怎么做了，最后的结果可能是饿死，这个团队存在的价值就要打折扣。

团队的目标必须跟组织的目标一致，此外还可以把大目标分成小目标，再具体分到各个团队成员身上，大家合力实现这个共同的目标。同时，目标还应该有效地向大众传播，让团队内外的成员都知道这些目标，有时甚至可以把目标贴在团队成员的办公桌上、会议室里，以此激励所有人为这个目标去工作。

（二）人（People）

人是构成团队最核心的力量。3 个（包含 3 个）以上的人就可以构成团队。

目标是通过人员具体实现的，所以人员的选择是团队中非常重要的一个部分。在一个团队中可能需要有人出主意，有人定计划，有人实施，有人协调不同的人一起工作，还有人监督团队工作的进展、评价团队最终的贡献。不同的人通过分工来共同完成团队的目标，在人员选择方面要考虑人员的能力如何，技能是否互补，人员的经验如何。

（三）定位（Place）

定位包含两层意思：

（1）团队的定位：团队在企业中处于什么位置，由谁选择和决定团队的成员，团队最终应对谁负责，团队采取什么方式激励下属。

（2）个体的定位：作为成员在团队中扮演什么角色？是制定计划还是具体实施或评估？

（四）权限（Power）

团队当中领导人的权力大小跟团队的发展阶段相关，一般来说，团队越成熟，领导人所拥有的权力越小，在团队发展的初期阶段领导权相对比较集中。

团队权限关系到两个方面：

（1）整个团队在组织中拥有什么样的决定权？如财务决定权、人事决定权、信息决定权。

（2）组织的基本特征。如组织的规模有多大，团队的数量有多少，组织对于团队的授权有多大，它的业务是什么类型。

（五）计划（Plan）

计划包括：

（1）目标最终的实现，需要一系列具体的行动方案，可以把计划理解成为完成目标的具体工作的程序。

（2）提前按计划进行可以保证团队的顺利进度。只有在计划的操作下团队才会一步一步地贴近目标，从而最终实现目标。

二、项目团队

（一）定义

从项目管理的过程对项目团队进行定义：项目团队包括被指派的为项目可交付成果和项目目标而工作的全职或兼职的人员。他们负责理解完成的工作；如果需要，对被指派的活动进行更详细的计划；在预算、时间限制和质量标准范围内完成被指派的工作；让项目经理知悉问题、范围变更和有关风险和质量的担心；主动交流项目状态，主动管理预期事件。项目团队可以由一个或多个职能部门或组织组成。一个跨部门的团队有来自多个部门或组织的成员，并通常涉及组织结构的矩阵管理。

（二）特征

项目团队的特征有：

（1）项目团队具有一定的目的。

（2）项目团队是临时组织。

（3）项目经理是项目团队的领导。

（4）项目团队强调合作精神。

（5）项目团队成员的增减具有灵活性。

（6）项目团队建设是项目成功的组织保障。

（三）发展阶段

项目团队从组建到解散，是一个不断成长和变化的过程，一般可分为 5 个阶段：组建阶段、磨合阶段、规范阶段、成效阶段和解散阶段。在项目团队的各个阶段，其团队特征也各不相同。

1. 组建阶段

在这一阶段，项目组成员刚开始在一起，总体上有积极的愿望，急于开始工作，但对自己的职责及其他成员的角色都不是很了解，他们会有很多的疑问，并不断摸索以确定何种行为能够被接受。在这一阶段，项目经理需要进行团队的指导和构建工作。

项目经理应向项目组成员宣传项目目标，并为他们描绘未来的美好前景及项目成功所能带来的效益，公布项目的工作范围、质量标准、预算和进度计划的标准和限制，使每个成员对项目目标有全面深入的了解，建立起共同的愿景。

同时，项目经理还应明确每个项目团队成员的角色、主要任务和要求，帮助他们更好地理解所承担的任务，与项目团队成员共同讨论团队的组成、工作方式、管理方式、方针政策，以便取得一致意见，保证今后工作的顺利开展。

2. 磨合阶段

这是团队内激烈冲突的阶段。随着工作的开展，各方面问题会逐渐暴露。成员们可能会发现，现实与理想不一致，任务繁重而且困难重重，成本或进度限制太过紧张，工作中可能与某个成员合作不愉快。这些都会导致冲突产生、士气低落。在这一阶段，项目经理需要利用这一时机，创造一个互相理解和支持的环境。

允许成员表达不满或他们所关注的问题，接受及容忍成员的任何不满；做好导向工作，努力解决问题、矛盾；依靠团队成员共同解决问题，共同决策。

3. 规范阶段

在这一阶段，团队将逐渐趋于规范。团队成员经过震荡阶段逐渐冷静下来，开始表现出相互理解、关心和友爱，亲密的团队关系开始形成；同时，团队开始表现出凝聚力。另外，团队成员通过一段时间的工作，开始熟悉工作程序和标准操作方法，对新制度也开始逐步熟悉和适应，新的行为规范得到确立并为团队成员所遵守。在这一阶段，项目经理应尽量减少指导性工作，给予团队成员更多的支持和帮助；在确立团队规范的同时，要鼓励成员的个性发挥；培育团队文化，注重培养成员对团队的认同感、归属感，努力营造相互协作、互相帮助、互相关爱、努力奉献的工作氛围。

4. 成效阶段

在这一阶段，团队的结构完全功能化并得到认可，内部致力于从相互了解和理解到共同完成当前工作上。团队成员一方面积极工作，为实现项目目标而努力；另一方面成员之间能够开放、坦诚、及时地进行沟通，互相帮助，共同解决工作中遇到的困难和问题，创造出很高的工作效率和满意度。在这一阶段，项目经理工作的重点应是：授予团队成员更大的权力，尽量发挥成员的潜力；帮助团队执行项目计划，集中精力了解掌握有关成本、进度、工作范围的具体完成情况，以保证项目目标得以实现；做好对团队成员的培训工作，帮助他们获得职业上的成长和发展；对团队成员的工作绩效做出客观的评价，并采取适当的方式给予激励。

5. 解散阶段

在解散阶段，项目走向终点，团队成员也开始转向不同的方向。这个阶段的视角在于团队的福利而不是像其他 4 个阶段那样在于团队成长。团队领导应确保团队有时间庆祝项目的成功，并为将来总结实践经验。或是在项目不成功的情况下，评估原因并为将来的项目总结教训。这也让团队成员在奔赴下一个目标时有机会相互道别和祝福。

（四）构建方法

1. 加强项目团队领导

组建一支基础广泛的团队是建立高效项目团队的前提，在组建项目团队时，除考虑每个人的教育背景、工作经验外，还需考虑其兴趣爱好、个性特征以及年龄、性别的搭配，确保团队成员优势互补、人尽其才。

项目经理要为个人和团队设定明确而有感召力的目标，阐明实现项目目标的衡量标准，让每个成员明确理解自己的工作职责、角色、应完成的工作及其质量标准。设立实施项目的行为规范及共同遵守的价值观，引导团队行为，鼓励与支持参与，接受不同的见解，珍视和理解差异，进行开放性的沟通并积极地倾听，充分授权，民主决策，营造以信任为基础的工作环境，尊重与关怀团队成员，视个人为团队的财富，强化个人服从组织、少数服从多数的团队精神。根据队员的不同发展阶段实施情境领导，正确地运用指导、教练、支持与授权 4 种领导形态，鼓励队员积极主动地分担项目经理的责任，创造性地完成任务以争取项目的成功。

2. 鼓舞项目团队士气

项目团队的士气依赖成员对项目工作的热情及意愿，为此，项目经理必须采取有效措施激发成员的工作热情与进一步发展的愿望，创造出信任、和谐而健康的工作氛围，让每个成员都知道，如果项目成功了，每个人都是赢家，个人的价值也得到了实现，否则便都会有损失，而且，任何人都不会比团队更聪明、更有战斗力。鼓励成员相互协调、彼此帮助，开诚布公地表达自己的思想，设身处地地提供反馈来帮助自己和成员与项目一同成长。提倡与支持不断学习的氛围，使团队成员有成长和学习新技术的机会，能够获得职业和人生上的进步。庆祝团队取得的新胜利，肯定与赏识个人与团队的成功。

灵活多样而丰富多彩的团队建设活动，如组织项目队员周末聚会、室外拓展、团队旅游等，是培养和发展个人友谊、鼓舞团队士气的有效方式。另外，通过定期召开项目团队会议，也能充分讨论关于建设高效团队的有益话题。

3. 提高项目团队效率

建设高效项目团队的最终目的是提高团队的工作效率，项目团队的工作效率依赖于团队的士气和合作共事的关系，依赖于成员的专业知识和掌握的技术，依赖于团队的业务目标和交付成果，依赖于依靠团队解决问题和制定决策的程度。高效项目团队必定能在领导、创新、质量、成本、服务、生产等方面取得竞争优势，必定能以最佳的资源组合和最低的投入取得最大的产出。加强团队领导，鼓舞团队士气，支持成员学习专业知识与技术，鼓励成员依照共同的价值观达成目标，依靠团队的聪明才智和力量去制定项目计划、指导项目决策、平衡项目冲突、解决项目问题，是取得高效项目成果的必经之路。

三、团队的产生与发展

（一）团队的产生

有人认为“团队”早在军队产生时就已出现。最早的含义是“一起拉”，16 世纪演变为“一起行动的一群人”。

（二）团队的发展

团队的发展主要经历了以下几个年代，具体如表 1－1 所示：

表 1－1　团队的发展

年代（20 世纪）	事件
40 年代	英国塔维斯托克研究所研究了当工人组成团队时对生产力的影响。
50 年代	通用食品的托皮卡厂以自主管理的团队做实验，获得很大成功。
60 年代	通用汽车公司发现，以团队为基础的装配线能提高产品质量和员工工作满意度，而且制造一辆汽车的时间仍保持不变。
70 年代	日本的质量控制方法在美国大行其道，成为改善质量、削减成本的重要方式。丰田和通用合资的心联汽车制造公司的团队，在品质和生产力方面都表现卓越。
80 年代	团队建设在西方进一步推广，并取得了显著成效。汉伟公司规定所有的工厂都以团队方式运作。施乐公司鼓励团队每天召开两次讨论会，集体解决问题。富豪汽车公司把传统装配线改为 7～10 个员工组成的自主管理系统，同时在其卡尔玛分厂中建立团队，把不良率降低了 90%。西屋家具系统的团队在 3 年内使生产力提高了 74%。山那多人寿保险公司的人员需求降低，工作量却增加了 33%。壳牌石油公司给团队赋予了这样一种含义，即“需要相互合作，达到某种成果的一群人”。

续表

年代（20世纪）	事件
90年代	佛罗里达电力公司成立了1 900个质量小组。施乐公司有7 000多个质量改进小组。公民瓦斯及煤炭公司的团队一年的提案超过过去34年的总和。《工业周刊》的调查表明，北美25%的组织都在试行自我督导团队。康宁新型赛璐珞瓷厂的团队把不良率从每百万件1 800个减少到只有9个。通用面粉厂的团队将生产力提高了40%。丹纳公司的活塞工厂依靠团队，把顾客下单到工厂交货的时间从6个月锐减到6个星期。

（三）团队发展的不同阶段

团队的发展主要经历了5个阶段，如图1-1所示：

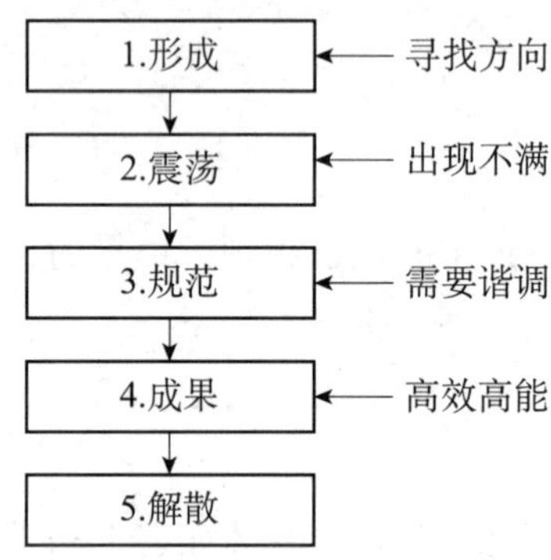

图1-1　团队的发展阶段

1. 形成阶段

在形成阶段，团队成员往往为完成自己的任务而关注定义、理解目标、开发实施过程。团队在该阶段的发展包括彼此熟悉及理解领导和其他成员的角色，在社交行为方面，应当处理好大多数成员的情感和过分依赖于某几个成员的倾向问题。

在本阶段，每个团队成员要做到以下几点：

（1）控制情绪直到他们了解情境；

（2）比他们感觉到的更谨慎地行动；

（3）对施加于他们的要求感到困惑和不肯定；

（4）优雅而礼貌或者至少没有敌意；

（5）试图判断个人加入团队后的得失情况。

2. 震荡阶段

在震荡阶段，冲突逐渐显现，反映在工作行为、目标的相对优先次序、责任分配、领导关于任务的引导和指示等方面。

本阶段的主要矛盾是竞争领导角色和目标冲突。一些成员会退缩，努力使自己远离这种紧张情绪。本阶段的关键是控制冲突而不是压制或退缩。团队成员如果走向这两个极端，那团队将不能有效地成长到第三阶段：在团队成员试图表达自己的不同情绪后，压制冲突将可能产生痛苦和憎恨，并持续很长一段时间；退缩则导致团队失败。如果成员从一开始就使用一种团队建设程序，这个震荡阶段可能会缩短或避免。

3. 规范阶段

在规范阶段，工作行为发展为信息分享，接受不同选择，积极地进行一些需要妥协的决策。在这一阶段，团队成员制定团队的操作规则。社会行为集中于移情、关心以及情感的积极表达从而产生一种凝聚力。合作与责任分担在团队成员中日渐普遍。

4. 成果阶段

在成果阶段，团队成员显示他们如何能一起熟练并有效地达到目标。每个成员都接受和理解自身角色，也已学会何时独立工作，何时相互帮助。

一些团队继续从经验中学习和发展，变得越加成熟和有效。另一些仅仅在维持生存面上运行。过分自我倾向的行为，不利于熟练和有效地完成任务的规范发展，糟糕的领导或其他因素都会降低生产力。

5. 解散阶段

在解散阶段，工作行为结束，社交活动松散。

课堂测试

请同学们谈谈对团队的认识。

教师启发

实际上，团队的例子特别多，可以是在生活中遇到的，也可以是通过电视等媒介看到的，可以采用头脑风暴的方式进行。

小故事大道理

某公司户外拓展——重新认识团队（感想）

2019 年 6 月 25 日，我有幸成为公司第一批参加某拓展公司团队拓展的人员之一。经过两天一夜的训练，除了身体上的疲惫外，精神上也颇有收获，但更重要的是对自己、对团队有了一个全新的认识：那就是一个人要发展，自信心是必不可少的，而一个公司要发展，一个富有激情的团队也是必不可少的。

有感一：团队，就是由某些人为了达到一定的目标而组成的一个队伍，团队中的人可以是固定的，也可以是临时的，可能是认识的，也可能是不认识的。就像我们的团队，大家来自不同的所、队，差不多每个岗位都有，各方面的能力也参差不齐。在教官的指引下，我们很快推选了队长，挑选了队名，唱出了队歌，团队建设由此开始，标志着我们的团队拓展已经迈出了小小的一步。

有感二：没有人知道接下来会发生什么，直至教官宣布下一个任务。下达的任务往往带有规则，为的是在条件限制下看我们如何完成任务，规则有好几个，由易到难，也代表着多变的环境。每次任务开始之前，教官总会三番五次地让我们确定完成任务的时间或是完成任务的方法，此时就需要很好的凝聚力，能够把大多数人的各方面的特性凝聚起来。而我们也真正做到了，我看到的是我们在积极讨论，献计献策，尽管也有争论，有分歧，但我们的目标只有一个，那就是百折不挠地完成任务。我们做到了，我们都高举双手，发出胜利的喝彩。

有感三："摸着石头过河"是一种尝试，这一尝试带给了我们改革开放40年来翻天覆地的变化；而踩着梅花桩过河也是一种尝试，这一尝试让我们每个人都体会到了团队的力量、集体的力量。当一个办法不行时，马上有另一个办法付诸行动，当所有的办法都用了以后，我们找到了一个最可行的办法，这是尝试与执行力结合的最好体现，我们看到的是每一个人都按照既定的方案不折不扣地执行，在执行的同时，每一个行之有效的方法、每一个善意的提醒都被及时地传达下去，直到完成任务，大家都为了一个共同的目标在努力着，努力着……

在这里，我们真正认识了团队的意义。

训练营

训练任务 1-1　认识团队训练

【任务目标】

帮助学生掌握团队的含义、项目团队、团队的产生与发展。

【任务要求】

（1）由授课老师主持训练。

（2）每组安排一名同学负责记录、汇总。

（3）活动结束后，要求每组选出一名代表在课堂上汇报讨论的心得。

（4）准备时间为 10 分钟。

【任务组织】（见表 1-2）

表 1-2　　认识团队训练任务组织表

活动项目	具体实施	时间	备注
认识团队训练	（1）假设全班 48 人，自由分组，形成 6 组。 （2）小组成员讨论团队的含义、项目团队、团队的产生与发展。 （3）6 个小组在教师的指导下，同时进行讨论。 （4）组织学生讨论认识团队训练过程中遇到的问题。	30 分钟	教室中每组一桌八椅

【任务评价】（见表1-3）

表1-3　认识团队训练任务评价表

评价指标	评价标准	分值（100分）	评估成绩	所占比例
认识团队训练表演情况及效果	1. 对团队的含义、项目团队、团队的产生与发展的理解	20		70%
	2. 能识别团队训练易犯错误	20		
	3. 能灵活运用团队训练的应对策略	20		
	4. 遵守活动时间	10		
	5. 表演真实	10		
	6. 效果明显	10		
	7. 活动评估	10		
教学过程	出勤、态度和热情	100		30%
小组综合得分				

模块二　团队与群体的区别

故事导入

三个和尚

从前有一座山，山上有座小庙，庙里有个小和尚。他每天挑水、念经、敲木鱼，给菩萨案桌上的水瓶添水，夜里不让老鼠来偷东西，生活过得安稳自在。

不久，又来了个瘦和尚。他一到庙里，就把半缸水喝光了。小和尚叫他去挑水，瘦和尚心想，一个人去挑水太吃亏了，便要小和尚和他一起去抬水，于是两个人一起去抬水，可是谁也不愿意吃亏，就把水桶放在担子的中央，这样总算还有水喝。后来，又来了个胖和尚。他也想喝水，但缸里没水。小和尚和瘦和尚叫他自己去挑，胖和尚挑来一担水，立刻独自喝光了。从此谁也不挑水，3个和尚就没水喝。大家各念各的经，各敲各的木鱼，菩萨面前的净水瓶也没人添水，花草都枯萎了。夜里老鼠出来偷东西，谁也不管。结果老鼠猖獗，打翻烛台，燃起大火。3个和尚这才一起奋力救火，大火扑灭了，他们也觉醒了。从此3个和尚齐心协力，每天轮流挑水喝，生活又恢复了安稳自在。

教师启发

办一件事，如果没制度作保证，责任不落实，人多反而办不成事。3个和尚为什么没水喝？因为3个和尚属同一种心态，同一种思想境界，都不想出力，想依赖别人，在取水的问题上互相推诿。结果谁也不去取水，以致大家都没水喝。

？课前提问

团队与群体究竟有什么区别呢？

相关知识点

一、群体的定义

为了实现某个特定的目标，两个或两个以上相互作用、相互依赖的个体的组合。群体有正式群体和非正式群体之分。

正式群体是指由组织结构确定的、职务分配很明确的群体。在正式群体中，一个人的行为是由组织目标规定的，并且是指向组织目标的。当今组织中各类正式群体的一些例子如表1-4所示。

表1-4　正式群体的例子

主要类别	内容描述
命令群体	这是一种基础的和传统的工作群体，由正式权力关系所决定，并在组织章程中有明确描述。典型的命令群体包括一名管理者以及一些直接向其汇报工作的下属。
交叉功能团队	它由来自不同工作领域的人员组成，因此这个群体中荟萃了不同的知识和技能，目的是共同解决工作中出现的各种问题。交叉功能团队还包括那种成员之间受过培训因而能够相互替代工作的群体。
自我管理团队	这是一种基本上独立的群体。除了完成本职工作之外，还承担着一些传统意义上的管理职责，如人员招聘、计划安排、绩效评估等工作。
特别行动小组	它是为了完成某一具体任务而临时组建起来的群体，一旦任务完成，这个小组也就解散了。

非正式群体是那些既没有正式结构，也没有组织确定的联盟，是人们为了满足社会交往的需要在工作环境中自然形成的。

二、群体的发展阶段

群体的发展是一个动态过程，大多数群体都处于不断变化的状态下。虽然群体可能永远也达不到彻底稳定的状态，但我们依然可以用一个一般模式来描述大多数群体的发展历程。研究表明，群体发展经过 5 个标准的阶段，这 5 个阶段是：形成阶段、震荡阶段、规范阶段、成果阶段及解散阶段。

形成阶段（Forming）。首先，人们加入群体可能是由于组织的工作分配，如在正式群体中的情况；也可能是希望得到其他效益（如地位、自尊、权力、归属感、安全性），如在非正式群体中的情况。其次，一旦确定了群体成员，第二部分就开始了，即界定群体的目标、结构、领导层等工作。这一阶段以极大的不确定性为特点。成员们常常是“摸着石头过河”，以了解哪类行为方式能够被群体接受。当群体成员开始把自己视为群体的一分子思考问题时，这一阶段就算结束了。

震荡阶段（Storming）。这是一个突显内部冲突的阶段。此时群体成员虽然接受了群体的存在，但却抵制着群体对个体所施加的控制。进一步，在由谁控制群体的问题上出现了冲突。这一阶段结束时，群体内部出现了比较明朗的领导层级，群体成员在发展方向上也达成了共识。

规范阶段（Norming）。在此阶段，密切的群内关系得以发展，同时群体也表现出了内聚力。这时成员有一种强烈的群体认同感和志同道合感。当群体结构比较稳固，群体成员也对什么是正确的成员行为达成共识时，这个阶段就结束了。

成果阶段（Performing）。此时，群体的结构发挥着最大作用，并得到广泛认同。群体的主要精力从相互认识和了解进入完成当前的工作任务上。对长期工作群体来说，成果阶段是其发展历程的最后一个阶段。

解散阶段（Adjourning）。对于临时群体，比如临时委员会、特别行动小组或其他类似团队，它们是为完成某种具体任务而建立，因此还存在解散。这一阶段中，群体为解散做好准备。高工作业绩不再是群体关注的头等大事，取而代之的是如何做好善后工作。在此阶段群体成员的反应各不相同：一些人为群体所取得的成就而兴奋不已，心满意足；也有一些人则可能为即将失去在群体生活中所获得的和谐与友谊而闷闷不乐、郁郁寡欢。

三、群体的类型

群体的类型主要有以下 4 种，如表 1-5 所示。

表 1-5　　群体的类型

主要类别	内容描述
命令型群体	由组织结构规定。它由直接向某个主管人员报告工作的下属组成。
任务型群体	由组织结构规定。它是指为完成一项工作任务而在一起工作的人。
利益型群体	大家是为了某个共同关心的特定目标而走到一起的。
友谊型群体	由于其成员具有某些共同的特点而形成的。

四、团队和群体的区别

1. 个体与集体目标层面

无论是群体还是团队，都可以定义为一个集体，而其组成单位则是构成集体的个体。作为集体中的个体，个人目标往往与集体目标是不完全一致的。这种情况也不可避免地会发生在群体和团队的成员身上。所不同的是，当这种情况发生时，群体成员会将个体目标置于集体目标之上，而团队成员则会将个体目标置于集体目标之下。

案例

一日厂长

韩国精密机械株式会社实行了一种独特的管理制度，即让员工轮流当厂长管理厂务。一日厂长和真正的厂长一样，拥有处理公务的权力。当一日厂长对工人有批评意见时，要详细记录在工作日记上，并让各部门的员工收阅。各部门、各车间的主管，得依据批评意见随时核正自己的工作。这个工厂实行“一日厂长制”后，工厂的向心力增强，工厂管理成效显著，开展的第一年就节约生产成本300多万美元。

让企业的每一个成员都更深刻地体会到自己也是企业这个大家庭中的一员，并身体力行地做一回管理者，不仅可以充分调动他们的积极性，也对从多方面看到管理上的不足有积极作用。

现代企业管理的重大责任，就在于谋求企业目标与个人目标两者的一致，两者越一致，管理效果就越好。

2. 成员的身份认同层面

根据威廉姆斯的分析，团队和群体的成员在参与、贡献、合作和支持方面具有不同的期望值，而导致这些不同期望值的最主要的原因之一，就是个体成员对自己身份的认同。在这方面的最大不同是个体相对于集体的主观意愿上的区别：团队中的个体成员具有强烈的组织归属感和使命感，而一般群体中的成员则仅仅将自己定位为一名普通的成员。

3. 成员的技能组合层面

对于一般的群体而言，在其最初组建时所考虑的各方面的因素与组建团队后所考虑的是不同的。通常，一般的群体中成员的技能组合是随机产生的，并且在其后的工作中也往往处于相对静止的状态；而对于高效率的团队，在其组建时就已经充分利用了成员间的互补性，而在其后磨合与运营的过程中，成员的技能组合更是呈现多元并且互为补充的状态。

4. 领导权力和作用层面

这一层面主要是讨论集体中的领导人的作用。通常，为了更好地达到组织的管理和运营目标，一般群体的领导权力更多地集中在少数的个体成员身上，他们的领导作用也因为其重要性而显得格外突出；但是对于团队而言，这种情况则是反方向的：越是高效的团队，其组织内的领导权力越是呈下放的趋势，并且领导权力的作用也因此而逐步减少和弱化。

5. 成员之间的关系层面

这一层面所包含的内容可以包括具体的交流方式、成员间的信任度，以及发表意见的多少等几个方面。在一般的群体内，成员间的交流往往是非正式的和不充分的，彼此之间不够了解也缺乏信任，沟通的渠道少而不畅；而团队成员间的沟通却是多样而充分的，并且越是高效的团队，其成员间的互相信任程度也就越高，也因此更鼓励发表不同的意见和建议。

6. 成员工作的主动性层面

这一层面和前面提到的成员身份的认同与相互间的期望有很大的关系。作为一般群体中的个体，成员往往是比较被动地接受领导所安排的任务，并且在创新方面不会有更多的想法，或者即使有也不愿意去实施；而对于团队中的个体，其工作的态度是积极主动的，而且在其工作的过程中成员们愿意进行不同的尝试来提高工作效率，推进更有效的运行方式。

7. 集体行动的方式层面

这一层面主要是讨论集体中统一或者协调活动时所呈现的状态。在一般的群体中，集体行动通常是由领导者统一安排的全部个体行为的简单组合，行为没有或很少能够产生协作；但是，团队的集体行动则是具有严密分工与合作的集体协作，每个成员的个体行动都是完整的集体中重要的有机成分，并且集体力量的发挥高度依赖于个体的相互支持和配合。

8. 个体对集体的决定层面

与前面提到的领导的权力和作用具有很强的反向相关性的是，个体在集体决定方面所扮演的角色和起到的具体作用。在一般的群体中，个体成员往往极少有机会参与整个集体的决策，因而每一个单独的个体所扮演的角色并不是很重要；但是，对于团队中的成员，每一分子都可以参与任何影响团队的决定，并在各种决定中扮演重要的角色。

9. 集体的工作结果层面

这一层面的表现也是衡量其是否算得上是真正的团队的最重要依据之一。对于一般意义上的群体，其集体工作的结果通常是小于个体成绩的总和的。在进行集体工作的过程中，往往有大量的个体成绩要在组织内部消耗掉，所以集体成绩最多也不过是个体结果的累积。但是，对于一个团队，其集体工作的结果是要大于全部个体成绩的总和的。因为个体成员所扮演的角色和起到的作用与原来单独的个体角色和作用有了本质的区别，高效的团队所产生的效果通常可以数倍，甚至是数十倍地高于单个个体工作结果的总和。熟悉这些不同的层面和每一层面上的具体区别，可以帮助管理者更好地分析所管理的集体的实际状态。对于那些旨在进行团队建设的集体，更可以根据各自的实际情况设定好在每一个层面上所要达到的具体目标，从而让团队建设更加有的放矢。根据普通的群体和高效的团队在这些层面上的差距，还可以制定出更具体的评估指标，而那些细化了的指标则可以作为检验团队建设是否成功的有效衡量尺度。

课堂测试

下面四个类型，哪些是群体？哪些是团队？

龙舟队、旅行团、足球队、候机旅客。

小故事大道理

两头鸟

从前，某个国家的森林内，喂了一只两头鸟，名叫“共命”。这只鸟的两个头“相依为命”，每每遇事，两个“头”都会讨论一番，才会采取一致的行动，比如到哪里去找食物，在哪里筑巢栖息等。

有一天，一个“头”不知为何对另一个“头”产生了很大误会，造成谁也不理谁的仇视局面。其中一个“头”想尽办法和好，希望它们还和从前一样快乐地相处；另一个“头”则睬也不睬，根本没有要和好的意思。如今，这两个“头”为了食物开始争执，一个“头”建议多吃健康的食物，以增强体力；但另一个“头”则坚持吃“毒草”，以便毒死对方才可消除心中怒气！和谈无法继续，于是只有各吃各的。最后，那只两头鸟终因吃了过多有毒的食物而死去了。

在一间公司内，每个组织之间的关系就好像是个大家庭，大家庭中的每个成员应该和和气气、团结一致。若发生什么不愉快的事，大家应开诚布公地解决，不应将他人视为“敌人”，想尽办法敌视他。因为大家都在同一个公司服务，一旦某个组织溃不成军，其他组织也将深受其害。

亲密是介于组织、主管和员工之间的一条看不见的线。有了亲密感，才会有信任、牺牲和忠贞。

训练营

训练任务 1－2　识别团队与群体训练

【任务目标】

帮助学生在实践中识别团队与群体。

【任务要求】

（1）由授课老师主持训练。

（2）每组安排一名同学负责记录、汇总。

（3）教师在 PPT 上面写上团队或者群体的词语，由各组来识别，答对最多的为优胜。

（4）活动结束后，要求每组选出一名代表在课堂上汇报讨论的心得。

（5）准备时间为 10 分钟。

【任务组织】（见表 1－6）

表 1－6　识别团队与群体训练任务组织表

活动项目	具体实施	时间	备注
识别团队与群体训练	（1）假设全班 48 人，自由分组，形成 6 组。 （2）小组成员讨论群体的定义、群体的发展阶段、群体的类型、团队和群体的区别。 （3）6 个小组在教师的指导下，同时进行讨论。 （4）组织学生讨论识别团队与群体训练过程中遇到的问题。	30 分钟	教室中每组一桌八椅

【任务评价】（见表 1－7）

表 1－7　识别团队与群体训练任务评价表

评价指标	评价标准	分值（100 分）	评估成绩	所占比例
识别团队与群体训练表演情况及效果	1. 理解群体的定义、群体的发展阶段、群体的类型、团队和群体的区别	20		70％
	2. 能理解识别团队与群体训练易犯的错误	20		
	3. 能灵活运用识别团队与群体训练的应对策略	20		
	4. 遵守活动时间	10		
	5. 表演真实	10		
	6. 效果明显	10		
	7. 活动评估	10		
教学过程	出勤、态度和热情	100		30％
小组综合得分				

模块三 团队常见类型

大雁

大雁有一种合作的本能，它们飞行时都呈V形。这些大雁飞行时定期变换领导者，因为为首的大雁在前面开路，能帮助它两边的大雁形成局部的真空。科学家发现，大雁以这种形式飞行，要比单独飞行多出12%的距离。

合作可以产生一加一大于二的倍增效果。据统计，诺贝尔获奖项目中，因协作获奖的占三分之二以上。在诺贝尔奖设立的前25年，合作奖占41%，而现在则跃居80%。

教师启发

分工合作正成为企业中一种潮流的工作方式被更多的管理者提倡，如果我们能把容易的事情变得简单，我们做事的效率就会倍增，这是简单化、专业化、标准化的一个关键。世界正逐步向简单化、专业化、标准化发展，合作的方式就理所当然地成了这个时代的产物。

课前提问

团队类型有哪些？大雁属于哪种团队呢？

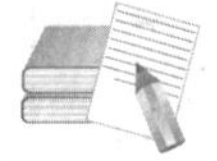

相关知识点

一、团队的常见类型

在当代企业中，团队越来越成为组织工作的主要方式。事实表明，如果完成某项工作，需要多种技能、经验和判断，那么通常由团队来做效果会更好；还有一种情况，当一项工作需要参与的人积极发挥他们的主动性才能做好时，也需要采用团队的方式。团队的工作方式可以使组织更好地利用员工的才干。在多变的环境中，团队比传统的部门结构更为灵活、反应也更迅速，因为团队能够进行快速的组合、配置、重新定位和解散。

团队的主要类型有问题解决型团队、自我管理型团队、交叉功能型团队和虚拟型团队。

（一）问题解决型团队

问题解决型团队（Problem-solving teams）关注于他们责任范围中的特殊问题，发展潜在的解决问题方案，经常被授权在一定范围中采取措施。这样的团队时常要面临质量或成本的问题。团队成员来自特定部门，他们每周有 1～2 次的会面，每次会面持续 1～2 小时。

实际上，管理是将某些问题和决策责任授予团队。问题解决型团队通常由来自同一个部门的多名工程师组成，组成的目的是解决某个技术难题，或者推进某个特定领域的工作，如怎样加强产品质量，如何改善工作环境等。在问题解决型团队中，成员针对问题相互交换看法或者提出建议。

（二）自我管理型团队

自我管理型团队（Self-managed teams）通常由 10～15 人组成，队员之间或者是工作业绩息息相关，或者是从事相互依赖性的工作。他们承担了很多以前由主管承担的责任。一般来说，他们的责任范围包括：计划和安排工作日程；给各成员分配工作任务；共同监控工作进度；做出操作性决策；针对问题采取行动。这些团队拥有做出和实施决策、完成项目、处理问题的权限。

产品管理中的产品线管理、公司级的产品管理等比较适合采用自我管理型团队模式，因为他们需要快速决策，而决策同时又依赖技术、市场、财务等多方面信息和状态的综合。另外，如果企业的产品是多学科交叉（主要学科高于 3 个），那么技术评审委员会、核心技术部门等也比较适合采用自我管理型团队模式。

（三）交叉功能型团队

交叉功能型团队（Cross-functional teams）也称为跨职能型团队，是由组织内部同一层次、不同部门或工作领域的员工组成的，如由来自研发、市场、生产等部门成员组成的团队，他们合作完成包含多样化任务的一个大型项目。交叉功能型团队打破了部门之间的界限，使来自不同领域的员工能够交流，有利于激发新观点，协调解决复杂的问题。

交叉功能型团队是一种有效的工作方式，它使团队内不同领域的员工交流信息，激发人们采用新方法解决问题，并使人们合作完成复杂的项目，但是，它的管理比较复杂，形成的初期往往要消耗大量的时间用于团队成员之间的磨合，因此交叉功能型团队的存在时间一般在半年以上。

（四）虚拟型团队

虚拟型团队（Virtual teams）是利用计算机和网络技术把实际上分散的成员联系起来，以实现一个共同目标的工作团队。

20 世纪末，以计算机网络通信技术为主的信息技术革命及互联网的崛起将人类社会带入网络时代，并极大地改变了整个世界的运行方式。它改变了整个生产经营方式的价值链，如改变了商品交易模式、消费模式、生产模式、金融运作方式、政府管理模式。

同时它也改变了组织结构和组织行为，如组织结构的扁平化、网络化和虚拟化。计算机、计算机技术和互联网对个体、教育、商业和社会有着重要的影响，个体和团队从各自的背景出发，以某种方式接受、阅读、评价信息并采取相应的行动。通信技术的快速发展和互联网的出现，为虚拟型团队的形成创造了良好的外部条件。虚拟型团队可以完成其他团队所能完成的所有工作——分享信息、做出决策和完成任务等。虚拟型团队可以包括同一公司不同部门的成员，也可以包括不同公司的成员，如供应商或者合作伙伴等。

虚拟型团队相较面对面活动团队主要有 3 个差异：(1) 缺少副语言和非语言线索；(2) 社会背景不同；(3) 需要客服进行时间限制和空间限制。在面对面交谈中，人们使用副语言线索（语调、声音的起伏、音量）以及非语言线索（肢体语言等），这些信息使沟通的内容更加确定。因此，虚拟型团队常常因为成员间缺少直接交流而受到不利影响。

当一家公司进行大范围地域研发布局或者生产布局时，有可能会使用虚拟型团队。如有的公司在国内不同的地域设立研发机构，那么不同研发机构相互合作完成一个共同任务时就需要采用虚拟型团队的模式。

有时我们觉得推动一个工作难度很大，或者解决一个问题难度很大，这时可能是因为我们没有采用恰当的团队运作模式，或者团队运作效率不高。

世界上有 3 种团队。一是牦牛团队。牦牛个个身强力壮，但没有集体意识，各自为政，所以不是狼的对手。二是螃蟹团队。当一群螃蟹被抓到竹篓里后，其中有一只奋力往上爬，其他几只就拼命拉后腿，结果是谁也上不去。三是大雁团队。大雁在飞行时都本能地呈“V”形飞行，前面的大雁在飞行过程中，为后面的大雁创造有利的上升气流，结果整个团队的飞行效率提升了 70%。

二、团队类型的新发展

（一）跨部门（组织）团队

跨部门（组织）团队中，成员来自组织的不同职能领域，需要一起完成共同商定的具体目标。目的是通过培养总周期时间心态，学习总周期时间方法，对关键业务流程实施持续改进，从而快速提高组织的全球性竞争力。

问题可能不单单出在某个部门内部，解决问题也无法依靠单独部门。需要有跨部门团队对源自不同业务流程中的要素进行统筹安排。来自某具体职能外的团队成员能带来客观的视角和全新的思维，可形成创造性的方案，解决和某具体业务流程相关的问题。团队要按照跨职能的方式来组织，这样可博采众长、集思广益，有效地开展和改进流程。

跨部门（组织）团队的兴起是由企业与供应商之间的合作，企业与客户之间的合作，企业与竞争者或其他企业之间的合作形成的。

跨部门（组织）团队

在20世纪60年代，IBM公司为了开发卓有成效的360系统，组织了一个大型的任务攻坚队，攻坚队成员来自公司的多个部门。任务攻坚队（Task force）其实就是一个临时性的多功能团队。同样，由来自多个部门的员工组成的委员会（Committees）是多功能团队的另一个例子。但多功能团队的兴盛是在20世纪80年代末，当时，所有主要的汽车制造公司——包括丰田、尼桑、本田、宝马、通用汽车、福特、克莱斯勒，都采用了多功能团队来协调完成复杂的项目。

要确保跨职能团队实现预期目标，必须综合运用管理型控制和领导型控制手段，然后进一步分析两种类型的控制与信任培养之间的关系。管理型控制对培养团队成员之间的信任既可能有促进作用，也可能存在消极影响，因而表现为一种复杂的关系。一方面，团队成员的共享价值观具有调节作用；另一方面，领导型控制与团队成员间信任的形成与深化之间存在着互补关系。

（二）学习型团队

学习型团队是一个为完成共同目标，共享信息和其他资源，并按一定的规则和程序，通过充分的沟通和协商开展工作的群体。知识管理是建设学习型团队的最重要的手段之一。

学习型组织管理方法在全世界范围内的传播是伴随着《第五项修炼——学习型组织的艺术与实务》一书的问世而兴起的。该书作者彼得·圣吉（Peter M. Senge）博士整合美国麻省理工学院、哈佛大学著名教授的成果，吸取东西方文化精华，历十年之功提炼而成，所以受到世界企管界的普遍推崇。它通过在组织内开展系统思考、自我超越、心智模式、共同愿景、团体学习五项训练的训练，改善组织内长期制约发展的思维方法和习惯，形成新视野、新思维、新习惯，提升组织文化。

“第五项修炼”是解决组织发展中面对的五项基本问题，任何一个组织单位都是一个组织系统，在这个系统中有大小团体，团队的发展要有目标、共同愿景，目标的实现需要团体中的每个人实现自我超越，创造性地工作。自我超越受工作动机的支配，动机受人的心智模式观念的支配。转变人的观念，需要理清人生观、价值观、世界观，需要有系统思考的观念，使人们跳出局限思考的陷阱，在团队中找到自己的位置，立足本职做好工作，工作中又有全局观念，注重团队的整体配合。学习型组织五项训练方法，通过训练、演练，整体提升组织文化，使组织进入长期持续发展的轨道。

具体操作方法如下：

（1）首先要明白你所在的组织是怎样一个组织；

（2）认清建立学习型组织的目的；

（3）设立一个指导组织学习的机构；

（4）在组织内营造学习和组织学习的氛围；

（5）学习和运用五项修炼管理方法，提升组织文化氛围，提高团员的积极性。

学习型团队不存在单一的模型，它是关于团队的概念和成员作用的一种态度或理念，是用一种新的思维方式对团队的思考。在学习型团队中，每个人都要参与学习和解决问题，使团队不断地尝试，改善和提高它的能力。学习型团队的基本价值在于解决问题及成员本身素质的提高，与之相对，传统团队设计的着眼点是效率。

在学习型团队内，成员参加问题的识别，意味着要懂得顾客的需要；成员还要解决问题，意味着要以一种独特的方式将一切综合起来换位思考以满足顾客的需要。团队通过确定顾客新的需求且满足此需求来提高其价值。它常常是通过新的观念、信息和良好的态度来实现价值的提高，而不仅仅是物质的产品。

（三）跨文化团队

随着公司在海外业务的不断发展，相应出现了大量的海外项目交付团队，海外项目交付团队的工作效率对公司的海外业务发展起着很重要的作用。以中国公司“走出去”为例，海外项目团队中存在一些效率不高的现象，例如：

现象一：有的项目组里中方员工和本地员工沟通不畅，重复劳动现象严重，而且中方和本地所汇报的项目进展往往不相同，甚至相差很大。

现象二：有的中方员工与本地员工之间缺乏信任；有的中方员工认为本地员工技术水平不高，而且不虚心接受中方员工的指导；有的本地员工则认为中方员工不了解实际情况，瞎指挥。项目经理应该建立项目组中的中方和本地员工良好的沟通机制，努力创造良好的项目组内部氛围，最终建立以本地员工为交付主力，中方员工协助的高效项目团队。因为大多数中方员工不掌握当地语言，不能与客户、供应商等有效地沟通合作，所以一个高效的跨文化项目团队应该以本地员工为主，中方员工协助。

建立信任是良好沟通的基础。中方员工应主动了解当地的文化和风俗习惯，理解当地人的思维方式，在相互尊重的基础上建立信任，这是良好沟通的基础。

通过中方、本地员工在项目的各个阶段完成不同角色的转换，完成中方、本地员工相互融合，最大限度地提高项目组的运作效率。

（1）项目初期：中方为主、本地为辅。由于项目组刚刚建立，许多本地员工都是新招聘的员工，不了解公司内部流程和产品技术。此时项目组适合的交付模式是中方员工为主，本地员工配合。中方员工的日常工作是引导本地员工了解公司的内部流程，熟悉公司的产品技术；本地员工在熟悉、学习的过程中，负责与外界的沟通和交流。

（2）项目爬坡期：中方、本地并肩交付。经过项目组初期的磨合和熟悉，本地员工已经在一定程度上掌握了公司的产品技术和内部流程，逐渐开始融入项目交付主体。此阶段为中方员工和本地员工的共同交付期。

（3）项目稳定期和后期：本地为主、中方为辅。经过前一阶段项目的磨合，本地员工对项目公司产品技术和内部流程已经非常熟悉，成为交付的主力。中方员工退出一线交付，主要负责公司内部事务的协调、与总部的技术接口等。此时，项目组会减少中方员工的数量，释放部分中方员工到其他岗位。

由优秀工程师到优秀 Team Leader

B 国 G 项目在项目组创立初期，从其他项目调来了本地员工 R。R 在原项目中一直担任技术工程师，技术水平高，工作熟练，在新项目中担任技术团队负责人。R 在新的职位工作很不适应。因为从工程师到 Team Leader，工作范围从纯技术扩展到了团队管理，压力大了许多。因此，R 的情绪有些消沉，认为自己不能干好新的岗位。笔者和本地项目经理一起多次与其沟通，在帮他缓解压力的同时帮他认真分析自己的工作，发现其困难主要是沟通和团队资源管理。笔者建议他在工作中增加与周边部门和客户的沟通；在团队成员管理上，多提前规划，并参考一些管理方面的书籍。经过与 R 多次定期的思想沟通，R 在两个月后适应了新的岗位。在此后与他的沟通中，笔者指出好的 Team Leader 的下一个职业目标是产品经理，希望 R 不但能在本项目中表现出色，更要继续提高自己，用产品经理的标准去要求自己。在这个职业目标的激励下，R 在技术团队 Team Leader 的岗位上发挥得越来越出色，为项目的成功做出了很大的贡献，并成为相关产品的产品经理候选人之一。

课堂测试

牦牛、螃蟹、大雁 3 种团队你最喜欢哪一个？说说理由。

小故事大道理

分工明确的微软

微软是以团队文化闻名的公司。以项目小组的形式来开发电脑软件是由微软首创的。微软的产品是电脑软件，专业性很强，需要知识积累和不断创新，并要求不能出错。在这种情况下，公司需要的文化并非一团和气的温暖，而是平等又充满争论的团队文化，在思想的交锋中产生创新的火花，在不同视角的争辩中创造最独特完美的产品，这是合作精神在微软产品项目小组中的体现。团队合作的内容和意义在不同的组织环境中各不相同，并非千篇一律。

那么微软的这种独特的团队合作文化又是如何创建的呢？这里我想强调一下公司创立者在建立企业文化中的重要作用。大家都知道比尔·盖茨从小就是个电脑迷，而且在他很小的时候就有用电脑知识赚钱的意识。上中学时，他整天待在电脑前，而且还为学校的一个项目编程赚钱。对电脑的狂热和痴迷使他只追求知识和真理，而对权威毫无敬畏之心。他在从哈佛大学辍学去新墨西哥州的一家电脑公司工作的时候，公司里没有一个人敢与公司的技术老板顶嘴，只有最年轻的比尔敢。他与保罗·艾伦创办微软之后，思想的争论、敢于向他人的思想挑战的风气就被鼓励并发扬光大，他甚至要求向他汇报工作的人以及所有项目小组都遵循“敢提不同意见”的原则。项目小组有名的“三足鼎立”结构也就这样建立起来：软件设计员、编程员、测试员，3 种人员彼此挑刺，刺挑得越多，最后的产品就可能越完善。而项目小组的成员大家都平等，组长也没有特别的权力，主要担任沟通协调的角色，解决任务冲突、人员冲突、时间冲突，使大家愉快配合，按时将产品完成。这样独特的团队合作能够实现，与公司对几个重大环节的把握有十分密切的关系。首先是公司文化的创立，其次是人员招聘的把关。微软招人的时候用的测试题全是智力和创意测试，这已经成为 IT 行业招聘的经典。也就是说，微软招的人身上都有些许比尔·盖茨自己的影子：对电脑技术的沉迷热情，懂得思维的乐趣，同时率真而又无视权威。再次，则是分工的极其明确和流程设计的周密。每一个团队成员都十分清楚自己的职责，自己的工作在整体中的位置和顺序以及时间进度。由于分工明确，而且每个人都无法被他人替代，因此彼此都互相尊重，同时敢于提出自己的不同见解。最后则是大家都有明确的共同目标：让产品按时并高质量地完成。

训练营

训练任务 1－3　熟悉团队类型训练

【任务目标】

帮助学生掌握团队的常见类型，牦牛、螃蟹、大雁 3 种团队，团队类型的新发展。

【任务要求】

（1）由授课老师主持训练。

（2）每组安排一名同学负责记录、汇总。

（3）活动结束后，要求每组选出一名代表在课堂上汇报讨论的心得。

（4）准备时间为 10 分钟。

【任务组织】（见表1-8）

表1-8　熟悉团队类型训练任务组织表

活动项目	具体实施	时间	备注
熟悉团队类型训练	（1）假设全班48人，自由分组，形成6组。 （2）小组成员讨论团队的常见类型，牦牛、螃蟹、大雁3种团队，团队类型的新发展。 （3）6个小组在教师的指导下，同时进行讨论。 （4）组织学生讨论熟悉团队类型训练过程中遇到的问题。	30分钟	教室中每组一桌八椅

【任务评价】（见表1-9）

表1-9　熟悉团队类型训练任务评价表

评价指标	评价标准	分值（100分）	评估成绩	所占比例
熟悉团队类型训练表演情况效果	1. 理解团队的常见类型，牦牛、螃蟹、大雁3种团队，团队类型的新发展	20		70%
	2. 能识别团队类型训练易犯错误	20		
	3. 能灵活运用团队类型训练的应对策略	20		
	4. 遵守活动时间	10		
	5. 表演真实	10		
	6. 效果明显	10		
	7. 活动评估	10		
教学过程	出勤、态度和热情	100		30%
小组综合得分				

模块四　消除团队阻力

三个丑皮匠，胜过诸葛亮

有一天，诸葛亮到东吴做客，为孙权设计了一尊报恩寺塔。其实，这是诸葛亮要掂掂东吴的分量，看看东吴有没有能人造塔。那宝塔要求非常高，单是顶上的铜葫芦，就有五丈高，两千多公斤重。孙权被难住了，急得面红耳赤。后来寻到了冶匠，但缺少做铜葫芦模型的人，便在城门上贴起招贤榜。时隔一月，仍然没有一点儿下文。诸葛亮每天在招贤榜下踱方步，高兴得直摇鹅毛扇子。

那城门口有3个摆摊子的皮匠，他们面目丑陋，又目不识丁，大家都称他们是“丑皮匠”。他们听说诸葛亮在寻东吴人的开心，心里不服气，便聚在一起商议。他们足足花了三天三夜的工夫，终于用剪鞋样的办法，剪出个葫芦的样子。然后，再用牛皮开料，硬是一锥子、一锥子地缝成一个大葫芦的模型。在浇铜水时，先将皮葫芦埋在砂里。这一招果然一举成功。诸葛亮得到铜葫芦浇好的消息，立即向孙权告辞，从此再也不敢小看东吴了。

教师启发

“三个丑皮匠，胜过诸葛亮”的故事，就这样成了一句寓意深刻的谚语。这句谚语的意思是说，3个普通人的智慧合起来要胜过诸葛亮。其实，丑皮匠和诸葛亮是没有丝毫联系的，“皮匠”实际是“裨将”的谐音，“裨将”在古代是指“副将”，这句谚语原意是指3个副将的智慧合起来能胜过一个诸葛亮。后来，在流传过程中，人们竟把“裨将”说成了“皮匠”。

? 课前提问

团队的重要性究竟在哪里？

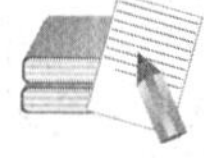

相关知识点

一、团队流行的原因

30年前，丰田、沃尔沃等公司将团队引入生产过程中时，曾轰动一时。很多媒体追击报道这些团队的工作过程和事迹。但30年后的今天，500强中如果哪个公司没有采用团队形式，则会成为新闻热点。仅仅30年的时间，团队已经如此普及，渗透到各个优秀企业、各个部门，甚至政府部门都将领导团队作为不可忽略的环节进行建设，是什么原因？

团队的流行其实跟20世纪60年代日本经济腾飞有关，70年代日本在产业技术方面发展比较迅速，除了航天工业外，跟美国几乎不相上下，在光电技术、机器人、处理机等方面甚至超过了美国。这跟日本的团队经营模式有关。

第二次世界大战后，日本除了人力资源外几乎没有竞争优势，日本企业的单个员工与其他国家相比并不占优势，但如果把凝聚力和对企业的归属感、忠诚度综合起来考察的话，日本的企业是无与伦比的。日本企业中到处弥漫着团队的精神和气氛。

日本团队建设与西方团队建设的比较，如表1-10所示：

表 1-10 日本团队建设与西方团队建设的比较

比较内容	日　本	西　方
范围大小	企业内外/政府	优秀企业
团队历史	早/成熟	晚/试点/推广
文化基础	人治的耻感文化，和谐主义	法治的罪恶文化，效率主义
建设方法	价值主义倾向	功利主义色彩

从管理而言，西方占据优势。从提出科学管理原理的泰勒到各种各样的管理思想，再到现代的管理大师彼得·德鲁克（Peter F. Drucker），种种关于激励的理论、科学管理的理论都反映出西方在管理上确实见长一些。但如果说到团队管理，日本人堪称大师，这与日本的文化基础及文化渊源有关。事实上，即便西方人去学习日本的团队精神、团队凝聚力也很难学到。

例如：在日本实行的是终生雇佣制度，每个人都觉得为企业效力是荣誉，很少有人想到跳槽；但西方人崇尚的是自由，人们可以选择在哪个企业工作，并没有将对企业的忠诚作为原则来约束大家，反而觉得个人从这个企业跳到那个企业是一种不同的体验，甚至在某种程度上鼓励人员的这种分裂方式。

目前，80％的《财富》500强企业中，至少有一半的员工以团队方式工作。68％的美国小型制造公司，在生产领域中运用团队工作。事实表明，如果完成某种工作任务时，需要多种技能、经验和判断，那么通常由团队来做效果更好。管理层发现，在多变的环境中，团队比传统的部门结构或其他形式的构成更为灵活，反应也更迅速。团队能够进行快速的组合、配置、重新定位和解散。此外，团队能够增强组织中的民主气氛，提高工人积极性、主动性和创造性。

二、组建团队所遇到的阻力

团队建设成为流行的趋势是事实，但在具体组建团队的过程中也会遇到一些阻力。

（一）来自组织结构的阻力

1. 传统的等级官僚体制限制团队的发展

因为它主张自上而下的管理方式，团队很多时候需要拥有相当的自主权。从某种意义上来说，这是对传统组织结构的一种挑战。

2. 死板而没有风险的企业文化

企业越稳越好，但事实上成熟的企业都鼓励边缘化的探索，鼓励做一些有风险的但有益的尝试，这为企业未来的生存和发展带来新的渠道和发展路径，团队在这方面其实是一种很好的尝试。

3. 传统组织结构往往是自上而下的

在团队中的个体之间，成员和领导之间，甚至团队和团队之间都可以通过信息来进行传递，可能是自上而下，也可能是自下而上，甚至可能是平级当中进行传播。

4. 部门间的各自为政

传统的组织结构中有生产部门、销售部门、研发部门、客户服务部门，每个部门都有自己的部门职责，他们各自为政，不太喜欢相互融洽交流的团队方式打乱他们应有的阵地，但由此带来了许多问题和麻烦：公司的销售业绩上不去，销售部门说生产部门没有生产出合格的产品，次品率太多，卖不出去；生产部门说研发部门研发出来的产品没有考虑到生产的工艺和流程，所做的开发就目前的技术、设备和人员而言是做不到的；研发部门说只有按照我们所设计的来生产才具有竞争力。这就导致组织的堕落、衰退，团队有时可以整合这些力量。一个市场研发的团队过去是由研发部门自己承担，但今天吸收了来自各个不同部门的成员：可能有生产部门的成员，他们来确定研发与生产工艺如何衔接；可能有销售部门的成员，他们了解顾客需要什么样的产品。今天的研发其实是一种跨部门的团队合作，只有这样，研发出来的产品最后在生产、销售、客户服务等环节上才能被大众接受。

（二）来自管理层的阻力

（1）管理层担心一旦有了团队，管理层就失去了应有的权力和地位。

（2）他们认为组织机构不再需要他们了。

（3）管理层没有及时授予团队的权威和责任。

（4）管理层没有及时提供足够的培训和支持。

（5）管理层没有及时传达企业的总体目标并制定出相关的细则。

（三）来自个人的阻力

（1）既然强调团队的贡献，那么个人的贡献谁来承认？个人的成就感从哪儿来？

（2）如果在团队中必须保持一种合作的态势，那么个性还能不能发挥，个人优势还能不能得到认可？

（3）个人害怕团队会给自己带来更多的工作。

（4）团队成员害怕承担责任。

（5）担心团队在一起工作时会出现新的冲突。

三、团队的 7 个特征

从表 1－11 中，我们可以区分出好团队与坏团队。

表 1－11 团队的 7 个特征

比较内容	好团队的特征	坏团队的特征
是否有明确的团队目标	团队中的每个成员都能够描述出团队的共同工作目标，并且自觉地献身于这个目标。成员对团队的目标十分明确，并且这个目标具有挑战性。	没有共同的目标。团队中各有各的目标，这个部门想这样，那个部门想那样。
是否共享	团队成员能够共享团队中其他人具有的智慧；能够共享团队的各种资源；能够共享团队成员带来的各种信息；能够共享团队的工作责任。	在部门中成员之间很少谈与自己工作有关的话题，生怕与别人交流多了，言多语失，说出自己的经验被别人学去。在团队中成员之间总是你防着我，我防着你。
一个团队中是否有不同角色	一个团队中具备不同的团队角色，有实干者、协调者、推进者、创新者、信息者、监督者、凝聚者、完善者。	“咱们都是螺丝钉，组织让干啥，咱们就干啥。”在许多人的头脑中，特别是在管理者的头脑中，这种想法根深蒂固。它强调的是团队成员虽然具有不同的分工，但充当的却是相同的角色。这种团队中只有两个角色：领导与群众、管理者与被管理者、老板与打工仔。
是否有良好的沟通	团队成员之间敢于公开并且诚实地表达自己的想法。团队成员之间互相主动沟通，并且尽量了解和接受别人，团队成员积极主动地聆听别人的意见。团队成员之间不同的意见和观点能够受到重视。	部门与部门之间很少往来，甚至不是一个部门的员工见面连招呼都不打。有些人在同一个部门内工作一天下来也说不上一句话。有问题出现时互相推诿，相互埋怨；有人就喜欢背后议论别人，说别人的闲话。
是否有共同的价值观	团队成员拥有共同的价值观，共同的价值观像电脑的操作系统一样，为不同的团队成员提供共同的、可兼容的、统一的平台，否则，就像电脑无法操作一样，团队之间根本无法合作与沟通。	有人认为赚钱是企业的唯一目标，不需要考虑什么社会责任感，有了钱什么都好，没有钱什么都不好；有人则认为企业在赚钱的同时还要有社会责任感；有人则认为技术第一……在团队成员之间没有共同的价值观。
是否有归属感	归属感也就是凝聚力。成员喜欢他们的团队，愿意属于这个团队，具有一种自豪感。他们非常愿意留在自己的团队中，并且在必须离开这个团队时依依不舍。在具有归属感的团队中，成员之间可以分享成就，分担失败带来的忧虑和不能按时完成工作的焦急。团队成员之间愿意帮助别人克服困难，或是自学自愿地多做工作。	部门中成员之间互相钩心斗角，你争我斗。各人只顾各人的事情，对其他成员漠不关心，即使能够相互帮助的也不帮助，而是看别人的笑话，企业如同一盘散沙。团队成员把工作作为谋生的手段，成员与团队之间完全是一种雇佣关系，他们与团队之间并不存在什么感情，如果有人出高薪聘用他们，他们会义无反顾地离开。
是否有有效授权	团队领导使成员有渠道获得必要的技能和资源，团队政策和做法能够支持团队的工作目标。在团队中能够做到人人有职有权。	企业中层经理常常感到工作越来越忙，每天总加班留在办公室里处理白天没有来得及处理的工作。而下属们却整天优哉游哉无事可做，他们看着你这位忙碌的经理却帮不上忙。

四、团队的角色分析

团队中一般有 8 种不同的角色，他们是：实干者、协调者、推进者、创新者、信息者、监督者、凝集者、完善者。如图 1－2 所示：

图 1－2　团队中的 8 种不同角色

每种角色都有各自的优缺点，如表 1－12 所示：

表 1－12　角色的优缺点

角　色	优　点	缺　点
实干者	具有较丰富的实践经验；对自己的工作有比较严格的要求，表现出很强的自我约束力；对工作总是勤勤恳恳，吃苦耐劳，有一种老黄牛的精神。	对所遇到的事情缺少灵活性；缺少激情和想象力；对新生事物不感兴趣，甚至存在一种本能的抗拒心理，对喜欢接受新生事物的人很看不惯，常常与他们水火不相容。
协调者	应对突发情况表现得沉着、冷静；能虚心听取别人对工作有价值的意见和建议；对待事情、看问题都能站在比较公正的立场上，保持客观公正的态度。	一般情况下，他们在智力水平上表现一般，自身并不具备太多的、非凡的创造力和想象力。注重人际关系，但容易忽略组织目标。
推进者	充满活力，勇于向来自各方面落后的、保守的传统势力发出挑战。不会满足于现在所处的环境，勇于向低效率挑战。	在团队中表现得有些好激起争端，遇事比较冲动，容易产生急躁情绪；瞧不起别人。
创新者	具有鲜明的个人特性，思想比较深刻，对许多问题的看法与众不同，对一些问题有自己独到的见解，考虑问题不拘一格，思维比较活跃。	往往给人一种高高在上的形象；不太注重一些细节问题上的处理方式。
信息者	性格往往比较外向，对人、对事总是充满热情，表现出很强的好奇心，与外界联系比较广泛，各方面的消息都很灵通。	常常给人留下一种时过境迁、兴趣马上转移的现象。说话不太讲艺术，喜欢直来直去，直言不讳。

续表

角色	优点	缺点
监督者	头脑比较清醒，处理问题比较理智，对人、对事表现得言行谨慎、公平客观。喜欢比较团队成员的行为，喜欢观察团队的各种活动过程。	比较缺乏对团队中其他成员的鼓动力、煽动力；缺乏激发团队中其他成员活力的能力。
凝集者	比较擅长日常生活中的人际交往，能与人保持和善友好的关系，为人处事都比较温和，对人、对事都表现得比较敏感。	常常在危急时刻表现得优柔寡断，而不能当机立断。在团队中不能起到决定性作用。
完善者	在工作中表现得很勤劳，做事总是持之以恒，决不会半途而废；对工作认认真真、一丝不苟，是一个理想主义者，追求尽善尽美。	处理问题时过于注重细节，为人处事不够洒脱。

五、团队对组织和个人的影响

（一）团队对组织的影响

（1）提升组织的运行效率（改进程序和方法）。

（2）增强组织的民主气氛，促进员工参与决策，使决策的过程更科学、更准确。

（3）团队成员互补的技能和经验可以应对多方面的挑战。

（4）在多变的环境中，团队比传统的组织更灵活，反应更迅速。

（二）团队对个体的影响

团队对个体的影响体现在 4 个方面（见图 1－3）：

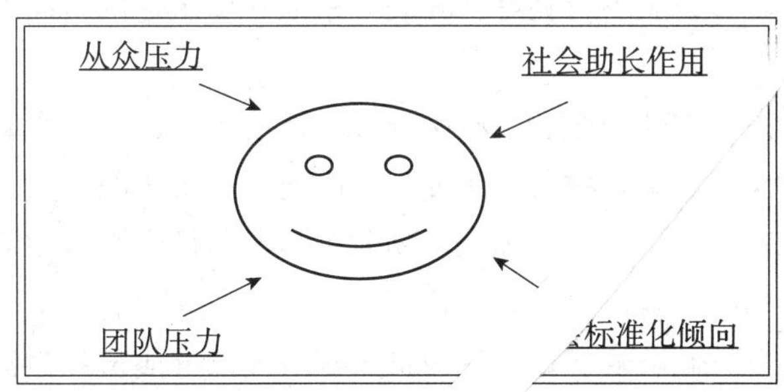

图 1－3　团队[illegible]的影响

1. 社会助长作用

有团队的其他成员在场，个体的工作动机会被激发得更强，效率比单独工作的时候可能更高。有人说，跟别人一起工作消除了单调的情节，提高了工作的热情；也有人说，有别人在场，谁也不想落后，得暗中使劲；还有人说，有别人在场，无论如何面子上得过得去。这就是社会助长作用，有别人在的时候团队的成员会比单独工作更努力，也更有效率，当然绩效可能也就更大。

2. 社会标准化倾向

人们在单独情境下个体差异很大，而在团队中成员通过相互作用和影响，如模仿、暗示或顺从，久而久之会产生近乎一致的行为和态度，对事物有大体一致的看法，对工作有一定的标准，这就是社会标准，并逐渐在生活和工作中趋同或遵守这一标准，这个过程就是社会标准化倾向。

3. 团队压力

当团队中个体与多数人意见不一致时，团队会对个体施加阻止力量，使个体产生压迫、压抑感，团队压力是行为个体的一种心理感受。当个人的行为跟团队的目标越来越远的时候，团队的压力会增大，如果个体心理的承受力比较弱，对团队压力的感受就会很强烈；相反越是不在意，这种压力可能就越小。

团队对个体施加压力的几个阶段，如图 1－4 所示：

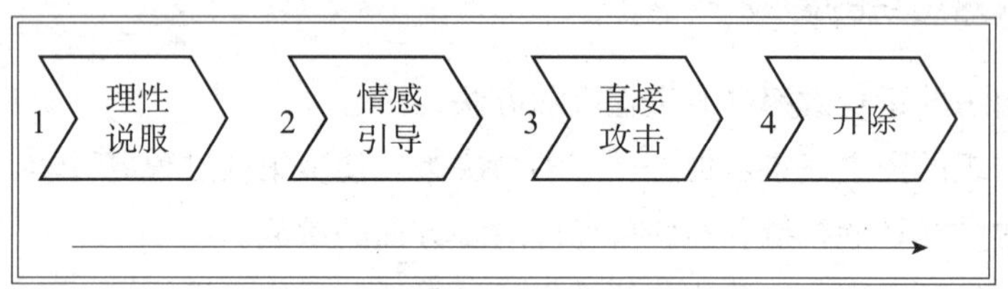

图 1－4　团队对个体的压力

（1）理性说服阶段。当某一个人跟团队意见不同的时候，团队对他友好劝说，希望个体放弃不同的意见，此时压力不会太大。

（2）情感引导阶段。说服不行就好言相劝，采取一种亲近的策略，澄明利害关系，提醒个体改弦易辙。

（3）直接攻击阶段。理性说服和情感引导都不能使个体放弃个人意见，于是采取直接攻击的方式，所以会当面讽刺、挖苦、顶撞，力图使背离者归顺。

（4）开除阶段。若个体仍然一意孤行，团队中多数成员失去了耐心，开始采取一种孤立的政策，对他不理不睬，直至把这个成员开除。

团队的这种压力有时候能够保证团队成员走到跟大部分成员一致的方向，对于团队在某些方面是有帮助的。当然，这种压力有时也会导致团队成员产生不好的感受，影响士气。

4. 从众压力

团队成员迫于某种压力，不知不觉在意见判断、行为上跟大部分成员保持一致，这种现象就叫作从众行为。

现实生活中，从众行为是大量存在的，它有积极的一面。

(1) 有的从众识大体、顾大局，保证团队成员统一认识和统一行为，提高团队活动的良好秩序和效率。

(2) 有的从众是在个体无法确定自己的想法是否正确时，只能参照别人的意见，这时个体的内心会有一种安全感，增强自信心。

课堂测试

组建团队时会遇到什么阻力？如何应对？

教师启发

请同学们结合实际，分别说出各自团队遇到的阻力，并且运用所学理论进行分析。

小故事大道理

天鹅、狗鱼和虾

有一次，天鹅、狗鱼和虾想一起拉动一辆装东西的货车。3个家伙套上车索，拼命用力拉，可车子还是不动。车上装的东西不算重，只是天鹅拼命向云里冲，虾尽是向后倒拖，狗鱼直向水里拉。

究竟哪个错，哪个对？用不着我们多讲，只是车子还停留在老地方。

员工之间不协调，工作就开展不好，只会把事情弄糟，引起痛苦烦恼。领导者的智慧所在，即能妥善分配员工的工作，并协调他们之间的合作。

无论一个公司的金钱、机器和材料的总和多么强大，如果没有一支由愿意进行思考和清醒的人组成的队伍，那么它们只不过是一堆不会产生成果的僵死物质。

训练营

训练任务1-4　熟悉团队的重要性训练

【任务目标】

帮助学生掌握团队流行的原因，组建团队所遇到的阻力，团队的七个特征，团队的角色分析和团队对组织和个人的影响。

【任务要求】

(1) 由授课老师主持训练。

(2) 每组安排一名同学负责记录、汇总。

(3) 活动结束后，要求每组选出一名代表在课堂上汇报讨论的心得。

（4）准备时间为 10 分钟。

【任务组织】（见表 1－13）

表 1－13　　熟悉团队的重要性训练任务组织表

活动项目	具体实施	时间	备注
熟悉团队的重要性训练	（1）假设全班 48 人，自由分组，形成 6 组。 （2）小组成员讨论团队流行的原因，组建团队所遇到的阻力，团队的 7 个特征，团队的角色分析和团队对组织和个人的影响。 （3）6 个小组在教师的指导下，同时进行讨论。 （4）组织学生讨论熟悉团队的重要性训练过程中遇到的问题。	30 分钟	教室中每组一桌八椅

【任务评价】（见表 1－14）

表 1－14　　熟悉团队的重要性训练任务评价表

评价指标	评价标准	分值（100 分）	评估成绩	所占比例
熟悉团队的重要性训练表演情况及效果	1. 理解团队流行的原因，组建团队所遇到的阻力，团队的 7 个特征，团队的角色分析和团队对组织和个人的影响	20		70%
	2. 能识别熟悉团队的重要性训练易犯错误	20		
	3. 能灵活运用熟悉团队的重要性训练的应对策略	20		
	4. 遵守活动时间	10		
	5. 表演真实	10		
	6. 效果明显	10		
	7. 活动评估	10		
教学过程	出勤、态度和热情	100		30%
小组综合得分				

游戏拓展

【游戏名称】

坐地起身

【游戏目标】

让学员感性认识团队

【游戏方法】

1. 找一位同学，坐在地上，要求手不着物地站起来，结果如何？

2. 找多位同学，围成一圈，背对背地坐在地上，大家手挽手，然后要求他们一同站起来，结果又如何？

【活动规则和程序】

1. 将学员分成几个小组，每组 6 人以上为佳。

2. 两人双臂相互交叉，合力使双方一同站起。

3. 以此类推，每组每次增加一人，如果尝试失败须再来一次，直到成功才可再加一人。

4. 培训者在旁观看，选出人数最多且用时最少的一组为优胜。

【学员思考】

1. 你能仅靠一个人的力量就完成起立的动作吗？

2. 如果参加游戏的队员能够保持动作协调一致，这个任务是不是更容易完成？为什么？

3. 你们是否想过一些办法来保证队员之间动作协调一致？

【总结与点评】

1. 别看这个游戏简单，但是依靠一个人或几个人的力量是不可能完成的。因为在这个游戏中，大家组成了一个整体，需要全力配合才可能达到目标。它可以帮助学员认识并体会团队相互激励的含义，帮助他们培养团队精神。

2. 另外，这个游戏还考验每个小组的领导者，看他怎么指挥和调动队员。因为这个游戏不但需要大家通力合作，还需要每个参与者的密切配合。如果步调不一致，大家的力气再大也不可能顺利完成。这种情况下，作为小组的领导者，应该想一些办法来解决这个问题。比如可以让大家以他为标杆，跟随他的动作；更有效的就是想出一个口号，既可以鼓舞士气，又能统一大家的节奏。

3. 无论队员还是领导者都应该明白，任何一个人的不配合都会对小组的行动产生负面效果。因此，在游戏结束后，教师要帮助完成效果不好的小组找出原因。帮助他们树立团队意识，引导他们总结自己的失误。这对学员的素质提高有很大帮助。

知识链接

打造跨文化项目团队的关键点

第一，本地项目经理与中方项目经理是否能配合好，关系着跨文化项目组团队的成败。

中方项目经理和本地项目经理是跨文化项目团队的领导者，二人是否能配合好，决定了项目组内部气氛的好坏、项目组内部沟通是否顺畅。

（一）赢得尊重。海外情况往往是本地项目经理能力很强，经验丰富，并在业界小有名气；中方项目经理往往比较年轻，本地项目经理认为中方项目经理太年轻，缺乏经验，难以信任。此时中方项目经理应该虚心向本地项目经理学习当地的项目交付经验，并展示自己的项目管理能力，赢得尊重和信任。

（二）中方项目经理引导本地项目经理迅速融入公司。项目初期，本地项目经理往往不熟悉公司流程，不了解公司文化，很难适应公司的项目运作。因此加入公司又在短时间内离职的例子屡见不鲜。为帮助本地项目经理迅速适应公司，中方项目经理应该发挥自己的优势，引导本地项目经理融入公司文化，熟悉公司内部流程，使本地项目经理在短时间内掌握公司项目的特点，把自己的能力和经验发挥出来。

（三）中方和本地项目经理在做好项目管理工作的同时，各自的工作要有不同的侧重点。本地项目经理主外，中方项目经理主内。鉴于本地项目经理和中方项目经理的优势不同，本地项目经理主负责与外界的沟通和项目的交付细节管理；中方项目经理主负责项目组面向公司内部的管理，如权限申请、总部要货、研发问题等。在项目的重大问题上，中方、本地项目经理共同商讨，共同决策。

第二，关注项目组成员的成长，在完成项目目标的同时，项目组成员也获得良好的职业发展。

项目组是一个临时性的组织，项目组成员或者是从公司各部门中抽调，或者是专为项目招聘的项目制员工或外协员工。项目的临时性特点决定了项目组成员在项目组中的发展和提高会带来项目运作效率的提高，项目目标更易达成。

1. 项目经理应该给本地员工发展空间，并在职业道路上给予指导。

2. 关注项目组中中方员工成长。

3. 外协员工的归属感调整。

海外项目团队存在大量的外协员工，外协员工的工作效率和稳定性对项目成败有着很大的影响。可通过以下措施提高外协员工的归属感，保障项目团队的稳定。

（1）提供外协员工换公司正式员工的计划。根据公司的招聘机遇，把符合条件、表现优异的外协员工转为公司正式员工。这一措施确立了项目外协员工的职业目标——转为正式员工，对于外协员工的工作积极性是一个不小的激励。

（2）通过团队建设、每月生日 Party 等活动，营造良好的项目组内部气氛。

（3）定期激励。对表现优异的外协员工定期进行激励。如每双周给表现出色的人发小额的现金奖励等。项目组仅付出很小的成本，就在项目团队中创造了竞争氛围，提高了项目团队成员的工作积极性。

经过一系列的管理措施，项目已经成功达到本地化运作的目标，团队成员的本地化比例达到了 70%，团队内部氛围良好、沟通顺畅，项目运作流畅。

项目目标的达成离不开一个运转良好的平台，而高效的跨文化项目团队就是海外项目成功所必需的平台。高效的跨文化项目团队需要项目经理建立良好的沟通机制、合理的内部分工，处理好中外籍员工的配合，并在项目人力资源管理上多下功夫。从而在完成项目目标的同时，也为公司培养宝贵的项目人力资源。

专题小结

团队是由两个或两个以上的人组成的一个共同体，该共同体合理利用每一个成员的知识和技能协同工作，解决问题，达到共同的目标。团队有几个重要的构成要素，总结为5P：目标（Purpose）、人（People）、团队的定位（Place）、权限（Power）、计划（Plan）。项目团队可以由一个或多个职能部门或组织的成员组成。一个跨部门的团队由来自多个部门或组织的成员组成，并通常涉及组织结构的矩阵管理。项目团队从组建到解散，是一个不断成长和变化的过程，一般可分为5个阶段：形成阶段、震荡阶段、规范阶段、成果阶段和解散阶段。

群体有正式群体和非正式群体之分。正式群体是指由组织结构确定的、职务分配很明确的群体。在正式群体中，一个人的行为是由组织目标规定的，并且是指向组织目标的。非正式群体是那些既没有正式结构，也没有组织确定的联盟，它们是人们为了满足社会交往的需要在工作环境中自然形成的。群体的发展是一个动态过程，大多数群体都处于不断变化的状态下。研究表明，群体发展经过了5个标准的阶段，这5个阶段是：形成阶段、震荡阶段、规范阶段、成果阶段及解散阶段。关于群体和团队的具体区别，威廉姆斯用了4个维度来进行区分：期望、沟通、过程和亲密程度。参照石金涛等数位国内学者关于群体与团队的区别方面的论述，综合他们所提及的不同的和更加详细的区分，最终将这些群体和团队的区别归纳到9个层面上，主要表现在目标定位、身份认同、技能组合、领导作用、成员关系、沟通方式、工作态度、协作能力、工作结果。

团队的主要类型有问题解决型团队、自我管理型团队、交叉功能型团队和虚拟型团队。这4种团队类型是需要经常运用的。团队类型的新发展，包括跨部门（组织）团队、学习型团队、跨文化团队。组建团队所遇到的阻力有来自组织结构的阻力，有来自管理层的阻力，有来自个人的阻力。团队中一般有8种不同的角色，他们是实干者、协调者、推进者、创新者、信息者、监督者、凝集者、完善者。

主要名词

项目团队	从众压力	交叉功能型团队	自我管理型团队	特别行动小组
问题解决型团队	牦牛团队	螃蟹团队	大雁团队	跨文化团队

课后习题

一、单项选择题

二、思考题

1. 团队有哪几个重要的构成要素？
2. 项目团队从组建到解散有哪几个阶段？
3. 描述群体发展的 5 个阶段。
4. 群体的类型主要有哪些？
5. 团队的主要类型有哪几个？
6. 组建团队会遇到什么样的阻力？
7. 团队的 7 个特征和 8 种不同的角色分别是什么？

三、案例分析题

案例一　鼓励合作的星巴克

星巴克自 1987 年从西雅图的一家街头小咖啡馆开始，发展到今天遍布全世界 80 个国家和地区的 30 000 家咖啡店，除了在打造品牌上的独到策略之外，团队建设便是它维持品牌质量至关重要的手段，也是不可替代的竞争力所在。以商店为单位组成团队，星巴克倡导的是平等、快乐工作的团队文化。星巴克对自己的定位是“第三去处”，即家与工作场所之间的栖息之地，因此让顾客感到放松舒适、满意快乐是公司的愿景之一。

与大多数企业不同，星巴克从不强调 ROI（Return for Investment），即投资回报，却强调 ROH（Return for Happiness），即快乐回报。他们的逻辑是：只有顾客开心了，才会成为回头客；只有员工开心了，才能让顾客成为回头客。而当二者都开心了，公司也就成长了，持股者也会开心。而团队文化则是他们获得 ROH 的最重要手段。那么星巴克是如何创造这种平等、快乐工作的团队文化的呢？

首先，领导者将自己视为普通一员。虽然他们从事计划、安排、管理的工作，但他们并不认为自己与众不同，应该享受特殊的权利，不做普通员工做的工作。比方说该公司的国际部主任，就是去国外的星巴克巡视的时候，也会与店员一起上班、做咖啡、清洗杯碗、打扫店铺甚至洗手间，完全没有架子。

其次，每个员工在工作上都有较明确的分工，比如有的专门负责接受顾客的点单、收款，有的主管咖啡的制作，有的专门管理内部库存等，但每个人对店里所有工种所要求的技能都受过培训，因此在分工负责的同时，又有很强的不分家的概念。也就是说，当一个咖啡制作员忙不过来的时候，其他人如果自己分管的工作不算太忙，会去主动帮忙缓解紧张，完全没有“莫管他人瓦上霜”的态度。这种既分工又不分家的团队文化当然并不是一蹴而就的，而是有针对性地强化训练的结果。

再次，鼓励合作、奖励合作、培训合作行为。部分在星巴克工作的员工，在商店开张之前，要到西雅图（星巴克总部）接受3个月的培训。学习研磨制作咖啡的技巧当然用不着3个月，培训大部分的时间主要用于磨合员工，让员工接受并实践平等快乐的团队工作文化。由于各个国家之间的民族文化差异，有的时候在实施中会遇到很大的阻碍。比如日本、韩国的文化讲求等级，很难打破等级让大家平等相待。最简单的例子就是彼此之间直呼其名，因为习惯了加上头衔的称呼，不加头衔称呼对方对上下两级都是挑战。为了实践平等的公司文化，同时又尊重当地的民族文化习惯，结果就想出用给每个员工起一个英文名字的方式来解决这个矛盾。另外，公司还设计了各种各样有趣的礼品用来及时奖励员工的主动合作行为，让每个人都时时体会到合作是公司文化的核心，是被公司管理层高度认可和重视的。

请问：星巴克是如何鼓励合作的?

案例二 高度融合的宜家家居

宜家家居是世界上品牌知名度最高的公司之一，而它所创建的团队文化更是独具特色，为他人所称道，这也是它成功的关键所在。该公司的团队以家具的品类来分，一个团队共同负责同一家具部的工作（比如办公家具、厨房用品、地毯部、沙发部）。宜家家居是瑞典的公司，公司文化在很大程度上折射出瑞典的民族文化：平等、低调、朴实、现代。宜家的低调平民文化不仅反映在其家具的价格上，而且表现在其公司上层领导的个人风格上。宜家的创始人据说是世界首富（财产超过比尔·盖茨），但他从不张扬，而且穿着朴素，生活简单。据说他喝完饮料，一次性使用的塑料杯也舍不得扔掉。宜家的招牌广告语是：“你不必富有，只需衣着得体（You don’t have to be rich，just smart）。”它创造的团队文化也具有类似特征。而且最有意思的是，为了鼓励团队成员间的高度融合和协作，公司并不给每个员工明确的岗位说明，相反，他们要求团队成员自己商榷讨论决定谁负责什么，整个团队该如何运作最有效等，然后如此执行。团队的领导人也没有特殊的头衔，与他人平等，主要起协调沟通的作用，理顺团队并让每个人都能充满快乐地工作。

这样平等、模糊的团队文化开始在美国的宜家家居实行时遇到了相当大的障碍，因为美国文化虽然讲求平等，但平等的程度没有瑞典文化来得彻底和广泛。另外，美国文化讲求精确，岗位也好，职责也好，都需要有明确定义，一旦含糊，便不知所措。所以，一开始员工的离职率很高。但公司认为，这是宜家的核心文化的重要部分，就坚持了下来。在此过程中，当地的应聘者慢慢熟悉了宜家的文化，认同的人才被聘任，整个运作就变得越来越顺利。

因为宜家只是一个家居用品店，每个人的工作内容都不复杂，每个人都能胜任他人的工作，没有人是不可取代的（与微软的团队不同），所以团队的管理关键在于队员之间的互相磨合和默契，在于创造积极向上的、彼此信任和喜欢的团队氛围。这样在任何人忙不过来的时候，暂时有空闲的人就会主动帮助，让顾客得到良好、满意的服务。对团队的整体奖励在团队成员互相认同、彼此喜爱的情况下就成了最有效的鼓励合作的手段。将此模式扩大到整个商店，就会产生整个商店即是一个大团队的效果。宜家专门规定将一年中的某一天用来奖励所有员工，如何做呢？把在那一天售出的家具的全部收入分给每个员工。商店的员工因此对宜家都有强烈的归属感，将自己视为大家庭中的一员，于是就更加努力。这样的正向循环使公司的气氛越来越好。

请问：宜家家居是如何打造优秀团队文化的？

专题二 团队诞生看流程

知识目标

1. 掌握硬件设施、软件设施的概念
2. 熟悉硬件设施、软件设施的分类
3. 掌握招聘的概念、招聘的渠道
4. 熟悉招聘测试与面试的步骤
5. 掌握高效团队的概念、特征
6. 掌握团队文化概念、分类和结构

能力目标

1. 能够运用所学知识区分硬件设施和软件设施
2. 能够为所建立的团队准备相应的硬件设施和软件设施
3. 能够塑造高效团队
4. 能够运用所学塑造好的团队文化

模块一 团队硬件设施

完美团队——“唐僧师徒四人取经团队”

“团队”自古以来就存在，我们儿童时期就知道了《西游记》里的“唐僧师徒四人取经团队”，这是古代最成功的项目团队之一。我们可以对这师徒四人组成的团队做一些管理学的解读，这对于提高我们的管理水平和打造团队的凝聚力有着重要的意义。

背景：为了完成西天取经任务（共同目标）组成取经团队，一个团队如果没有对本团队目标的强烈认同感，一盘散沙，各自为政，本事越大反而会使团队努力的方向越南辕北辙。取经团队成员有唐僧、孙悟空、猪八戒、沙和尚，其中唐僧是项目经理，孙悟空是技术核心，猪八戒和沙和尚是普通团员。这个团队的高层领导是观音。

团队的组成很有意思：

唐僧作为项目经理，有很坚韧的品性和极高的原则性，不达目的不罢休，又很得上司支持和赏识（直接得到唐太宗的任命，既给袈裟，又给金钵；又得到以观音为首的各路神仙的广泛支持和帮助）。

沙和尚言语不多，任劳任怨，承担了项目中挑担这种粗笨无聊的工作。

猪八戒看起来好吃懒做，贪财好色，又不肯干活，最多牵下马，好像留在团队里没有什么用处，其实他的存在还是有很大用处的，因为他性格开朗，能够接受任何批评而毫无负担压力，在项目组中承担了润滑油的作用。

孙悟空是最关键的，也是这个取经团队里的核心，但是他的性格极为自由散漫，回想他那段大闹天宫的历史，作为普通人，恐怕没有人会让这种人待在团队里，但是取经项目要想成功实在缺不了这个人，只好采用些手段来收服他。这些手段首先是把他给弄得很惨（压在五指山下500年，整天喝铜汁铁水）；在他绝望的时候，又让“项目经理”去救他于水火之中以使他心存感激；当然光收买人心是不够的，还要给他许诺美好的愿景（取完经后高升为正牌仙人）；当然最主要的是为了让“项目经理”可以直接控制好他，给他戴个紧箍，不听话就念咒惩罚他。孙悟空毕竟是牛人，承担了取经项目中的降妖除魔的绝大多数重要任务，但是他是个难管束的主，不能只用手段来约束他，这时猪八戒的作用就出来了，在孙悟空苦恼的时候，上司不能得罪，沙和尚这种老实人又不好伤害，只好通过戏弄猪八戒来排遣心中的郁闷，反正猪八戒是个乐天派，任何的指责都不会放在心上。

在取经项目实施的过程中，除了自己的艰辛劳动外，这个团队非常善于利用外部的资源，只要有问题搞不定，马上向领导汇报（主要是直接领导观音），或者通过各种关系，找来各路神仙帮忙（从哪吒到如来佛），以搞定各种难题。西游记里特别强调得到高层支持的重要性。

教师启发

一个团队的成功，靠的不是个人的英雄主义，而是团队力量。而团队的组成，需要结合不同职能的优秀人才，才足以发挥互补的作用。

？课前提问

一个优秀团队的组成需要哪些硬件设施？

相关知识点

一、硬件设施的概念

要组建一个团队，首先需要拥有必要的硬件设施。企业的硬件设施是指能看得见、摸得着的，能被人们利用的自然的和社会的各种资源。例如：企业自盖的厂房、办公楼、先进的生产设备等，还包括企业的物质资源和财务资源。物质资源包括企业的土地、厂房、生产设备、原材料等，是企业的实物资源。财务资源是企业可以用来投资或生产的资金，包括应收账款、有价证券等。

硬件设施还有一种叫法——固定资产，是指企业为生产产品、提供劳务、出租或者经营管理而持有的、使用时间超过 12 个月的，价值达到一定标准的非货币性资产，包括房屋、建筑物、机械、运输工具以及其他与生产经营活动有关的设备、器具、工具等。固定资产是企业的劳动手段，也是企业赖以生产经营的主要资产。

二、硬件设施的分类

在评估硬件设施的价值时，需要注意两个关键问题：

第一，是否有机会更经济地利用财务资源、库存和固定资产，即能否用较少的有形资源获得同样的产品或用同样的资源获得更大的产出。

第二，怎样才能使现有的资源更有效地发挥作用。事实上，企业可以通过多种方法增加有形资产的回报率，如采用先进的技术和工艺，以增加资源的利用率；通过与其他企业的联合，尤其是与供应商和客户的联合，以充分地利用资源。如我国的数据通信行业可以通过与集成商和企业的联合，充分地利用光缆和网络资源。当然，企业也可以把有形资产卖给能利用这些资产获利的公司。实际上，由于不同的公司掌握的技术不同，人员构成和素质也有很大差异，因此它们对一定有形资产的利用能力也是不同的。也就是说，同样的有形资产在不同能力的公司中表现出不同的战略价值。

一般来讲，硬件设施可分为八大类，如表 2－1 所示。

表 2－1　　硬件设施的分类

主要类别	内容描述
房屋和建筑物	房屋和建筑物，是指产权属于本企业的所有房屋和建筑物，包括办公室（楼）、会堂、宿舍、食堂、车库、仓库、油库、档案馆、活动室、锅炉房、烟囱、水塔、水井、围墙等及其附属的水、电、煤气、取暖、卫生等设施。附属企业如招待所、宾馆、车队、医院、幼儿园、商店等房屋和建筑物，产权是企业的。
一般办公设备	一般办公设备，是指企业常用的办公与事务方面的设备，如办公桌、椅、凳、橱、架、沙发、取暖和降温设备、会议室设备、家具等。一般设备属于通用的，被服装具、饮具炊具、装饰品等也列为一般设备。
专用设备	专用设备，是指属于企业所有专门用于某项工作的设备。包括文体活动设备、录音录像设备、放映摄像设备、打字电传设备、电话电报通信设备、舞台与灯光设备、档案馆的专用设备，以及办公现代化微电脑设备等。凡是有专用于某一项工作的工具器械等，均应列为专用设备。
文物和陈列品	文物和陈列品，是指博物馆、展览馆等文化事业单位的各种文物和陈列品。如古玩、字画、纪念物品等。有些企业后勤部门内部设有展览室、陈列室，凡有上述物品的也属于文物和陈列品。
图书	图书，是指专业图书馆、文化馆的图书和单位的业务书籍。企业内部的图书资料室、档案馆所有的各种图书，包括政治、业务、文艺等书籍，均属国家财产。
运输设备	运输设备，是指后勤部门使用的各种交通运输工具，包括轿车、吉普、摩托车、面包车、客车、轮船、运输汽车、三轮卡车、人力拖车、板车、自行车和小轮车等。
机械设备	机械设备，是指企业后勤部门用于自身维修的机床、动力机、工具等和备用的发电机等，以及检测仪器和医院的医疗器械设备。有些附属生产性企业的机械、工具设备也应包括在内。
其他固定资产	其他固定资产，是指以上各类未包括的固定资产。主管部门可根据具体情况适当划分，也可将以上各类适当细化，增加种类。

唐僧取经团队硬件设施分析

在刚才的小故事中，唐僧师徒四人取经团队也必不可少地需要一些硬件设施。

例如：唐僧的袈裟就是宝贝，名叫“锦襕袈裟”。如来佛祖命观音菩萨去东土寻找取经人，临行时交给观音5件宝贝，分别是：锦襕袈裟，九环锡杖，金、紧、禁3个箍，佛祖吩咐金、紧、禁3个箍用来降伏神通广大的妖魔，袈裟与锡杖则送与取经人使用；这锦襕袈裟，上嵌七宝，水火不侵，可以防身趋祟。

锦襕袈裟又称为“佛衣”，典故应该是出自五祖传六祖“衣钵”的故事。“佛衣”有二解：一解是，“衣”乃外在的形式，“佛衣”也者，经文辞句也；二解是，“衣”者，“依”也，“佛衣”者，“依佛”也！皈依于佛也！“九环禅杖”又是什么呢？禅杖为可“持”之物，“九环”则是“九转还丹”（丹经学说）之简称（只能是九环，不能是三环、四环）。“佛衣禅杖”，代表的是“信解受持”，依于佛为信解，行不倦为受持。

由唐王李世民钦赐的通关文牒相当于出国护照；金钵则是团队的财务保障。

白龙马是团队中主要的运输工具。白龙马本是西海龙王三太子，因纵火烧毁玉帝赏赐的明珠而触犯天条，要被斩首。后因南海观世音菩萨出面才免于死罪，被贬到蛇盘山等待唐僧取经。之后又误吃唐僧所骑的白马，被菩萨点化，变身为白龙马，皈依佛门，载乘唐僧上西天取经，最终修成正果，被升为八部天龙广力菩萨。

帮助孙悟空在西天取经路上降妖除魔最得力的兵器就是如意金箍棒。金箍棒重13 500斤，有二丈长短，碗口粗细，从乱地府到闹天宫，从两界山到天竺国，这根神奇的棍子几乎与悟空形影不离。金箍棒乃是太上老君亲手打造的利器，太上老君制造完金箍棒后，被大禹治水的时候用作了测量海深的定子，就这样一直藏在龙宫之中，最后机缘巧合，遇见了自己的第4个主人孙悟空。

猪八戒的“上宝沁金钯”，俗称“九齿钉耙”，乃太上老君用神冰铁亲自锤炼，借五方上帝、九天应元雷神普化天尊：净雷法咒、六丁六甲之力锻造而成，重量有一藏之数，连柄5 048斤，是玉帝钦赐的宝物。

沙和尚的降妖宝杖，出自月宫梭罗仙木，由鲁班打造琢磨而成，外边嵌宝霞光耀，内里钻金瑞气凝，如擀面杖样的乌油黑棒子，重5 048斤，全名“降妖真宝杖”，也称“降妖宝杖”“降妖杖”。沙和尚官拜卷帘大将军时由玉帝赐给，随身携带，善能降妖。沙和尚被贬流沙河后，宝杖也随身携带，后在唐僧西行取经路上，降妖宝杖多次建功立威。

唐僧师徒四人取经团队正是有了这些硬件设施的保障，才能最后完成取经的任务。

课堂测试

要组建一个创业团队，需要哪些硬件设施？请结合实际说一说。

小故事大道理

黄金台招贤

如何将企业治理好，一直是管理者的一个研究课题。有的管理者研究有素，也就治理有方；有的管理者研究无德，也就治理失败。要治理好企业，必须网罗人才，古代燕昭王黄金台招贤，便是最著名的例子。

《战国策·燕策一》记载：燕国国君燕昭王（公元前311—前279年）一心想招揽人才，而更多的人认为燕昭王仅仅是叶公好龙，不是真的求贤若渴。于是，燕昭王始终寻觅不到治国安邦的英才，整天闷闷不乐。

后来有个智者郭隗给燕昭王讲了一个故事，大意是：有一国君愿意出千两黄金去购买千里马，然而时间过去了3年，始终没有买到，又过去了3个月，好不容易发现了一匹千里马，当国君派手下带着大量黄金去购买千里马的时候，马已经死了，可被派出去买马的人却用五百两黄金买来一匹死了的千里马。国君生气地说："我要的是活马，你怎么花这么多钱弄一匹死马来呢？"

国君的手下说："你舍得花五百两黄金买死马，更何况活马呢？我们这一举动必然会引来天下人为你提供活马。"果然，没过几天，就有人送来了3匹千里马。

郭隗又说："你要招揽人才，首先要从招纳我郭隗开始，像我郭隗这种才疏学浅的人都能被国君采用，那些比我本事更强的人，必然会闻风千里迢迢赶来。"

燕昭王采纳了郭隗的建议，拜郭隗为师，为他建造了宫殿，后来没多久就引发了"士争凑燕"的局面。投奔而来的有魏国的军事家乐毅，齐国的阴阳家邹衍，还有赵国的游说家剧辛等。落后的燕国一下子便人才济济了。从此以后一个内乱外祸、满目疮痍的弱国，逐渐成为一个富裕兴旺的强国。接着，燕昭王又兴兵报仇，将齐国打得只剩下两个小城。

管理之道，唯在用人。人才是事业的根本。杰出的领导者应善于识别和运用人才。只有做到唯贤是举、唯才是用，才能在激烈的社会竞争中战无不胜。

"千军易得，一将难求"，现实生活中，也许我们不能像燕昭王一样筑"黄金台"，但是，我们难道不可以借用报刊一角，筑起"招贤台"，招聘贤才吗？

人才就是效率，人才就是财富。得人者得天下，失人者失天下。

训练营

训练任务2-1　识别硬件设施、组建小组训练

【任务目标】

帮助学生识别硬件设施，并且组建各自的小组。

【任务要求】

（1）由授课老师主持训练。

（2）假设全班共48人，由学生自愿分成8列，每列6人。

（3）每列中从第一位同学开始从1到6报数，相同数字为一组，形成6组。比如：报到1的为第1组，报到2的为第2组，依此类推。

（4）活动结束后，要求每组选出一名代表谈谈分组的感受。

（5）准备时间为10分钟。

【任务组织】（见表2-2）

表2-2　识别硬件设施、组建小组训练任务组织表

活动项目	具体实施	时间	备注
识别硬件设施、组建小组训练	（1）假设全班48人，由学生自愿分成8列，每列6人。 （2）学生自愿排队的结果，一般都会男生排一列，女生排一列。 （3）每列中从第1位同学开始从1到6报数，相同数字为一组，形成6组。此时可以保证男生和女生会平均分配到每组中去。 （4）组织学生讨论识别硬件设施，组建小组后的感想。	15分钟	教室中桌椅移到两边、空出中间场所。

【任务评价】（见表2-3）

表2-3　识别硬件设施、组建小组任务评价表

评价指标	评价标准	分值（100分）	评估成绩	所占比例
识别硬件设施、组建小组训练表演情况效果	1. 硬件设施的概念、硬件设施的分类的理解	20		70%
	2. 能识别团队需要的硬件设施	20		
	3. 能灵活运用硬件设施组建小组	20		
	4. 遵守活动时间	10		
	5. 表演真实	10		
	6. 效果明显	10		
	7. 活动评估	10		
教学过程	出勤、态度和热情	100		30%
小组综合得分				

模块二　团队软件设施

王珐鉴才

在一次宴会上，唐太宗对王珐说："你善于鉴别人才，尤其善于评论。你不妨从房玄龄

等人开始，都一一做些评论，说说他们的优缺点，同时和他们互相比较一下，你在哪些方面比他们优秀?”

王珐回答说：“孜孜不倦地办公，一心为国操劳，凡所知道的事没有不尽心尽力去做的，在这方面我比不上房玄龄。常常留心于向皇上直言建议，认为皇上能力德行比不上尧舜很丢面子，这方面我比不上魏徵。文武全才，既可以在外带兵打仗做将军，又可以进入朝廷搞管理担任宰相，在这方面，我比不上李靖。向皇上报告国家公务，详细明了，宣布皇上的命令或者转达下属官员的汇报，能坚持做到公平公正，在这方面我不如温彦博。处理繁重的事务，解决难题，办事井井有条，这方面我也比不上戴胄。至于批评贪官污吏，表扬清正廉署，嫉恶如仇，好善喜乐，这方面比起其他几位能人来说，我也有一日之长。”唐太宗非常赞同他的话，而大臣们也认为王珐完全道出了他们的心声，都说这些评论是正确的。

教师启发

从王珐的评论可以看出唐太宗的团队中，每个人各有所长，但更重要的是唐太宗能将这些人依其专长运用到最适当的职位，使其能够发挥自己所长，进而让整个国家繁荣强盛。

企业的发展不可能只依靠一种固定组织的形态而运作，必须视企业经营管理的需要而有不同的团队。所以，每一个领导者必须学会如何组织团队，如何掌握及管理团队。企业组织领导应以每个员工的专长为思考点，安排适当的位置，并依照员工的优缺点，做机动性调整，让团队发挥最大的效能。

从这个故事当中可以发现，一个团队，软件设施运用得当，将每个人的所长充分发挥，会比硬件设施释放出更多的能量。

课前提问

一个优秀团队的组成需要哪些软件设施?

相关知识点

一、软件设施的概念

软件设施又叫无形资产，是指企业拥有或者控制的没有实物形态的可辨认的非货币性资产。无形资产具有广义和狭义之分，广义的无形资产包括货币资金、应收账款、金融资产、长期股权投资、专利权、商标权等，因为它们没有物质实体，而是表现为某种法定权利或技术。但是，会计上通常将无形资产作狭义的理解，即将专利权、商标权等称为无形资产。

具体来说，企业的软件设施有：公司的品牌与品牌的价值，优秀的企业文化、员工优秀的素质，公司产品的科技含量、企业的管理系统（包括管理制度、ERP 数据处理软件等），公司获得的业绩与荣誉等。

二、软件设施的分类

软件设施主要有以下几类，如表 2－4 所示。

表 2－4　软件设施的分类

主要类别	内容描述
专利权	是指国家专利主管机关依法授予发明创造专利申请人对其发明创造在法定期限内所享有的专有权利，包括发明专利权、实用新型专利权和外观设计专利权。
非专利技术	也称专有技术，是指不为外界所知，在生产经营活动中应采用的，不受法律保护的，可以带来经济效益的各种技术和诀窍。
商标权	是指专门在某类指定的商品或产品上使用特定的名称或图案的权利。
著作权	是指制作者对其创作的文学、科学和艺术作品依法享有的某些特殊权利。
特许权	又称经营特许权、专营权，是指企业在某一地区经营或销售某种特定商品的权利或一家企业接受另一家企业使用其商标、商号、技术秘密等的权利。
土地使用权	是指国家准许某企业在一定时期内对国有土地享有开发、利用、经营的权利。

唐僧取经团队软件设施分析

我们再来分析一下唐僧师徒四人取经团队。这个团队的成功，除了拥有各种法力的兵器外，还具备不可或缺的软件设施。

1. 唐僧

唐僧是个有儒雅气息、气质不凡的君子。唐僧，俗姓陈，小名江流儿，法号玄奘，号三藏，被唐太宗赐姓为唐。为如来佛祖座下二弟子金蝉长老投胎。他是遗腹子，由于父母凄惨、离奇的经历，自幼在寺庙中长大，在金山寺出家，最终迁移到京城著名的寺院中落户、修行。唐僧经常青灯夜读，对佛家经典研修不断，而且悟性极高，二十来岁便名冠中国佛教，倍受唐朝太宗皇帝厚爱。后来被如来佛祖暗中选中去西天取经，并赐宝物三件，即锦襕袈裟、九环锡杖、紧箍咒。唐僧身材高大，举止文雅、性情和善，佛经造诣极高。小说中他西行取经遇到九九八十一难，始终痴心不改，在孙悟空、猪八戒、沙和尚、白龙马的辅佐下，历尽千辛万苦，终于从西天雷音寺取回三十五部真经，为弘扬佛家教化做出了巨大贡献，至今被人们津津乐道。

2. 孙悟空

孙悟空作为唐僧的大徒弟，也是团队的核心骨干，主要有以下特点：

（1）机智勇敢且武艺高强。小说一开始便写到他的出生：是秉承“天地精华”而生的石猴，刚一出世便身手不凡，在群猴中充分展示了不一般的智慧和胆量，为群猴找到了水帘洞这样一个安乐窝，自己被推为美猴王。但他并没有就此安于现状，反而整日忧心忡忡，最终决定访仙求道，实现其远大的目标。途中，他穿人衣，学人礼，说人话，一路上摇摇摆摆走过，也没引起他人的注目，可见他有很强的学习能力。拜师后，由于他勤奋又天资聪慧，所以学会了七十二般变化和筋斗云等高强的本事以及长生不老的法术。回花果山后，组建了自己的王国，还到龙宫索宝得到威力无比的如意金箍棒，更是本领大增。后来他大闹地府甚至天宫，天神轮流出战，都没有办法赢他，即使二郎神捉住了他，也砍不了他的头；把他投到太上老君的丹炉里面炼了 49 天，不但没烧死他，还赔上了老君的丹炉，最后反而炼出他一双火眼金睛。取经路上，他更是处处表现出机智与勇敢。所以唐僧说：“别人胆大，还是身包胆；你的胆大，就是胆包身。”

（2）幽默诙谐。由于孙悟空在智力和武艺上远远超出对手，所以常常不屑于以严肃认真的态度去对待或者义正词严地去声讨对方，特别是对那些妖魔。孙悟空往往以“孙外公”“老子”自居，对妖精则称为“我儿”“贤侄”。遇到法力强的妖怪也不改其诙谐，如狮驼山老魔把他吞到肚里，他还调侃妖精说：“你这妖精，甚不变通，我自做和尚，十分淡薄，如今秋凉，我还穿个单直裰。这肚里倒暖，又不透风，等我住过冬才好出来。”车迟国斗法，虎力大仙与他赌砍头，他拱手高呼：“国师，恕大胆，占先了。”角力大仙与他赌剖腹剜心，他说：“这几日腹中作痛，想是生虫，正欲借陛下之刀，拿出脏腑，洗净脾胃，方好上西天见佛。”羊力大仙与他赌滚油锅，他笑答：“多承下顾，小和尚一向不曾洗澡，这两日皮肤燥痒，好歹荡荡去。”

对待自己的师父、师弟，他也一样幽默诙谐，如对八戒的戏弄调侃。当然这是出于善意的。

（3）仁义忠诚。仁义是儒家的道德观念。在孙悟空身上我们可以见到这种传统观念的影响。早在刚出生时，他就能引用儒家经典让群猴言而有信地推自己当王。唐僧救他出两界山，他向唐僧拜了四拜，这在古代是最重的礼。后来，他也十分尊敬、孝顺师父。五庄观偷吃人参果，镇元大仙要鞭打唐僧，他抢先将过错揽在自己身上，宁愿自己挨打，也不愿意让师父受罪。而且他对唐僧还十分忠诚，唐僧不辨是非，不分人妖，往往错怪孙悟空，赶他走，他十分难过，还向师父行礼拜别，临走前还嘱咐师弟好好保护唐僧。一旦唐僧需要他相救，孙悟空总是毫不迟疑地回来。连白龙马都说：“他是个有仁有义的猴王。”在孙悟空的身上，处处闪耀着仁义的光辉。对师父如此，对他人也如此。如取经途中，在比丘国救婴儿，凤仙郡降甘霖等。

（4）自傲好名。因为本领高强，所以孙悟空十分自傲，有时候对传统的礼法制度极其蔑视，不愿意受到任何束缚，所以他对天上人间的帝王权贵毫不尊敬，见玉皇大帝常常是唱个喏，嘲笑如来是妖精的外甥，对太白金星、太上老君直呼老官，经常扯着土地、城隍的胡子威胁恐吓。他又极度自尊，当听说弼马温只是个不入流的小官，便感到受了莫大的愚弄和侮辱，于是推倒桌案，打下南天门。他被封为齐天大圣，王母娘娘的蟠桃会没请他，他就搅翻了蟠桃会，又跑回花果山。

孙悟空重品节、好虚名。他曾在朱紫国对八戒说："老孙只要图名，哪里图什么宝贝?"他的许多行为都夹杂着扬名的动机。在与妖怪打斗时，他顾及名声，不愿意使一些"坏了名头"的手段。即使是小的细节，也处处留意。如七十八回他到魔窟救猪八戒，猪八戒要从后门走，孙悟空却认为："后门里走，可是长进的？还打前门上去。"说着就从前门打了出去，显示了他的英雄品格。但有时候不免拘泥。如七十二回盘丝洞里的蜘蛛精们在泉水中洗浴，被孙悟空发现了。这正是消灭妖精的好机会，但他却认为这样做会"低了老孙的名头"。因为不肯动手，所以引起了更大的麻烦。他的好名甚至严重到他对自己曾是妖怪的经历也毫不忌讳，因为当时他太有名了，所以后来难免要沾沾自喜，"你去乾坤四海问一问，我是历代驰名第一妖"，连妖精里的排行也要争。对自己大闹天宫而获得的名声与威望，他更是得意，动不动就拿来吓唬路途中的妖精们。

3. 猪八戒

猪八戒好吃懒做、见识短浅，一遇困难就嚷着要散伙，爱占小便宜，耍小聪明，贪恋女色，常因此出丑，成为惹人发笑的喜剧形象。

猪八戒在西游记里是普通人的化身，他唠叨埋怨和他的思想有关，他并不想去西天取经，只想在自己的家里陪着老婆和孩子好好地过日子。正因为如此，他在取经的路上碰到不如意的事就想要唠叨埋怨，老是想着散伙回家。在取经的路上，孙悟空老是捉弄他，什么脏的活、不好干的差事全都给他做。他喜欢美色，贪图享乐，总耍一些小聪明，但也是一个性情中人，一个有血、有肉、有思想的人。此外，他也不失忠勇和善良。在与妖魔斗争中，他总是挥舞钉耙，勇猛战斗。

4. 沙和尚

沙和尚原为天宫玉皇大帝的卷帘大将，因打破了琉璃盏，触犯天条，被贬出天界，在人间流沙河兴风作浪，危害一方。后经观音点化，赐法号悟净，一心归佛，同猪八戒、孙悟空一同保唐僧西天拜佛求经。

沙和尚外貌丑陋，但个性憨厚，忠心耿耿。他不像孙悟空那么叛逆，也不像猪八戒那样好吃懒做、贪恋女色，自他放弃妖怪的身份起，就一心跟着唐僧，正直无私，任劳任怨，谨守佛门戒律。虽然个性不鲜明的他戏份不多，但他是《西游记》里不能缺少的重要人物。

尽管大家把更多注意力投向神通广大的孙悟空和笨拙搞笑的猪八戒，但相信一提起沙和尚，人们的心里会产生一种平和感并发出一声赞叹：憨厚的人是最可爱的！

他们这个团队的人各有本领也各有分工，这个团队最大的好处就是互补性，这 4 个人分别有 4 种角色与分工：德者，能者，智者，劳者。德者领导团队，能者攻克难关，智者出谋划策，劳者执行有力。师徒四人携手合作，才能打造出传颂至今的成功团队。

因此，对于一个团队来说，软件设施是不可缺少的。

课堂测试

组建一个创业团队，需要哪些软件设施？请结合实际说一说。

小故事大道理

钓竿

有个老人在河边钓鱼，一个小孩走过去看他钓鱼，老人技巧纯熟，所以没多久就钓上了满篓的鱼。老人见小孩很可爱，要把整篓的鱼送给他，小孩摇摇头，老人惊异地问道："你为何不要?"小孩回答："我想要你手中的钓竿。"老人又问："你要钓竿做什么?"小孩说："这篓鱼没多久就吃完了，要是我有钓竿，我就可以自己钓，一辈子也吃不完。"

训练营

训练任务 2-2　团队软件设施风采展示训练

【任务目标】

帮助学生挖掘软件设施，并且进行风采展示。

【任务要求】

（1）由各组组长主持训练。

（2）每组取一个响亮的队名。

（3）每组学会唱一首队歌。

（4）每组有统一且有个性的队形。

（5）每组经过精心设计，将软件设施的内容用表演的方式进行风采展示。

（6）活动结束后，要求每组选出一名代表谈谈感受。

（7）准备时间为 30 分钟。

【任务组织】（见表 2-5）

表 2-5　团队软件设施风采展示训练任务组织表

活动项目	具体实施	时间	备注
团队软件设施风采展示训练	（1）假设全班 48 人，分成 8 组，每组 6 人。 （2）每组围成一桌，充分挖掘各组的软件设施。 （3）每组将各自的软件设施汇总后，用表演的方式进行风采展示。 （4）组织学生讨论团队软件设施风采展示训练后的感想。	10 分钟	教室中桌椅先是一桌六椅，然后移到两边，空出中间场所。学生排练时需要用到教室外的空地。

【任务评价】（见表 2－6）

表 2－6　　团队软件设施风采展示训练任务评价表

评价指标	评价标准	分值（100 分）	评估成绩	所占比例
团队软件设施风采展示训练表演情况效果	1. 软件设施的概念、软件设施的分类	20		70%
	2. 能挖掘团队已有的软件设施	20		
	3. 能有特色地进行团队软件设施风采展示	20		
	4. 遵守活动时间	10		
	5. 表演真实	10		
	6. 效果明显	10		
	7. 活动评估	10		
教学过程	出勤、态度和热情	100		30%
小组综合得分				

模块三　团队招新秘诀

故事导入

乐百氏如何招聘毕业生

一、招聘原则

（一）招必需之才

乐百氏桶装水有限公司总经理刘箭说，尽管应届大学毕业生缺乏工作经验，但优秀毕业生公司是非常欢迎的，公司根据业务发展的需要招聘员工，招聘人数和要求都会在招聘信息中清楚地说明。刘箭还称，不符合要求的人根本没有必要盲目地投递资料，“我们不会招 10 个人，却收集上千人的资料。很多资料看都不看就扔了，这对应聘者很不公平，我们也没有那么多精力那样做。”

（二）踏实善学者受欢迎

与很多大公司的招聘原则不一样的是，乐百氏在招聘过程中不看重学校，而看重家庭出身。刘箭认为，家庭出身能反映出一个人的价值取向，脚踏实地、朴实、谦虚、善于学习的人最受乐百氏招聘人员的欢迎。相反，野心大、自我感觉良好、在意工作条件和待遇的人基本上与乐百氏无缘。

二、招聘过程

乐百氏的招聘过程包括资料筛选、面试、复试三个环节。据介绍，专业、成绩好坏以及是否在学校担任过学生干部在筛选资料过程中起很大作用。因为他们认为成绩好坏在一定程度上说明毕业生能力的强弱，而担任过班干部者思维比较活跃，擅长交往，有一定的号召力和组织能力，适合作为管理者培养。

在资料筛选完后，公司按照3∶1的比例确定面试名单，通知面试。第一轮面试由人事部门主持，时间在半个小时到一个小时之间。在面试前，应聘者需要按照乐百氏的要求完成一份由3个部分（看图写故事、画图和性格分类测试）组成的书面问卷。测试完成之后，主考官根据测试的结果相应地提出一些问题，这些问题因人而异，没有统一的模式。经常被问到的问题包括：为什么希望进入乐百氏；业余时间的兴趣爱好是什么；读过哪些书；对个人的未来如何设计；如何评价自己的优点和缺点等。目的是了解应聘者的组织能力、领导能力、学习能力、语言表达能力以及知识结构等。

复试由人事部门和用人部门负责人共同主持，提的问题也是因人而异，重点是了解应聘者的个人综合素质和对自身及社会的看法和态度，不涉及专业知识的考试。乐百氏的几位中高层管理人员都表示，在这个过程中，他们希望看到应聘者表现出还有很多不足的地方，如果公司给他机会，他会努力适应公司并尽快为公司创造价值。

另外，应聘者还要让公司招聘人员知道，自己很在意毕业后的第一份工作，会尽力去珍惜，希望踏踏实实走好人生工作的第一步。在同招聘者的交流过程中，要尽量表现出希望努力把事情做好的强烈愿望和积极向上的心态。这样做，应聘的成功概率就大得多。刘箭称，“面试的关键是要真诚地展示自我”。

三、培训和待遇

在乐百氏，每个新员工都要接受一段时间的封闭式培训。培训的内容主要是企业发展理念、发展状况、对员工的素质要求以及与业务相关的专业知识等，培训结束后还将进行统一的考核。接着，新员工会被派到基层锻炼一个月左右，结束后要根据锻炼的情况完成一篇实习论文，并进行论文答辩。公司将根据理论培训和实习的情况安排新员工的工作岗位，尽量让每个新员工找到最适合的位置。

据介绍，除了享有国家规定的假期、社会保险及住院报销的待遇外，乐百氏为刚毕业的大学生提供的待遇并不是很高，一般是月薪1 100元。因为乐百氏认为，对刚毕业的大学生来说，最重要的是能够找到一个好的工作环境，让自己尽快成长起来。

四、笔试题目

乐百氏笔试题目包括看图写故事、画图和性格分类测试。

看图写故事：公司为应聘者提供6幅图片，要求应聘者运用自己的想象，根据每一张图写一个故事。每个故事不超过150字，6个故事要求在一个小时内完成。

画图：问卷上有 8 个画着不同图案的小方格，应聘者要用铅笔在小方格内画出任何图形，从自己认为最简单的图形开始。完成之后，指出图画的含义和象征意义，以及完成的顺序。

性格分类测试：测试题目由多组词义相反的词汇组成，不同程度对应不同的分值，对每组做出唯一的选择，将每行的两个选择所得分值相加，得数填在该行的圆圈或方格中，没有圆圈或方格的不用填写。最后，将所有圆圈与方格中的分值分别相加，得数填写在最下面的圆圈与方格中。这份问卷要求在 10 分钟内完成。

教师启发

要组建一个优秀的团队，规范合理的招聘流程是必不可少的。

? 课前提问

要组建一个优秀的团队，要掌握哪些招聘的知识？

相关知识点

一、招聘的概念

招聘是人力资源管理的工作，包括招聘广告、二次面试、雇佣轮选等。负责招聘工作的人员称为招聘专员，他们是人力资源方面的专家，或者是人事部的员工。聘用人选的最终确定应该是用人单位，他们与合适的应聘者签署雇佣合约。

招聘也叫“找人”“招人”“招新”。就字面含义而言，就是某主体为实现或完成某个目标或任务，而进行的择人活动。主体有法人，比如政党、企事业单位、机关、团体；也有自然人，比如乱世英雄、个体老板。无论是法人还是自然人，都必须以拥有为应聘者所需求的资源条件为前提，否则，即使皇帝也难以完成招聘的任务。

二、招聘的渠道

目前招聘员工的渠道很多，通常采用的有以下几种：

（一）报纸电视

报纸电视是传统的媒体，不仅受众广，也是求职者主要的信息来源，因此到达率非常高，但是这种形式的弊端就是覆盖面广，招聘人员必须面对大批蜂拥而至的求职者并且保持足够的耐心去挨个检验、填表、面试乃至最后厌倦疲劳冒着失去千里马的危险把一大卷的应聘资料丢到碎纸机里去。当然，如果你的目的是找到大众性的应聘者并且需要数量可观的应聘者，报纸电视肯定是不错的选择。

（二）供需见面会

现在各个地方都有专业的人才市场，并且定期地进行供需见面，这种形式的好处是针对性强，还有就是可以由需求者与供给者直接见面，设置了第一道筛选的检验关口，提高了效率。但是这种形式显而易见的弊端就是你不得不面对许多求职若渴的人，而这些人往往是鱼龙混杂，需要你有一双慧眼，在人群中一眼就能看到你未来的员工。另外的风险是你还必须看着手里拿着十几份个人简历的人在分发自己的材料，这种情况经常导致一种“马太效应”，即多的越多，少的越少。好的单位能获得更多的选择权限，而差的单位就不可避免地出现“门前冷落鞍马稀”的尴尬局面或者看上的人却被别人捷足先登的状况。

TZ 的招聘

2019 年 3 月，著名的 TZ 超市在 H 市人才市场召开了专场招聘会，拟在 H 市招聘 15 名销售部门经理。招聘当天，TZ 的招聘工作人员把 H 市人才市场的二楼大厅布置得井井有条。楼梯上贴着 TZ 超市的宣传画，二楼门口放着一台电视机，连续播放着介绍 TZ 资料的影碟。负责招聘工作的邢女士说：“TZ 重视流程管理，招聘工作也不例外。我们在招聘时早已做了充分的准备，制定了详细的招聘计划，我们只要在招聘的各个流程环节中把好关，招聘的质量就不会有问题。”

TZ 的招聘主要有以下几个步骤：

1. 领表。进场的应聘者要先在入口处领取一张申请表，填写个人资料、教育程度、家庭状况、为什么来 TZ 工作等问题。领表这个看似简单的过程却能淘汰掉不少应聘者。比如有些人到 TZ 来应聘却没有准备简历和照片等基本资料，TZ 认为他可能缺乏策划组织能力，不太适合做零售业的部门经理，TZ 通常是不给此类应聘者机会的。

2. 初选。应聘者填好申请表之后，将其交给人力资源部的工作人员，由他们进行初选。邢女士说，在这个过程中 TZ 会认真地看申请表，问应聘者一些问题，再淘汰一些明显不适合的应聘者。

3. 初试。通过 TZ 的初选后，应聘者就可以到部门经理那里面试了。TZ 的一个门店的 7 位部门经理（包括销售部门的 4 个经理、人力资源部经理、收银处经理和财务经理）参加面试。经理们都会问一些问题，根据每一位应聘者回答的情况，写下 A、B、C、D 的评语。通常，被评为 A、B 的应聘者才有可能参加下一轮面试。

4. 复试。通过了初次面试的人员，一周内会接到 TZ 人力资源部的复试电话通知。接下来还要经过至少 2 次面试，最后才接受总经理的面试。这时，初试过关的 10 位人员中大约会有 1 位能够成为 TZ 的员工。

（三）网络招聘

对于专业技术人才来讲，从网上进行招聘无疑是一种明智的选择，原因有二：一是能上网的人一般都有比较高的个人素质和技能，适应现今社会的潮流（当然不能一概而论）；二是显示了招聘单位的实力和开阔的视野，能够采取网络招聘的单位往往在观念上已经超越了传统的企业，非常适合现代人尤其是年轻人的口味，一般来讲命中率是很高的，而且在初期接触中可以采取电子邮件和电话通信的方式，初步了解双方情况，避免在面试不合适之后还要挖空心思寻找一些既不刺伤对方自尊又能明确表达否定的委婉之辞。著名招聘机构 BeaconMan 认为网络招聘是未来的发展趋势。

（四）朋友介绍

这是最古老的一种猎头手段，但也是最有效的途径。这里没有含情脉脉的试探，也不需要艰苦卓绝的磨合，你的目标就在那里，你所做的只是一次直截了当的谈判，对技能和人品的了解使你简单到一个词：待遇。但是切忌“水涨船高”，在“挖人”的同时，自己的员工往往也面临着被挖的可能，在你给 5 000 元、我给 6 000 元的竞标下酝酿的往往是成本的飙升和老员工日益积累的不满。因此，“挖人”是一柄双刃剑，如何得心应手地使用是高手必须面对的问题。

三、招聘测试与面试的步骤

招聘测试与面试是人员招聘录用工作程序的重要组成部分，也是招聘录用工作的进一步展开。这一阶段共包括 7 个步骤：

（一）组织各种形式的考试和测验

考试和测验内容应根据岗位的不同要求进行设计和取舍。一般而言，此项工作涉及下述几个方面的内容：专业技术知识和技能考试；能力测验；个性品质测验；职业性向测试；动机和需求测试；行为模拟；评价中心技术。

通过对应聘者施以不同的考试和测验，可以就他们的知识、能力、个性品质、职业性向、动机和需求等方面加以评定，从中选出优良者，进入面试候选人的范围。

（二）准备工作

最后确定参加面试的人选，发布面试通知和进行面试前的多项准备工作：

1. 确定面试官

面试官应由三部分人员组成：人事部门主管、用人部门主管和独立评选人。但是，无论什么人担任面试官，都要独立、公正、客观地对每位面试者做出准确的评价。

2. 选择合适的面试方法

面试方法有许多种，面试官应根据具体情况选择最合适的方法组织面试。

3. 设计评价量表和面试问话提纲

面试过程是对每位参加面试的应聘者的评价，因此，应根据岗位要求和每位应聘者的实际情况设计评价量表和有针对性的面试问话提纲。

4. 面试场所的布置与环境控制

要选择适宜的场所供面试时使用，许多情况下，不适宜的面试场所及环境会直接影响面试的效果。

（三）面试过程的实施

这一阶段是面试工作程序中最主要的环节，它依靠面试官的面试技巧有效地控制面试的实际操作。实际上，面试过程的操作质量直接影响人员招聘与录用工作的质量。

（四）分析和评价面试结果

这部分工作主要是针对应聘者在面试过程中的实际表现做出结论性评价，为录用人员的取舍提供建议性依据。

（五）确定人员录用的最后人选

确定人员录用的最后人选，如有需要，可进行体格健康检查。

1. 做出录用决策

在经过笔试、面试或心理测试后，招聘录用工作进入决定性阶段。这一阶段的主要任务是通过对甄选评价过程中产生的信息进行综合评价与分析，确定每一位应试者的素质和能力特点，根据预先确定的人员录用标准与录用计划进行录用决策。测评数据资料的综合分析是通过专门的人事测评小组或评价员会议进行的。测评小组共同讨论每个评价维度的行为表现，得出对某一求职者有关这方面情况的一致评价意见。在对每一评价维度都进行了类似的综合后，评价员们就要考虑勾画出该求职者在所有评价维度上的长处和弱点，然后做出最后的录用决策。这里需要注意的是：

（1）如果人事部门与用人部门在人选问题上意见有冲突，应尊重用人部门的意见。

（2）组织应该尽可能地选择那些与企业精神、文化相吻合的应聘者，即使他们没有相应的知识背景和工作经验，因为这些可以通过培训而获得，但一个人的个性品质是难以改变的。

2. 决策的准确性

个人差异为人员选择提供了理论基础，选择过程的目标在于利用个人差异挑选那些更具有某种特性的人，这些特性被看作干好工作的重要因素。工作分析是整个选择过程的基础。在此基础上，选择一个或一个以上敏感、相关、可靠的效标；同时，选择一个或一个以上与效标有某种关系的预测因子（如个性、能力、兴趣的量度）。对预测因子的选择应以工作分析信息为依据，这种信息可提供哪一种预测因子最有可能准确地预测标准绩效的线索。当我们把预测因子作为决策的依据时，可从正确决策的比例评价预测因子的作用。这一模式简单、易懂，它只要求把根据预测因子所做的决策划分为两个或两个以上相互排斥的类型，对效标数据也做类似的分类，然后对两组数据进行比较。

（六）面试结果反馈

人员选聘与录用工作的每个环节都包含两个方面的结果：录用过程和辞谢过程。录用过程是指应聘者在应聘过程中逐步被组织接纳，而辞谢过程则是招聘录用过程中的淘汰，二者是同时延续和完成的。

面试结果的反馈有两条线路：一是由人事部门将人员录用结果反馈到组织的上级和用人部门；二是逐一将面试结果通知应聘者本人，对录用人员发布“试录用通知”，对没有被接受的应聘者发布“辞谢书”。

（七）面试资料存档备案

最后，将所有面试资料存档备案，以备查询。至此招聘测试与面试工作全部完成，重新回到人员招聘与录用的程序之中。

四、招聘中的“经典七问”

招聘过程中常要问到的问题及其释义总结如下：

（1）以往工作中您的职责是什么？——如果描述不清，即使有相关工作经验，其系统性、全面性也值得怀疑。

（2）请讲一下您以往的工作经历。——考察应聘者的语言组织及表达能力，以及描述的条理化。

（3）您以往的工作经历中最得意、最成功的一件事是什么？您的长处是什么？——从应聘者的回答中，可了解他是注重个人成功还是注重团队协作。

（4）您感觉还有哪方面的知识、技能或能力需要提升？——“提升”一词比较委婉，一方面考察其态度是否坦诚，另一方面为日后的员工培训增强针对性。

（5）对于新的工作岗位您有什么设想？如何开展工作？——这涉及员工的职业生涯设计，更有关员工工作的稳定性。

（6）您离职的原因是什么？——这是必须要问的问题，涉及员工和组织的融合性。

（7）您对薪金待遇和福利有什么要求？——这个问题的重要性更是不必多言。

课堂测试

招聘的渠道有哪些？结合自身实际，谈谈你准备通过什么渠道招聘你的创业团队。

小故事大道理

宝洁公司的独特招聘

宝洁公司在用人方面与其他外企不同，只接收刚从大学毕业的学生。由于我国只有每年的7月才有毕业生，因此宝洁不得不接收少量非应届毕业生。中国宝洁公司北京地区人力资源部傅经理介绍说，在中国宝洁公司，90%的管理人员是从各大学应届毕业生中招聘来的。

20年来，宝洁公司已经聘用了几千名应届大学生。宝洁公司只招收应届大学毕业生的原因主要有：

(1) 应届大学毕业生具有可塑性，很容易接受组织文化，能很快融入企业，阻力相对较小。

(2) 应届大学毕业生是最具发展潜力的人员群体，用于评价其潜质的信息相对完整、可信度较高，从而能提高人员招聘的质量。

(3) 宝洁很重视年轻人的发展，实行内部提升制原则，应届大学毕业生刚离开学校走入社会，大家都处在同一个起跑线，竞争与升迁的条件是均等的，有利于激发他们的斗志。

(4) 招聘有经验的管理人员进入企业，虽然有一定优势，但在工作安排、职务晋升、薪酬等方面必然会比应届大学毕业生复杂得多，存在成本高、难管理、融入慢等问题，除非是特殊人才，企业不会冒此风险。

训练营

训练任务2-3 团队模拟招聘训练

【任务目标】

帮助学生掌握招聘技巧和招聘的流程。

【任务要求】

(1) 每个小组需要制作一张海报，用彩笔、剪刀、海报纸制作。

(2) 每个小组需要准备若干面试题目，并且准备好备选答案。

(3) 教室需要桌椅可以灵活搬动，小组根据需要，张贴招聘海报，布置面试会场。

(4) 招聘开始后，要求每组有同学负责会场秩序和拍照。

(5) 活动结束后，各组要认真总结招聘情况，要求每组选出一名代表在课堂上叙述活动过程。

(6) 准备时间为10分钟。

【任务组织】（见表 2-7）

表 2-7　　团队模拟招聘训练任务组织表

活动项目	具体实施	时间	备注
团队模拟招聘训练	(1) 假设全班有 48 人，将学生分成 6 个小组，每个小组建立一个模拟公司。每个公司 8 个人。 (2) 每组中 4 人作为招聘方，负责制作招聘海报，准备面试问题，布置面试会场；另外 4 人作为其他小组的应聘者，去参加应聘。 (3) 6 个公司同时进行模拟招聘训练，然后分别汇报招聘结果。 (4) 组织学生讨论招聘过程中遇到的问题。	30 分钟	教室中桌椅灵活可动、分组资料（公司名称、人员安排）、海报制作

【任务评价】（见表 2-8）

表 2-8　　团队模拟招聘训练任务评价表

评价指标	评价标准	分值（100 分）	评估成绩	所占比例
团队模拟招聘训练表演情况效果	1. 模拟招聘中理解招聘的技巧和流程	20		70%
	2. 能灵活运用招聘的方法	20		
	3. 能解决在招聘中遇到的问题	20		
	4. 遵守活动时间	10		
	5. 表演真实	10		
	6. 效果明显	10		
	7. 活动评估	10		
教学过程	出勤、态度和热情	100		30%
小组综合得分				

模块四　打造高效团队

故事导入

协作的力量

从前，有两个饥饿的人得到了一位长者的恩赐：一根鱼竿和一篓鲜活硕大的鱼。其中，一个人要了一篓鱼，另一个人要了一根鱼竿，于是他们分道扬镳了。得到鱼的人原地就用干柴搭起篝火煮起了鱼，他狼吞虎咽，还没有品出鲜鱼的肉香，转瞬间就连鱼带汤吃了个精光，不久，他便饿死在空空的鱼篓旁。另一个人则提着鱼竿继续忍饥挨饿，一步步艰难地向海边走去，可当他已经看到不远处那片蔚蓝色的海洋时，他浑身的最后一点力气也使完了，他也只能眼巴巴地带着无尽的遗憾撒手人寰。

又有两个饥饿的人，他们同样得到了长者恩赐的一根鱼竿和一篓鱼。只是他们并没有各奔东西，而是商定共同去找寻大海，他俩每次只煮一条鱼。经过遥远的跋涉，他们来到了海边，从此，两人开始了以捕鱼为生的日子。几年后，他们盖起了房子，有了各自的家庭、子女，有了自己建造的渔船，过上了幸福安康的生活。

教师启发

1. 一个人只顾眼前的利益，得到的终将是短暂的欢愉；一个人目标高远，但也要面对现实的生活。只有把理想和现实有机结合起来，才有可能成为成功之人。有时候，一个简单的道理，却足以给人意味深长的启示。

2. 协作的力量。

课前提问

一个高效的团队，究竟有哪些特征呢？

相关知识点

一、高效团队的概念

高效团队（The High Performance Team）是指发展目标清晰、完成任务前后对比效果显著增加，工作效率相对于一般团队更高，团队成员在有效的领导下相互信任、沟通良好、积极协同工作的团队。

二、高效团队的特征

要想打造高效团队，需要具备以下特征，如表 2-9 所示。

表 2-9　高效团队的特征

主要因素	内容描述
清晰的目标	高效团队对要达到的目标有清楚的理解，并坚信这一目标包含重大的意义和价值。而且，这种目标的重要性还激励着团队成员把个人目标升华为群体目标。在高效团队中，成员愿意为团队目标做出承诺，清楚地知道他们各自的工作，以及他们怎样共同工作并实现目标。

续表

主要因素	内容描述
相互的信任	成员间相互信任是高效团队的显著特征，也就是说，每个成员对其他人的品行和能力都确信不疑。我们在日常的人际关系中都能够体会到，信任需要花大量的时间去培养而又很容易被破坏。只有信任他人才能换来他人的信任。所以，维持群体内的相互信任，需要引起管理层足够的重视。
相关的技能	高效团队是由一群有能力的成员组成的。他们具备实现目标所必需的技术和能力，而且相互之间有良好合作的个人品质，从而能出色完成任务。后者尤为重要，但却常常被人们忽视。有精湛技术能力的人并不一定就有处理群体内关系的高超技巧，而高效团队的成员则往往兼而有之。
一致的承诺	高效团队的成员对团队表现出高度的忠诚和承诺，为了达成团队目标，他们愿意去做任何事情，我们把这种忠诚和奉献称为一致的承诺。对成功团队的研究发现，团队成员对他们的群体具有认同感，他们把自己属于该群体的身份看作自我的一个重要方面。因此，承诺一致的特征表现为对群体目标的奉献精神，愿意为实现这一目标而调动和发挥自己的最大潜能。
良好的沟通	毋庸置疑，这是高效团队一个必不可少的特点。群体成员通过畅通的渠道交流信息，包括各种言语和非言语交流，此外，管理层与团队成员之间健康的信息反馈也是良好沟通的重要特征，它有助于管理者指导团队成员的行动，消除误解。就像一对已经共同生活多年、感情深厚的夫妇那样，高效团队中的成员能迅速而准确地了解彼此的想法和情感。
谈判技能	以个体为基础进行工作设计时，员工的角色有工作说明、工作纪律、工作程序及其他一些正式或非正式文件明确规定。但对高效团队来说，其成员角色具有灵活多变性，总在不断进行调整。这就需要成员具备充分的谈判技能。由于团队中的问题和关系时常变换，成员必须能面对和应付这种情况。
恰当的领导	有效的领导者能够让团队跟随自己共同度过最艰难的时期，因为他能为团队指明前途所在，向成员阐明变革的可能性，鼓舞团队成员，帮助他们更充分地了解自己的潜力。优秀的领导者不一定非得指示或控制，高效团队的领导者往往担任的是教练和后盾的角色，为团队提供指导和支持，但并不试图去控制它。这不仅适用于自我管理团队，当授权给小组成员时，也适用于任务小组、交叉职能型的团队。对于那些习惯于传统方式的管理者来说，这种从上司到后盾的角色变换，即从发号施令到为团队服务实在是一种困难的转变。当前很多管理者已开始发现这种新型的权力共享方式的好处，或通过领导培训逐渐意识到它的益处。但现实中仍然有些脑筋死板、习惯于专制方式的管理者无法接受这种新观念，这些人应当尽快转换自己的老观念，否则就将被取而代之。
内部和外部的支持	从内部条件来看，团队应拥有合理的基础结构，包括适当的培训、一套易于理解的并用以评估员工总体绩效的测量系统，以及一个起支持作用的人力资源系统。恰当的基础结构应能够支持并强化成员行为以取得高绩效水平。从外部条件来看，管理层应给团队提供完成工作所必需的各种资源。
认可和赞美	当个人的贡献受到领导者和其他成员的认可和赞美时，团队成员会感到很骄傲；团队的成就涉及所有成员的认可，团队的成员觉得自己受到尊重，团队的贡献受到了组织的重视和认可。从个人到团队都受到认可，士气就会提升。

续表

主要因素	内容描述
士气	每个人都乐于作为团队中的一员，都很有信心，而且士气高昂。如果团队成员对于自己的工作都引以为荣而且很满足，团队的向心力就会很强，就会士气高昂。

向大雁学习打造高效团队

大雁是出色的空中旅行家。每当秋冬季节，它们就从老家西伯利亚一带，成群结队、浩浩荡荡地飞到我国的南方过冬。第二年春天，它们经过长途旅行，再回到西伯利亚产蛋繁殖。

大雁的飞行速度很快，每小时能飞68～90千米，几千千米的漫长旅途得飞上一两个月，每一次迁徙途中历尽千辛万苦，但它们秋天南来，春天北往，从不失信。不管在何处繁殖、何处过冬，总是非常准时地南来北往。我国古代有很多诗句赞美它们，例如："八月初一雁门开，鸿雁南飞带霜来"；陆游的"雨霁鸡栖早，风高雁阵斜"；韦应物的"万里人南去，三春雁北飞"；"孟春之月鸿雁北，孟秋之月鸿雁来"等。

每只大雁拍动翅膀都会为紧随其后的大雁造成一个向上的气流，利用V字形的队伍，整个大雁队伍可以增加71%的有效飞行速度。

我们可以从以下几个方面向大雁学习，打造高效团队：

(1) 每个人都要忠诚于自己的团队，忠诚于自己的事业，做好自己的本职工作。如果你不"拍翅膀"，他不"拍翅膀"，这个团队还会存在吗？如果一只大雁掉队了，它马上就能感觉到独自飞行带来的阻力，它会迅速利用前面大雁的上升力，帮助自己跟上雁群。

(2) 如果我们与大雁一样聪明的话，就会留在与自己的事业目标一致的队伍里，而且乐意接受他人的协助，也愿意协助他人。如果领头雁累了，它会自动落到队伍中，另一只大雁马上替补领头的位置。

(3) 分担重任很重要，因为我们应该尊重和保护每个人独特的才智、技能、精力、资源。如果一只大雁生病了，会有两只大雁陪伴它下落，帮助并保护它。

(4) 如果我们也有大雁这样的意识，我们就会一如既往地站在彼此身边，不管经历何种困难，永远鼓励和帮助我们的队友。队形中的大雁会向前面的大雁鸣叫，来彼此激励并保持速度。

(5) 我们必须确定从我们背后传来的是鼓励的叫声，而不是其他的声音。个人的信心和活力来自团队及时而真诚的鼓励。

三、打造高效团队的措施

通过以下措施，可以帮助我们将团队打造成高效团队。

（一）信念牵引

信念是一个组织的精神支柱，也是一个人的精神图腾。打造高效能企业团队首先要给这个企业团队一个信念，让信念来牵引企业团队成员为了共同的目标而百折不挠。

树立企业团队信念，首先要不断地给员工描绘企业未来远大的发展前景规划，包括企业使命、宗旨、理念以及经营目标。例如：在经营目标上，企业在三年内会达成什么目标，五年内要达成什么目标，十年内要达成什么目标，企业有没有上市的规划，这些都能成为员工为了这个目标而去奋斗的理由。企业团队的负责人一定要学会给员工规划远景，善于画饼。其次要给企业团队成员描绘职业发展的广阔路径。及时跟员工做职业发展规划，让他能够清晰地看到自己未来在企业发展的更大的舞台。再次是用企业文化吸引人。未来市场竞争的最高境界就是文化的竞争，通过构建独特的企业文化，也可以吸引人员不离不弃。

（二）注重协作

团队协作可以将个人能力发挥得更多，并且形成团队凝聚力。团队协作具有以下的作用及意义：

第一，营造良好的工作氛围，提高员工工作积极性。

一个令人愉快的工作氛围是高效率工作的一个很重要的影响因素，快乐而尊重的气氛对提高员工工作积极性起着不可忽视的作用。

如果在工作的每一天都要身处毫无生气、气氛压抑的工作环境之中，那么员工怎么可能会积极地投入到工作中呢？管理者如果能够掌握创造良好工作氛围的技巧，并将之运用于自己的工作中，那么管理者将能够识别那些没有效率和降低效率的行为，并能够有效地对之进行变革，从而高效、轻松地获得有创造性的工作成果。

第二，开展丰富多彩的集体活动和学习培训工作，以增强团队整体能力素质的提高。

企业要留住员工，除了提供较为可观的薪酬、福利外，还应注重员工的个人发展，如提供学习培训，而培训不但可以提升员工的个人素质，还会促进企业的不断发展。而且，培训学习还会形成整体学习力，从而转化为企业团队意识和集体智慧，在实践中不断增长凝聚力和工作能力。在一定程度上，共同学习能够在成员之间实现信息和资源共享；在学习中直接交流、讨论，可以加大信息交流量，拓展每个成员思维的深度与广度，同时也有利于培养团结互助的协作精神。

除了举办学习培训外，还应组织员工开展丰富多彩的集体活动，以增强团队的协作能力与凝聚力。参加集体活动，可以增强员工的团结协作意识，进而产生协同效应。在遇到困难的时候就能集体想办法、出主意，是保持企业团队锐气的必要条件。“能用众力，则无敌于天下矣；能用众智，则无畏于圣人矣”，它能促使员工在学习上更努力、工作上更用心、作风上更顽强，从而加快前进的步伐。

第三，开展竞赛活动，营造你追我赶、力争上游的工作氛围。

必要的竞赛活动是保持团队锐气的必要条件，它能促使员工在学习上更努力、工作上更用心、作风上更顽强，从而加快前进的步伐。如烟草行业举办的职业技能竞赛，不但能提升员工学习业务的积极性，还能通过竞赛全面提升员工队伍的整体素质。

（三）互动沟通

现如今是一个沟通的时代，企业的成长需要内外部的沟通。没有外部良好的沟通，企业就没有一个好的经营环境；内部缺少沟通，就会出现猜疑和误会，进而产生隔阂。

而有效的企业团队内部沟通，至少可以起到如下作用：

第一，可以互相学习，让信息和经验共享，从而让个人和企业团队走得更快，走得更远。

第二，沟通能够增进内部成员间的感情交流，是企业团队高效协作的黏合剂，很多企业团队之所以协作不利、出现内讧，很多时候都是沟通不畅造成的。沟通，分为语言沟通和非语言沟通。语言沟通包括口头语言和书面语言，非语言沟通包括语气、肢体动作等。有效的沟通，应该是多种方式的运用。

第三，企业应该树立“大客户”的观念。把企业的内部员工也当成企业的客户，只有善待员工，他们才能更好地为客户提供周到、体贴的服务，服务做好了，客户的忠诚度才能高，才能持续地购买，产品卖好了，企业才能有源源不断的利润，有了利润，企业才能更好地改善员工的待遇。这就是一个良性循环。

（四）绩效激励

要想让企业团队焕发生机和活力，就必须通过绩效考核与激励，来指引营销企业团队的目标与方向。考核激励是指引，这就是不同的考核激励方式所带来的不同结果。

营销人员是以业绩论英雄、以市场论成败。经营的关键在管理，管理的关键在考核，考核的关键在落实，因此要通过正负激励、正确引导，使个人及企业团队目标不偏离企业的目标。

（五）全方位管理

管理出效益，高效能的企业团队是“管”出来的，不是“惯”出来的。要想打造一支能征善战，打苦仗、打硬仗的高效能企业团队，作为营销管理人员，就必须要对企业团队成员进行全方位管理。

全方位管理，就是从工作到生活，都要进行管理。因为工作和生活彼此联系、互相影响，有时表面上是工作上的问题，有可能是因为生活引起的，因此，需要全方位介入，当然，这里不是指干涉员工的私生活。

课堂测试

你认为该如何打造高效团队？

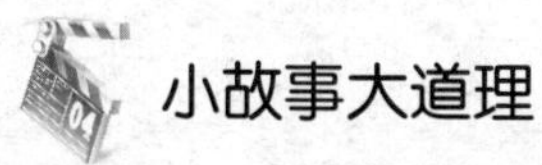

小故事大道理

日清日毕，日清日高

为了打造高效团队，海尔创建了几种成功的模式，最有效的是OEC管理法——“日清日毕，日清日高”，即每天的工作每天完成，每天工作要清理并要每天有所提高。OEC管理法由3个体系构成：目标体系、日清体系、激励机制。首先确定目标，日清是完成目标的基础工作，日清的结果必须是正负激励挂钩才有效。

第一，每天的工作要每天完成，每天要比前一天提高1%。

通过“日事日毕，日清日高”不断地检查每天的工作，时刻告诫自己每天的工作要每天完成，每天要比前一天进步1%，做一个有自我时间管理的人，让自己不断进步。

第二，领悟“什么叫作不简单？什么叫作不容易?”

学习过海尔的人几乎都认为海尔模式挺好，但是学不来，就是因为太苦了。你想想，每天不管大事小事都要完成，这太折腾人了，但是海尔做到了。什么叫作不简单？能够把简单的事情天天做好就是不简单！什么叫作不容易？大家公认的非常容易的事情，非常认真地做好它，就是不容易。在日常琐碎的工作中，领悟“什么叫作不简单？什么叫作不容易?”，坚持每天把简单的事情做好，认真地做好简单的事情，让简单的事情变得重要，在简单的工作中寻找工作的激情。

第三，“日事日毕，日清日高”需要持之以恒。

持之以恒地坚持“日事日毕，日清日高”的工作模式，每天的工作要每天完成，每天要比前一天提高1%，持之以恒地提高自己的时间管理成效。

凡事要善始善终，在今后的工作中，通过不断地融合“海尔的时间管理”模式进行自我管理，利用PDCA（P—PLAN计划、D—DO实施、C—CHECK检查、A—ACTION行动）循环原则来督导自己日常的工作，并及时清理自己日常工作的薄弱项目，及时整改，以提高自己每天工作的效率，使自己完成每天基础工作的同时，效率要比前一天提高1%。

训练营

训练任务2-4　传递不走样

【任务目标】

帮助学生打造高效团队。

【任务要求】

（1）组长面对大屏幕，本组其他组员按照顺序排成一行，而且必须背对大屏幕，不得偷看和发出声音。

（2）抽签决定要传递的词语类别。

（3）组长看好大屏幕后，记住要演示的词语，大屏幕关闭，组长将大屏幕上的词语用动作比划给第二位同学看。

（4）比划的时候不可以用语言表述，只可以做动作。

（5）按照这个方式依次传递，由最后一个组员回答该组所模仿的动作是什么物品。

（6）回答一样或者最接近的得一分。小组成员必须全部参加，每组计时 5 分钟。

（7）得分最高的三组可以成为高效团队。

【任务组织】（见表 2－10）

表 2－10　　传递不走样任务组织表

活动项目	具体实施	时间	备注
传递不走样	（1）假设全班有 48 人，将学生分成 8 个小组，每个小组 6 个人。 （2）小组成员排成一队，依次表演 PPT 上展示的词语，由最后一名同学根据动作猜出词语。 （3）每个小组派一名代表抽取传递的词语类别。 （4）传递不走样表演按照小组顺序依次进行，每组可以准备一分钟，然后传递不走样五分钟。 （5）后一组派出两名同学辅助正在传递的那组，一名同学计时，另一名同学拍照或摄影。 （6）得分最高的三组成为高效团队，并且发表获胜感言。	40 分钟	将教室中桌椅移到教室两边、空出中间场地用于传递表演；传递词语资料（一共八套词语）

【任务评价】（见表 2－11）

表 2－11　　传递不走样任务评价表

评价指标	评价标准	分值（100 分）	评估成绩	所占比例
传递不走样活动表演情况及效果	1. 传递不走样活动规则的遵守（比如：动作表演的同学讲话为犯规）	20		70%
	2. 能领悟高效团队的协作	20		
	3. 能解决在活动中遇到的问题	20		
	4. 遵守活动时间	10		
	5. 表演逼真	10		
	6. 效果明显	10		
	7. 活动评估	10		
教学过程	出勤、态度和热情	100		30%
小组综合得分				

模块五　塑造团队文化

故事导入

李世民背后的女人

唐太宗大治天下，盛极一时，除了依靠他手下的一大批谋臣武将外，也与他贤淑温良的妻子长孙皇后的辅佐是分不开的。

长孙皇后知书达礼、贤淑温柔、正直善良。对于年老赋闲的太上皇李渊，她十分恭敬而细致地侍奉，每日早晚必去请安，时时提醒太上皇身旁的宫女怎样调节他的生活起居，像一个普通的儿媳那样力尽孝道。对后宫的妃嫔，长孙皇后也非常宽容和顺，她并不一心争得专宠，反而常规劝李世民要公平地对待每一位妃嫔，正因如此，唐太宗的后宫很少出现争风吃醋的韵事，这在历代都是极少有的。长孙皇后凭着自己的端庄品性，无言地影响和感化了整个后宫的气氛，使唐太宗不受后宫是非的干扰，能专心致志料理军国大事。长孙皇后虽然出身显贵之家，又贵为皇后，但她却一直遵奉着节俭简朴的生活方式，衣服用品都不讲求豪奢华美，饮食宴庆也从不铺张，因而也带动了后宫之中的朴实风尚，为唐太宗励精图治的治国政策的施行做出了榜样。

长孙皇后不但气度宽宏，而且还有过人的机智。一次，唐太宗回宫见到了长孙皇后，犹自义愤填膺地说："一定要杀掉魏徵这个老顽固，才能一泄我心头之恨！"长孙皇后柔声问明了缘由，也不说什么，只悄悄地回到内室穿戴上礼服，然后面容庄重地来到唐太宗面前，叩首即拜，口中直称："恭祝陛下！"她这一举动弄得唐太宗满头雾水，于是吃惊地问："什么事这样慎重？"长孙皇后一本正经地回答："臣妾听说只有明主才会有直臣，魏徵是个典型的直臣，由此可见陛下是个明君，故臣妾要来恭祝陛下。"唐太宗听了心中一怔，觉得皇后说的甚是在理，于是满天阴云随之而消，魏徵也就得以保住了他的地位和性命。

教师启发

唐太宗的后宫文化受到长孙皇后的极大影响，很少出现争风吃醋的韵事，这使得唐太宗能够大治天下，盛极一时。拓展开去，一个团队的文化对于团队的发展是至关重要的。

? 课前提问

团队文化对于团队发展，究竟有哪些作用？

相关知识点

一、团队文化的概念

团队文化是指团队成员在相互合作的过程中，为实现各自的人生价值，并为完成团队共同目标而形成的一种潜意识文化。团队文化是社会文化与团队长期形成的传统文化观念的产物，包含价值观、最高目标、行为准则、管理制度、道德风尚等内容。它以全体员工为工作对象，通过宣传、教育、培训和文化娱乐、交心联谊等方式，最大限度地统一员工意志，规范员工行为，凝聚员工力量，为团队总目标服务。

纠正君过

春秋时代，当了30年齐国大臣的晏婴，是位著名的政治家。《左传》中有颇多晏婴的记载，比如，晏婴经常劝齐景公要爱民，但齐景公却总是扰民。

有一次，齐景公强令民工造大台，闹得齐国民不聊生，众百姓苦不堪言。正巧晏婴出使回来目睹了这一情景，他马上进言齐景公不要造台，齐景公好不容易才同意了。晏婴却不急于回家，而是立即赶到工地，催促民工抓紧干活儿，稍有懈怠，就以鞭子抽打。晏婴骂累了、打累了，这才回家。他刚离开工地，齐景公的传令官就到了，下令停止施工，民工解散，可以回去和家人团聚了。民工一听此令，齐声欢呼，好像遇到大赦一般，高高兴兴地赶回家去了。

晏婴这样做，是故意把“贤名”让给君王，把“恶名”留给自己。孔子对他大为欣赏，说他既纠正了君王的过失，又使百姓感受到了君王的仁义。

人无完人，不管做到多高的职位，总有出错的时候。聪明的下属这时候就会为挽回上司的名声而不遗余力。如果犯错的是公司，这样做的结果于公就是保全了公司对外的良好形象，于私上司会非常感激你的牺牲，总会找机会投桃报李。在管理中总充满这样的矛盾，看似付出了很多，实际你收获的更多。

而作为领导者呢？虽然你有个好下属但是也要尽量避免自己犯错误，要不然对外的形象虽然保住了，但是对内却留下了疤痕。一个人的思想总是有局限的，在做决定特别是重大的决定的时候，考虑不周就可能出事。所以一定要集思广益，最好的办法就是建立有效的决策机制，实行民主决策、明智决策。

二、团队文化的分类

团队文化简单来说可以分为以下几类，如表2-12所示。

表 2-12　团队文化分类

主要因素	内容描述
团队情绪	团队民主的管理作风、自主的工作环境和富有挑战性的工作，使成员之间相互信任，能够坦诚、开放、平等地沟通与交流，人际关系和谐，成员身心愉快，参与愿望强烈，工作中充满了热情与活力。团队发展过程中经常碰到困难与挫折，但高级团队能够使团队成员愉快相处并享受作为团队一员的乐趣，团队里不乏幽默的氛围。团队内部士气高昂，团队成员不畏艰难，不畏挫折，时刻保持旺盛的斗志。团队在文化氛围上既强调团队精神，又鼓励个人自我完善与发展，杜绝过于强调团队精神而压倒个性的文化倾向，由此激发个人的积极性、主动性、创造性。
团队效率	团队成员不断提高自己的能力、素质与觉悟，整个团队弥漫着终身学习的气氛。团队目标统一，分工明确，权责分明，办事积极果断。团队不墨守成规，经常能创造性地解决问题，并且有着很好地对变化实行检测的预警系统与习惯，能对技术的变迁做出迅速反应，对价值观的变化做出调整。团队民主、平等的氛围使成员畅所欲言，能够从不同角度提出不同的意见和方案，使决策科学、合理。团队内部以及团队与组织其他部门之间建立密切的联系，信息沟通畅快，决策效率提高。
建设意义	加强团队文化的建设对企业的发展有着一定程度的积极意义。团队已经成为众多企业实践企业文化管理过程中强有力的核心价值观，团队建设也已经成为企业文化深植过程中一个至关重要的课题。加强团队文化的建设具有一定的重要性和必要性。

三、团队文化易犯的错误

在形成团队文化过程中，团队成员容易犯一些错误，如表 2-13 所示。

表 2-13　团队文化形成过程中团队成员易犯错误

主要因素	内容描述
感觉自己不被重视	不要过分渲染团队概念，团队最初应去解决自己“影响力范围”内的问题，给团队规定一个时间范围，要求其制定计划以及如何达到这个目标。明确其权限，经常申明这些权限。团队成功最关键的标准是培养团队精神和完成工作的能力。
苦乐不均	每个人都有自己不同的工作风格，尽管团队中有一定余地可以兼容不同工作风格的员工，但也要制定起码的要求以避免冲突。虽然人们对不同工作的偏好可以通过岗位轮值得到满足，但工作的速度和质量是所有团队成员都必须遵守的标准。因此要统一业绩标准，平等的业绩标准可培养团队成员的相互尊重。

续表

主要因素	内容描述
把握不准“度”	许多团队刚开始会因拥有新的权力和职责而兴奋不已，以致首次遇到始料不及的障碍时，只好打退堂鼓。因此要未雨绸缪，事先考虑到可能遇到的阻力和失败，制定应对突发性事件的计划。最好同时进行几个项目，一些项目可能陷入困境，而另一些项目必定会成功，把这些成功和失败作为学习的经验。
不负责任的态度	团队成员不得不面临以下状况：同时学习几种职位所必需的知识、随时准备变换新的工作、升任领导职务、掌握新的技能等。因此，需要有相应的公正奖励，有相应的激励措施，调动团队成员的积极性。
不能相互包容	团队中每个人都有优点，也会有缺点，会有些小毛病，犯点小错误。有些成员往往看到自己都是优点，看到别人都是缺点，出现团队失利便去指责队友，造成团队凝聚力下降。团队成员应该学会包容和大度，学会站在别人的角度考虑问题，互相理解，互相体谅，互相信任，学会接纳对方的优点和缺点。

四、团队成员的应对策略

在团队中，不同的员工对于团队文化的领悟是不同的，需要不同的应对策略，如表 2-14 所示。

表 2-14　　团队成员的应对策略

主要因素	特点	应对策略
“天才型”员工	胸藏机杼，工作游刃有余。	他们感到失望是因为工作中缺乏新的挑战。因此要让他们参加特殊项目或做团队领导，让他们不断加快轮换职位。
“沉默寡言型”员工	工作没问题，能应付。但他们不会在团体会议上分享观念，也不会加入团体项目。	要让他们与更积极自信的同事合作，或不断给予他们要求更高的工作。
“大材小用型”员工	未能人尽其才，或相对其工作来说培训过多。	要多听取他们的建议或委派他们担任更重要的角色。

五、形成优秀的团队文化的措施

在一个团队中，形成好的团队文化是相当必要的，那么如何才可以形成好的团队文化呢？具体的措施可以参见表 2-15。

表 2-15　形成好的团队文化的措施

主要因素	内容描述
选好优秀的团队领导	团队的领导有两类：先锋型领导和赤字型领导。前者往往会身体力行，试图通过榜样的力量灌输给团队成员同样的品质。后者强调的是领导要善于根据薄弱环节进行补差，团队缺乏活力，他就提供活力，团队缺少控制，他就提供控制；前者强调对现有资源进行激发，后者强调为团队成员提供发挥才智的空间；前者突出领导对团队要求些什么，后者突出团队对领导要求些什么。进入21世纪以来，组织结构的扁平化、知识更新的加速化倾向日益凸显，赤字型领导应当成为一种首选模式，注重培养下属，鼓励和支持下属承担更为艰巨的任务。 成为赤字型领导必须要求不同层次的管理者进行适当的角色转换。企业的基层管理者必须实现从传统的经营实践者角色到充满进取精神的企业家角色的转变，中层管理者必须实现从行政管理者到支持辅导型教练角色的转变，高层管理者则必须实现从资源分配者到制度建设型角色的转变，高层管理者的主要贡献是为组织提供视野和活力。
满足团队运转所必需的四个关联条件	一是团队内必须充满活力。活力可以通过员工的创造性、工作热情、和谐的团队氛围体现出来。二是团队内必须有一套为达到目标而设置的控制系统。三是团队必须拥有完成任务所需的专业知识（包括技术专业知识、关于运作方法的知识以及政治知识）。四是团队必须有一定的影响能力，特别是团队里要有部分不仅在团队内部有影响力，而且对团队以外的更大范围内有足够影响力的成员。
加大团队管理上的授权	团队工作的宗旨就是委托与放权。一个普通的团队领导者必须经常性在权力下放与权力控制、指令式风格与协商式风格之间做出分析、判断、比较、抉择。以团队为基础的管理结构并不是指简单地摆脱权威体系的束缚，领导者更主要的任务是学会改变组织内权力的运用方式，改变对员工的评估标准体系。
给予团队管理充分的尊重	一是特定团队内部的每个成员间能够相互尊重、彼此理解，否则，一个团队将因无法运行而走向解散。二是组织的领袖或团队的管理者能够为团队创造一种相互尊重的氛围，确保团队成员有一种完成工作的自信心。只有尊重彼此的技术和能力，尊重彼此的意见和观点，尊重彼此对组织的全部贡献，团队共同的工作才能比单打独斗更有效率。
建立成员间的技能互补、角色分工	团队内应该同时有三种不同技能的人：一是具有技术专长的成员；二是具有能够发现问题、提出解决问题建议并权衡建议做出比较性选择的决策技能的成员；三是若干能够协调解决冲突，处理人际关系的成员。无论缺少何种类型的人员，团队都不能高效运转。因此要充分注意到个体能够给团队带来最大贡献的个人优势，并使工作分配与成员偏好风格相一致。
培养团队的创新精神	一支具有创新精神的团队具备这样的特点：在团队风气上，能够容忍不同的观点，支持在可接受范围内进行不同的试验；在成员的忠诚程度上，人们愿意留在团队，共同拥有价值观，并愿意为此付出努力；在成员合作方式上，团队成员之间能够坦诚交流，互通信息。这样的团队要有一个长期的培养过程才能形成。领导必须在组织上为团队建设提供如下支持：一是明确团队的目标；二是给予一定的资源；三是提供可靠的信息；四是不断地培训和教育；五是定期信息反馈；六是技术及方法的指导。

续表

主要因素	内容描述
支持和利用团队来实现组织的目标	一个积极的、运转灵活的团队不但非常清楚地了解自己的目标体系，而且还会积极主动地与组织的其他部分保持友好的合作关系。一般来说，以任务为导向的团队，往往易于接受新的工作方式。因此，如果企业主管人员能够与团队成员进行必要的沟通，团队成员为组织实现目标的积极性就会被充分地调动起来。
高度重视企业文化建设	团队赖以运行的组织文化是团队是否成功的关键因素之一。团队中有一个很大的特点是信任，一是团队成员间相互的高度信任，即团队成员必须彼此相信各自的正直、个性特点、工作能力。二是管理者对团队成员的信任，主要表现为组织过程中的透明度和公开性。为此，企业高层管理者必须致力于创造一种支持团队建设的、开放性的组织文化。这种文化既能支持团队成员积极开发自身技能，建立一种勇于承担风险的自信心，又能接受来自基层对上级管理者制定的战略方案、管理模式的种种质疑，容许团队成员工作中的失败，进而达到团队成员创造性潜能的最大释放。

课堂测试

你的团队准备怎样形成团队文化？结合实际说一说。

小故事大道理

赶　考

有位秀才第三次进京赶考，住在一个经常住的店里。

考试前两天他做了三个梦：第一个梦是梦到自己在墙上种白菜，第二个梦是下雨天，他戴了斗笠还打伞，第三个梦是梦到跟心爱的姑娘背靠背躺在床上。秀才第二天找算命的解梦。算命的一听，连拍大腿说：“你还是回家吧。你想想，高墙上种菜不是白费劲吗？戴斗笠打雨伞不是多此一举吗？跟心爱的姑娘背靠背躺在床上不是没戏吗？”秀才一听，心灰意冷，回店收拾包袱准备回家。

店老板非常奇怪，问：“不是明天才考试吗，今天你怎么就回乡了？”秀才如此这般说了一番，店老板乐了：“哟，我也会解梦的。我倒觉得，你这次一定要留下来。你想想，墙上种菜不是高种吗？戴斗笠打伞不是说明你这次有备无患吗？跟心爱的姑娘背靠背躺在床上，不是说明你翻身的时候就要到了吗？”秀才一听，觉得很有道理，于是精神振奋地参加考试，居然中了个探花。

这个故事告诉我们：积极的人，像太阳，照到哪里哪里亮；消极的人，像月亮，初一十五不一样。想法决定我们的生活，有什么样的想法，就有什么样的未来。用最少的悔恨面对过去，用最大的努力面对现在，用最多的梦想面对未来。

训练营

训练任务 2－5　团队文化塑造训练

【任务目标】

帮助学生掌握如何塑造团队文化。

【任务要求】

（1）由组长主持讨论。

（2）小组成员学习并讨论适合自己公司发展的团队文化。

（3）分析公司所处行业，塑造团队文化。

（4）每组安排一名同学负责记录、汇总。

（5）活动结束后，要求每组选出一名代表在课堂上汇报团队文化。

（6）准备时间为 10 分钟。

【任务组织】（见表 2－16）

表 2－16　　团队文化塑造训练任务组织表

活动项目	具体实施	时间	备注
团队文化塑造训练	（1）假设全班有 48 人，将学生分成 6 个小组，每个小组建立一个模拟公司。每个公司 8 个人。 （2）小组分工协作，理论知识运用，参考团队文化学习、团队文化讨论和塑造。 （3）6 个公司同时进行团队文化塑造训练，然后分别汇报团队文化塑造结果。 （4）组织学生讨论团队文化塑造过程中遇到的问题。	30 分钟	教室中每组一桌八椅、分组资料（公司名称、人员安排）

【任务评价】（见表 2－17）

表 2－17　　团队文化塑造训练任务评价表

评价指标	评价标准	分值（100 分）	评估成绩	所占比例
团队文化塑造训练表演情况效果	1. 团队文化概念、团队文化分类的理解	20		70%
	2. 能识别团队文化易犯的错误	20		
	3. 能灵活运用团队文化的应对策略	20		
	4. 遵守活动时间	10		
	5. 表演真实	10		
	6. 效果明显	10		
	7. 活动评估	10		
教学过程	出勤、态度和热情	100		30%
小组综合得分				

游戏拓展

【游戏名称】

乒乓球传递

【游戏目标】

打造高效团队

【活动规则和程序】

1. 将学生分成几个小组，每组在 6 人以上为佳。

2. 以小组为单位进行比赛。

3. 小组成员一字排开，每人手持一块圆弧形塑料板。

4. 将乒乓球放在第一位学生的塑料板上，计时开始，然后依次往后传递。

5. 传递时，不能用手碰乒乓球，乒乓球如果掉落，从第一位学生重新开始。

6. 传递到最后一位学生，计时结束，用时最少的一组获胜。

【学员思考】

1. 是不是越快越好？

2. 如果乒乓球掉落怎么办？会影响士气吗？

【总结与点评】

1. 本游戏需要学生之间默契配合。

2. 并不是越快越好，减少失误很关键，乒乓球如果掉落，要从第一位学生重新开始，反而会多费时间。

3. 通过本游戏打造高效团队。

知识链接

黄帝问路

上古时代，黄帝带领 6 位随从到贝茨山见大傀，在半途上迷路了。他们巧遇一位放牛的牧童。

黄帝上前问道："小孩，贝茨山要往哪个方向走，你知道吗？"

牧童说："知道呀！"于是便指点他们路向。

黄帝又问："你知道大傀住哪里吗？"

牧童又说："知道啊！"

黄帝吃了一惊，便随口问道："看你年纪小小，好像什么事你都知道啊！"接着又问道："你知道如何治国平天下吗？"

那牧童说："知道，就像我放牧的方法一样，只要把牛的劣性去除了，那一切就平定了呀！治天下不也是一样吗？”

黄帝听后，非常佩服！心里想真是后生可畏，原以为他什么都不懂，却没想到这小孩从日常生活中得来的道理，就能解释治国平天下的方法。

在公司，有许多领导或者老前辈，总喜欢倚老卖老，开口闭口“以我十几年的经验”来否定新人的创见，以为后辈太嫩，社会阅历不多，绝对要服从他们。其实，领导或老前辈的经验值得后辈学习，但年轻一代的新见解、新创见，不也是值得领导或老前辈研究及重视的吗？正所谓：活到老，学到老。两代人的思想交流，一定可以惠及大家。

一个人的工作也许有完成的一天，但一个人的教育却没有终点。

专题小结

要组建团队，首先需要拥有必要的硬件设施。企业的硬件设施是指能看得见、摸得着的，能被人们利用的自然的和社会的各种资源。硬件设施可分为 8 大类：房屋和建筑物，一般办公设备，专用设备，文物和陈列品，图书，运输设备，机械设备，其他固定资产。软件设施又叫无形资产，是指企业拥有或者控制的没有实物形态的可辨认的非货币性资产。广义的无形资产包括货币资金、应收账款、金融资产、长期股权投资、专利权、商标权等，具体来说，企业的软件设施有：公司的品牌与品牌的价值；优秀的企业文化、员工优秀的素质；公司产品的科技含量、企业的管理系统（包括管理制度、ERP 数据处理软件等）；公司获得的业绩与荣誉等。招聘是人力资源管理的工作，当中过程包括招聘广告、二次面试、雇佣轮选等。目前招募员工的渠道很多，我们通常采用的有几种：报纸电视、供需见面会、网络招聘、朋友介绍。

高效团队是指发展目标清晰、完成任务前后对比效果显著增加，工作效率相对于一般团队更高的团队。高效团队的特征：清晰的目标，相互的信任，相关的技能，一致的承诺，良好的沟通，谈判技能，恰当的领导，内部和外部的支持，认可和赞美，士气。通过以下措施，可以帮助我们将团队打造成高效团队：信念牵引，注重协作，互动沟通，绩效激励，全方位管理。团队文化是指团队成员在相互合作的过程中，为实现各自的人生价值，并为完成团队共同目标而形成的一种潜意识文化。团队文化形成过程中团队成员易犯错误有：感觉自己不被重视，苦乐不均，把握不准“度”，不负责任的态度，不能相互包容。形成好的团队文化的措施：选好优秀的团队领导，满足团队运转所必需的四个关联条件，加大团队管理上的授权，给予团队管理充分的尊重，建立成员间的技能互补、角色分工，培养团队的创新精神，支持和利用团队来实现组织的目标，高度重视企业文化建设。

主要名词

硬件设施	软件设施	商标权	著作权	特许权
土地使用权	招聘	团队文化	团队情绪	团队效率

课后习题

一、单项选择题

二、思考题

1. 唐僧师徒四人的软件设施各有什么特点？

2. 如何打造高效团队？

3. 在实际团队文化建设时，有哪些错误容易发生？

4. 不同类型的团队成员应该如何应对呢？

5. 在一个团队中，形成好的团队文化是相当必要的，那么如何才可以形成好的团队文化呢？

三、案例分析题

案例一　最后的一分钱

有个好吃懒做的小孩，他的父亲时时刻刻都指望他能改掉这个不良习惯，然而那个孩子一点也没有改正自己缺点的意思。

父亲不得不随时随地提防自己的孩子，担心他会把家里的钱或值钱的东西偷到外面去换吃的，这位父亲觉得自己每天都活得很累很辛苦。不过说来也怪，孩子虽说好吃懒做，却从来没偷过家里的钱，也没有听说过他在外面偷过左邻右舍的东西。他弄钱的办法完全是一种正当的手段。比如说你给他钱买酒，他会少买一点酒，然后把剩余的钱一股脑儿买吃的。无论是买油盐还是买酱醋，他总会用相同的办法省出钱来满足他那张不争气的嘴……

为了避免孩子懒惰的习性滋长，父亲决定让孩子做一些力所能及的事，其中有一个原则：少给钱多办事。尽管如此，孩子依然我行我素，把父亲的话当作耳旁风。

有一回，父亲一气之下扔了一分钱给孩子，让他去买油。父亲心想，我看你怎么把钱掰成两半用：一半买油一半买吃的不成？

孩子到了店里，售货员给他装满了油，把瓶子递给他，手却不缩回去。孩子知道售货员要的是钱，就装模作样地把自己浑身摸了一遍，然后苦着脸告诉售货员说钱掉了。售货员无奈，只好把瓶子里的油倒出来，把空瓶子给孩子。

孩子嘴里咂着一粒糖，双手抱着那个油瓶子，兴致勃勃地回到家里。一进门，父亲劈头就问："油呢?"

孩子举了举瓶子。瓶子壁上附的油正慢慢流回瓶底里，差不多有一小勺。

父亲大怒，这点怎么能吃?

孩子说，一分钱只能买到这么多。

请问：咱们该如何评价这个小孩的"不良习惯"?

案例二　知雄守雌

《史记·留侯世家》记载：秦朝末年，张良在博浪沙谋杀秦始皇没有成功，便逃到下邳隐居。一天，他在镇东石桥上遇到位白发苍苍、胡须长长、手持拐杖、身穿褐色衣服的老人。老人的鞋子掉到了桥下，便叫张良去帮他捡起来。张良觉得很惊讶，但见他年老体衰，而自己却年轻力壮，便克制住自己的怒气，到桥下帮他捡回了鞋子。

谁知这位老人不仅不道谢，反而大咧咧地伸出脚来说："替我把鞋穿上!"张良正想脱口大骂，但又转念一想，反正鞋子都捡起来了，干脆好人做到底。于是默不作声地替老人穿上了鞋。张良的恭敬从命，赢得了这位老人"孺子可教"的首肯。又经过几番考验，这位老人终于将自己用毕生心血注释而成的《太公兵法》赠予张良。

张良得到这本奇书，日夜诵读研究，后来成为满腹韬略、智谋超群的汉代开国名臣。张良克制自己的不快，为老人捡鞋、穿鞋，看上去好像很窝囊，但这并不是软弱的表现。明知自己比老人身强力壮，处处礼让，这既表现了对老人的尊重，也表现了自身品格的完善。张良正是在不断礼让的过程中，磨砺了意志，增长了智慧，最终成为"运筹帷幄之中，决胜千里之外"的杰出的军事家、政治家。

请问：张良为什么可以成为"运筹帷幄之中，决胜千里之外"的杰出的军事家、政治家?

专题三 团队绩效要激励

知识目标

1. 掌握绩效、激励的概念
2. 熟悉绩效的作用、考评标准分类、绩效影响因素
3. 熟悉现代企业员工绩效考核的特点
4. 了解企业员工绩效考核的一般方法
5. 熟悉团队绩效考核的流程
6. 熟悉应用激励理论的原则、方法及常见的激励理论

能力目标

1. 能够运用考核制度对员工进行考评，提出奖惩建议
2. 能够公平公正地执行考核制度并及时实施
3. 能够根据公司的考核制度制定团队实施细则
4. 能够依据企业相关制度创建本团队的激励制度，进行有效激励

模块一　团队绩效认知

故事导入

龙永图选秘书

原中国对外经济贸易合作部部长龙永图在中国入世谈判时曾选过一位秘书。当龙永图选该人当秘书时，全场哗然，因为大家觉得这个人根本不适合当秘书。在众人眼中，秘书都是勤勤恳恳、少言少语、做事谨慎、对领导体贴入微，但是龙永图选的秘书，处事完全不一样。他是一个大大咧咧的人，从来不会照顾人。每次龙永图和他出国，都是龙永图走到他房间里说，请你起来，到点了。对于日程安排，他有时甚至不如龙永图清楚，原本 9 点的活动，他却说 9：30，经过核查，十有九次他是错的。但为什么龙永图会选他当秘书呢？因为龙永图是在其谈判最困难的时候选他当秘书的。当时由于谈判的压力大，龙永图的脾气也很大，有时候和外国人拍桌子，回来以后一句话也不说。每次龙永图回到房间后，其他人都不愿自讨没趣到他房间里来，唯有那位秘书，每次不敲门就大大咧咧走进来，坐到龙永图的房间就跷起腿，说他今天听到什么了，还说龙永图某句话讲得不一定对等，而且他从来不叫龙永图为龙部长，都是“老龙”，或者是“永图”。他还经常出一些馊主意，被龙永图骂得一塌糊涂。但他最大的优点就是禁骂，无论怎么骂，他 5 分钟以后又回来了，“哎呀，永图，你刚才那个说法不太对”。

这位秘书是个学者型的人物，他对很多事情不敏感，人家对他的批评他也不敏感，但他是世贸专家，他对世贸问题简直像着迷一样，所以在龙永图脾气非常暴躁的情况下，在龙永图难以听到不同声音的情况下，那位禁得起骂的秘书对龙永图就显得分外重要了。

世贸谈判成功以后，龙永图的脾气好多了，稀里糊涂的秘书已不再适合龙永图的“胃口”，于是龙永图很快把他送走了。

教师启发

这里，读者可不要误解龙永图是个过河拆桥之人。因为一个人在某个特定的历史背景、某个特定的历史时期，他做某件事情适合，但是换一个时间，他可能就不适合了。

诚然，龙永图是位卓越的领导，因为他非常清楚什么时候什么人最适合做什么工作，什么时候该用什么人，什么时候不该用什么人，这一点，常人是无法望其项背的。

管理的任务简单地说，就是找到合适的人，摆在合适的地方做一件事，然后鼓励他们用自己的创意完成工作。

课前提问

你眼中的团队绩效管理是什么样的？

相关知识点

一、绩效的概念

从语言学的角度来看，绩效包含成绩和效益的意思。用在经济管理活动方面，是指社会经济管理活动的结果和成效；用在人力资源管理方面，是指主体行为或者结果中的投入产出比；用在公共部门中来衡量政府活动的效果，则是一个包含多元目标在内的概念。

从管理学的角度看，绩效是组织期望的结果，是组织为实现其目标而展现在不同层面上的有效输出，它包括个人绩效和组织绩效两个方面。组织绩效实现应在个人绩效实现的基础上，但是个人绩效的实现并不一定保证组织绩效的实现。如果组织绩效按一定的逻辑关系被层层分解到每一个工作岗位以及每一个人，只要每一个人达成了组织的要求，组织的绩效就实现了。

案例

处罚单上的一句话

当公司制作处罚单的时候，能否加上一句话，以达到减弱处罚在员工心理上造成的负面影响？——“纠错是为了更好地正确前行。”再把单子的抬头“处罚单”三字改为“改进单”。这样的处罚单比单纯的严肃的处罚单效果要好得多。以往所有的处罚单，都是清一色的严肃的面孔，一句多余的话都没有。改动后加上了人情味、文化味、教育性、启迪性非常强的一句话，处罚单的面孔立即由严肃、冷酷、无情，变得慈祥、安静、企盼和充满希望；当员工接到处罚单的时候，看到了这句话，心理上会发生一系列的变化，由本能的反感、抵触、反抗到理解、认知，到接受，再到改正错误，因此，抬头叫“改进单”再合适不过了。

从以上案例中可以看出，处罚决不单单是冷酷无情的，只要大胆创新思维，处罚完全可以变得和正面的表扬一样激励人，甚至比正面的表扬奖励还要积极有效。所以领导和管理者的艺术就在于化一切被动因素为积极因素，把批评和惩罚变成激励。

二、绩效的作用

（一）达成目标

绩效考核本质上是一种过程管理，而不仅是对结果的考核。它是将中长期的目标分解成年度、季度、月度指标，不断督促员工实现、完成的过程。有效的绩效考核能帮助企业达成目标。

（二）挖掘问题

绩效考核是一个不断制定计划、执行、改正的 PDCA 循环过程，整个绩效管理环节，包括绩效目标设定、绩效要求达成、绩效实施修正、绩效面谈、绩效改进、再制定目标，也是一个不断发现问题、改进问题的过程。

（三）分配利益

与利益不挂钩的考核是没有意义的，员工的工资一般分为两个部分：固定工资和绩效工资。绩效工资的分配与员工的绩效考核得分息息相关，所以一说起考核，员工的第一反应往往是绩效工资的发放。

（四）促进成长

绩效考核的最终目的并不是单纯地进行利益分配，而是促进企业与员工的共同成长。通过考核发现问题、改进问题，找到差距，进行提升，最后达到双赢。

三、绩效考评的标准分类

绩效考评标准从不同的角度可以有不同的分类，通常的分类方法有如下几种：

（一）按评价的手段划分

按评价的手段划分，可以把评价标准分为定量标准和定性标准。

（1）定量标准，是用数量作为标度的标准，如工作能力和工作成果一般用分数作为标度。

（2）定性标准，是用评语或字符作为标度的标准，如对员工性格的描述。

（二）按评价的尺度划分

按评价的尺度划分，可将评价标准分为类别标准、等级标准、等距标准、比值标准和隶属度标准。

（1）类别标准，是用类别尺度作为标度的标准，它实质上同定性标准中的以数字符号为标度的标准相同。

（2）等级标准，是用等级尺度作为标度的标准。

（3）等距标准，是用等距尺度作为标度的标准。与等级标准不同的是，用等距标准测得的分数可以相加，而等级标准测得的分数不能相加。

（4）比值标准，是用比值作为标度的标准。这类标准所指的对象通常是工作的数量与质量、出勤率等。

（5）隶属度标准，是用模糊数学中隶属系数作为标度的标准。这类标准基本上适用于所有评价内容，能回答经典标度无法解决的问题，因而被广泛使用。

（三）按标准的形态划分

1. 按标准的形态可分为静态标准与动态标准

（1）静态标准，主要包括分段式标准、评语式标准、量表式标准、对比式标准和隶属度标准等5种形式，如表3-1所示。

表3-1　静态标准的分类

主要类别	内容描述
分段式标准	是将每个要素（评价因子）分为若干个等级，然后将指派给各个要素的分数赋予权重，划分为相应的等级，再将每个等级的分值分成若干个小档（幅度）。
评语式标准	是运用文字描述每个要素的不同等级。这是运用最广泛的一种划分标准。
量表式标准	是利用刻度量表的形式，直观地划分等级，在评价了每个要素之后，就可以在量表上形成一条曲线。
对比式标准	就是将各个要素的最好的一端与最差的一端作为两级，中间分为若干个等级。
隶属度标准	就是以隶属函数为标度的标准，它一般通过相当于某一等级的“多大程度”来评定。

（2）动态标准，主要有包括行为特征标准、目标管理标准、情景评价标准和工作模拟标准，如表3-2所示。

表3-2　动态标准的分类

主要类别	内容描述
行为特征标准	是通过观察分析，选择一例关键行为作为评价的标准。
目标管理标准	是以目标管理为基础的评价标准，目标管理是一种以绩效为目标、以开发能力为重点的评价方法，目标管理评价准则是把它们具体化和规范化。
情景评价标准	是对领导人员进行评价的标准。它是从领导者与被领导者和环境的关系出发来设计问卷调查表，由下级对上级进行评价，然后按一定的标准转化为分数。
工作模拟标准	是通过操作表演、文字处理和角色扮演等工作模拟，将测试行为同标准行为进行比较，从中做出评定。

2. 按标准的属性可分为绝对标准、相对标准和客观标准

（1）绝对标准，是建立员工工作的行为特质标准，然后将达到该项标准列入评估范围，而不在员工相互间作比较。绝对标准的评估重点，在于以固定标准衡量员工，而不是

与其他员工的表现做比较。

（2）相对标准，是将员工间的绩效表现相互比较，也就是以相互比较来评定个人工作的好坏，将被评估者按某种向度作顺序排名，或将被评估者归入先前决定的等级内，再加以排名。

（3）客观标准，是评估者在判断员工所具有的特质，以及其执行工作的绩效时，对每项特质或绩效表现，在评定量表上每一点的相对基准上予以定位，以帮助评估者做评价。

四、绩效的影响因素

影响绩效的主要因素有员工技能、外部环境、内部条件以及激励效应，如表3－3所示。

表3－3 影响绩效的主要因素

主要类别	内容描述
员工技能	是指员工具备的核心能力，是内在因素，经过培训和开发是可以提高的。
外部环境	是指组织和个人面临的不为组织所左右的因素，是客观因素，是完全不能控制的。
内部条件	是指组织和个人开展工作所需的各种资源，是客观因素，在一定程度上可以改变内部条件的制约。
激励效应	是指组织和个人为达成目标而工作的主动性、积极性，是主观因素。

在以上因素中，只有激励效应是最具有主动性、能动性的因素。人的主动性、积极性提高了，组织和员工会尽力争取内部资源的支持，同时组织和员工的技能水平将会逐渐提高。因此绩效管理就是通过适当的激励机制激发人的主动性、积极性，激发组织和员工争取内部条件的改善，提升技能水平进而提升个人和组织绩效。

课堂测试

你是怎样看待绩效的？请结合实际说一说。

小故事大道理

肯德基的特殊顾客

美国肯德基国际公司的子公司遍布全球60多个国家，那么，远在万里之外的肯德基国际公司总公司是怎样对其子公司进行管理的呢？

一次，上海肯德基有限公司收到了3份总公司寄来的鉴定书，对其在外滩的快餐厅的工作质量分3次鉴定评分，分别为83、85、88分。公司中外方经理看后都瞠目结舌，这3个分数是怎么评定的？原来，肯德基国际公司雇佣、培训一批人，让他们佯装顾客潜入店内进行检查评分。这些“特殊顾客”来无影，去无踪，使快餐厅经理、雇员时时感到某种压力，丝毫不敢疏忽。

很多企业，员工与老板经常打游击战。当老板在的时候，就装模作样，表现卖力，似乎是位再称职不过的员工了；等老板前脚刚走，员工就在办公室里“大闹天宫”。很多老板会在这个时候杀个回马枪，刚好逮个正着。不过，这样也不是长久之计，老板也没有这么多精力去跟员工打游击战。如果建立了一套完善的制度，让员工意识到无论任何时候，都要一如既往地认真工作，那么，底下的员工就不会钻空子偷懒了。

人做一次自我反省容易，难就难在时时进行自我反省，时时给自己一点压力、一点提醒。公司管理者就需要充当这个提醒者，时时给员工一点压力、一点动力，以保持员工不懈的进取心。

经理的最大考验不在于经理的工作成效，而在于经理不在时员工的工作时效。

训练营

训练任务 3-1　团队绩效认知训练

【任务目标】

帮助学生掌握绩效的概念、作用，考评标准分类和绩效影响因素

【任务要求】

（1）每组围成一圈，由组长主持讨论。

（2）小组成员学习并讨论适合自己公司发展的绩效。

（3）根据公司所处行业，讨论小组绩效。

（4）每组安排一名同学负责记录，汇总。

（5）活动结束后，要求每组选出一名代表在课堂上汇报对绩效的认知。

（6）准备时间为 10 分钟。

【任务组织】（见表 3-4）

表 3-4　团队绩效认知训练任务组织表

活动项目	具体实施	时间	备注
团队绩效认知训练	（1）假设全班有 48 人，将学生分成 6 个小组，每个小组建立一个模拟公司。每个公司 8 个人。 （2）小组分工协作，运用所学理论知识，讨论绩效的概念、作用，考评标准分类和绩效影响因素。 （3）6 个公司同时进行团队绩效认知训练，然后分别汇报团队绩效认知结果。 （4）组织学生讨论团队绩效认知过程中遇到的问题。	30 分钟	教室中每组一桌八椅、分组资料（公司名称、人员安排）

【任务评价】（见表 3－5）

表 3－5　　团队绩效认知训练任务评价表

评价指标	评价标准	分值（100 分）	评估成绩	所占比例
团队绩效认知训练表演情况效果	1. 绩效的概念、作用，考评标准分类和对绩效影响因素的理解	20		70%
	2. 能识别绩效认知易犯的错误	20		
	3. 能灵活运用绩效认知的应对策略	20		
	4. 遵守活动时间	10		
	5. 表演真实	10		
	6. 效果明显	10		
	7. 活动评估	10		
教学过程	出勤、态度和热情	100		30%
小组综合得分				

模块二　团队绩效考核

古木与雁

一天，庄子和他的学生在山上看见山中有一棵参天古木因为高大无用而免遭砍伐，庄子感叹说："这棵树因为它不成材而能享有天年。"

晚上，庄子和他的学生又到他的一位朋友家中做客。主人殷勤好客，吩咐家里的仆人说："家里有两只雁，一只会叫，一只不会叫，将那一只不会叫的雁杀了来招待我们的客人。"

庄子的学生听了很疑惑，向庄子问道："老师，山里的巨木因为无用而保存了下来，家里养的雁因不会叫而丧失性命，我们该采取什么样的态度来对待这繁杂无序的社会呢？"

庄子回答说："还是选择有用和无用之间吧，虽然这之间的分寸太难掌握了，而且也不符合人生的规律，但已经可以避免许多争端而足以应付人世了。"

教师启发

世间并没有一成不变的准则。面对不同的事物，我们需要不同的评判标准，对于人才的管理尤其明显。一个对其他企业很有用的人对自己来说不一定有用，而把一个看似无用的人摆正地方也许就能创造出意想不到的收益。

聪明的领导应该学会发现人才的优点，使得人尽其才，尽量避免人才浪费。

审慎选择适当人选是非常重要的，而这必须靠平日不断观察，留意每个人的发展动态。在检视的过程中，不仅要发掘能干的部属，而且要剔除办事不力的员工。

? 课前提问

你知道哪些团队绩效考核的方法？

相关知识点

一、企业员工绩效考核的特点

（一）建立绩效考核、人员测评两个相对独立的评价体系

绩效考核体系与人员测评体系具有不同的功能，如图 3-1 所示：

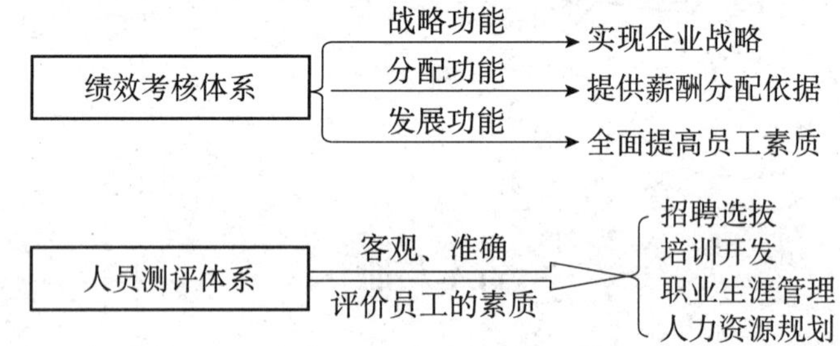

图 3-1　绩效考核体系与人员测评体系功能图

（二）建立关键绩效指标（KPI）体系

将绩效考核作为绩效管理的一部分，建立与企业战略紧密关联的关键绩效指标（KPI）体系，如图 3-2 所示：

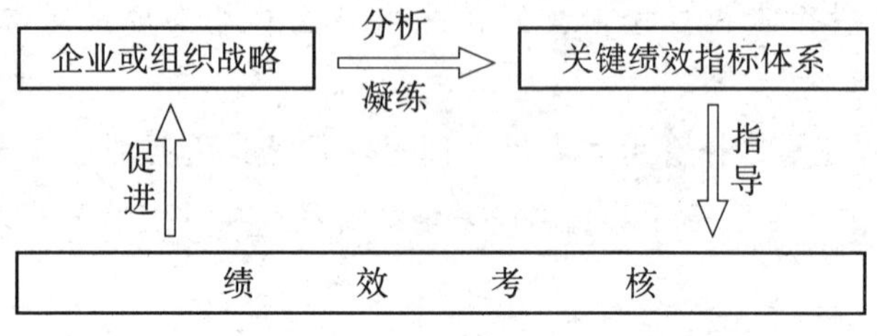

图 3-2　关键绩效指标（KPI）体系图

(三) 绩效指标落实到人

绩效指标落实到人，每个人都有目标，并且与组织目标相关联，如图 3-3 所示：

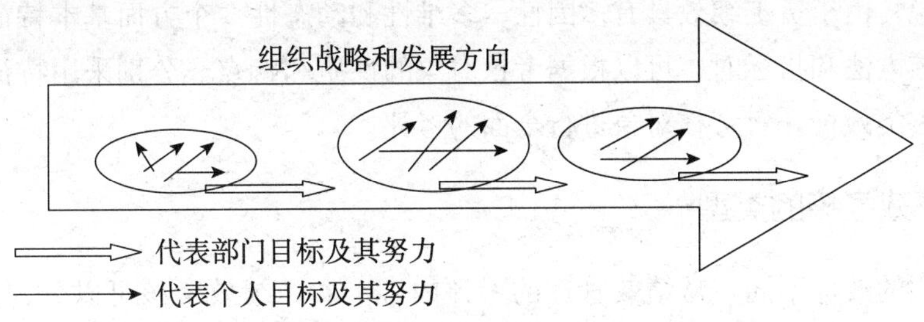

图 3-3　部门与个人目标图

决堤一定修堤吗?

春秋时期，楚国令尹孙叔敖在苟陂县一带修建了一条南北水渠。这条水渠又宽又长，足以灌溉沿渠的万顷农田，可是一到天旱的时候，沿堤的农民就在渠水退去的堤岸边种植庄稼，有的甚至还把农作物种到了堤中央。等到雨水一多，渠水上进，这些农民为了保住庄稼和渠田，便偷偷地在堤坝上挖开口子放水。这样的情况越来越严重，一条辛苦挖成的水渠，被弄得遍体鳞伤，面目全非，因决口而经常发生水灾，变水利为水害了。

面对这种情形，历代苟陂县的行政官员都无可奈何。每当渠水暴涨成灾时，便调动军队去修筑堤坝，堵塞滑洞。后来宋代李若谷出任知县时，也碰到了决堤修堤这个头疼的问题，他便贴出告示说："今后凡是水渠决口，不再调动军队修堤，只抽调沿渠的百姓，让他们自己把决口的堤坝修好。"布告贴出以后，再也没有人偷偷地去决堤放水了。

(四) 以客观、明确的标准为依据

(1) 绩效考核必须有标准，否则就无从评价。

(2) 考核的一个重要问题：如何制定出明确的、便于评估的考核标准。

(五) 多角度评价

多角度评价意味着考核主体是多元的，比如 360 度评价，如图 3-4 所示：

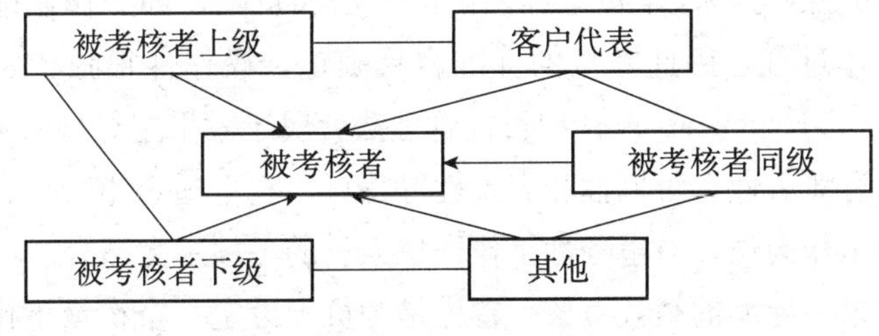

图 3-4　360 度评价图

二、企业员工绩效考核的方法

一般来说，由于员工绩效具有多因性、多维性和动态性 3 个方面基本特征，在设计和选择绩效考核方法和指标时，可以根据考核对象的性质和特点，分别采用特征性、行为性和结果性三大类效标，对考核对象进行全面的考评。

（一）绩效考核的类型

由于采用的效标不同，从绩效管理的考评内容上看，绩效考核可以分为品质主导型、行为主导型和效果主导型 3 种类型。

1. 品质主导型

品质主导型的绩效考核，采用特征性效标，以考核员工的潜质为主，着眼于“这个人怎么样”，重点考量该员工具有何种潜质（如心理品质、能力素质）。由于品质主导型的考核需要使用如忠诚、可靠、主动、创造性、自信心、合作精神等定性的形容词，所以很难具体掌握，并且考核操作性及其信度和效度较差。

品质主导型的考核涉及员工信念、价值观、动机、忠诚度、诚信度，以及一系列能力素质，如领导能力、人际沟通能力、组织协调能力、理解力、判断力、创新能力、理解力、改善力、企划力、研究能力、计划能力、沟通能力等。

2. 行为主导型

行为主导型的绩效考核，采用行为性效标，以考核员工的工作行为为主，着眼于“干什么”“如何去干的”，重点考量员工的工作方式和工作行为。由于行为主导型的考核重在工作过程而非工作结果，考核的标准较容易确定，操作性较强。行为主导型适合于对管理性、事务性工作进行考核，对人际接触和交往频繁的工作岗位尤其重要。例如：商业大厦的服务员应保持愉悦的笑容和友善的态度，其日常工作行为对公司影响很大，因此，公司要重点考核其日常行为表现。

3. 效果主导型

效果主导型的绩效考核，采用结果性效标，以考核员工或组织工作效果为主，着眼于“干出了什么”，重点考量“员工提供了何种服务，完成了哪些工作任务或生产了哪些产品”。由于效果主导型的考核注重员工或团队的产出和贡献，即工作业绩，而不关心员工和组织的行为和工作过程，因此考核的标准容易确定，操作性很强。如著名管理学家彼得·德鲁克（Peter F. Drucker）设计的目标管理法就属于效果主导型的考核方法。效果主导型的考核方法具有滞后性、短期性和表现性等特点，它更适合生产性、操作性，以及工作成果可以计量的工作岗位，对事务性工作岗位人员的考核不太适合。

一般来说，效果主导型的绩效考核，首先是为员工设定一个衡量工作成果的标准，然后将员工的工作结果与标准对照。工作标准是计量检验工作结果的关键，一般应包括工作内容和工作质量两方面指标。

（二）绩效考核的方法

在现代企业中，绩效考核的方法很多，本书重点介绍以下几种方法：

1. 排列法

亦称排序法、简单排列法，是绩效考核中比较简单易行的一种综合比较方法。它通常是由上级主管根据员工工作的整体表现，按照优劣顺序依次进行排列。有时为了提高其精度，也可以将工作内容做出适当的分解，分项按照优良的顺序排列，再求总平均的次序数，作为绩效考核的最后结果。

2. 选择排列法

选择排列法也称交替排列法，是简单排列法的进一步推广。选择排列法利用的是人们容易发现极端、不容易发现中间的心理，在所有员工中，挑出最好的员工，然后挑出最差的员工，将他们作为第一名和最后一名，接着在剩下的员工中再选择出最好的和最差的，分别将其排列在第二名和倒数第二名，依次类推，最终将所有员工按照优劣的先后顺序全部排列完毕。选择排列法是较为有效的一种排列方法，采用本法时，上级不仅可以直接完成排序工作，还可将其扩展到自我考核、同级考核和下级考核等其他考核的方式之中。

3. 强制分布法

强制分布法，亦称强迫分配法、硬性分布法。假设员工的工作行为和工作绩效整体呈正态分布，那么按照状态分布的规律，员工的工作行为和工作绩效好、中、差的分布存在一定的比例关系，在中间的员工应该最多，好的、差的是少数。强制分布法就是按照一定的百分比，将被考核的员工强制分配到各个类别中。类别一般是5类，从最优到最差的具体百分比可根据需要确定，既可以是10%、20%、40%、20%、10%，也可以是5%、20%、50%、20%、5%，等等。

4. 关键事件法

关键事件法也称重要事件法。在某些工作领域内，员工在完成工作任务过程中，有效的工作行为导致成功，无效的工作行为导致失败。关键事件法的设计者称这些有效或无效的工作行为为“关键事件”，考核者要记录和观察这些关键事件，因为它们通常描述了员工的行为以及工作行为发生的具体背景条件。这样，在评定一个员工的工作行为时，就可以利用关键事件作为考核的指标和衡量的尺度。

关键事件法对事不对人，以事实为依据，考核者不仅要注重对行为本身的评价，还要考虑行为的情境，可以用来向员工提供明确的信息，使他们知道自己在哪些方面做得比较好，而又在哪些方面做得不好。例如：一名保险公司的推销员，有利的重要事件的记载是

“以最快的速度和热诚的方式反映客户的不满”，而不利的重要事件的记载是“当获得保险订单之后，对客户的反映置之不理，甚至有欺骗行为”。重要事件法考核的内容是下属特定的行为，而不是他的品质和个性特征，如忠诚度、亲和力、果断性和依赖性等。

5. 目标管理法

目标管理法体现了现代管理的哲学思想，是领导者与下属之间双向互动的过程。目标管理法是由员工与主管共同协商制定个人目标，个人的目标依据企业的战略目标及相应的部门目标而确定，并与它们尽可能一致；该方法用可观察、可测量的工作结果作为衡量员工工作绩效的标准，以制定的目标作为对员工考核的依据，从而使员工个人的努力目标与组织目标保持一致，减少管理者将精力放到与组织目标无关的工作上的可能性。

目标管理法的关键是制定适当的目标，制定目标有一个重要的原则，即 SMART 原则。SMART 是 5 个英文单词第一个字母的缩写，S 代表的是 Specific，意思是“具体的”；M 代表的是 Measurable，意思是“可衡量的”；A 代表的是 Attainable，意思是“可实现的”；R 代表的是 Relevant，意思是“相关的”；T 代表的是 Time-bound，意思是“有时限的”。

6. 绩效标准法

本方法与目标管理法基本接近，它采用更直接的衡量工作绩效的指标，通常适用于非管理岗位的员工，采用的指标要具体、合理、明确，要有时间、空间、数量、质量的约束限制，要规定完成目标的先后顺序，保证目标与组织目标的一致性。

绩效管理法比目标管理法具有更多的考核标准，而且标准更加详细具体。依照标准逐一评估，然后按照各标准的重要性及所确定的权数，进行考核分数汇总。

7. 直接指标法

直接指标法在员工的衡量方式上，采用可监测、可核算的指标构成若干考核要素，作为对下属的工作表现进行评估的主要依据。如对于非管理人员，可以衡量其生产率、工作数量、工作质量等。工作数量的衡量指标有工时利用率、月度营业额、销售量等；工作质量的衡量指标有顾客不满意率、废品率、产品包装缺损率、顾客投诉率、不合格返修率等。对管理人员的考核，可以通过对其所管理的下属，如员工的缺勤率、流动率的统计得以实现。直接指标法简单易行，能节省人力、物力和管理成本。运用本方法时，需要加强企业基础管理，建立健全各种原始记录，特别是一线人员的统计工作。

三、企业团队绩效考核的流程

（一）绩效考核指标体系

绩效考核指标是按照岗位层次逐层分解并落实到岗位的，因此，绩效指标体系应当从岗位层级上加以描述。

假设一个公司的管理层级分为董事会、总经理、部门经理、一般员工四级，绩效考核指标体系如表 3-6 所示：

表 3-6　绩效考核指标体系

岗位层次	整体的考核指标分类	针对具体岗位的考核指标分类
总经理	KPI（平衡计分卡模式）	KPI（平衡计分卡模式）
部门经理	KPI（平衡计分卡模式）	1. KPI 2. KPI、一般绩效指标
一般员工	KPI、一般绩效指标	1. KPI 2. KPI、一般绩效指标 3. 一般绩效指标

平衡计分卡是指与组织战略相关联的多维度绩效指标体系，包含财务指标与非财务指标的平衡，领先指标与滞后指标的平衡，组织内外部群体的平衡。举例来说：

（1）财务指标：销售额、利润率；

（2）客户指标：大客户满意度、投诉率；

（3）内部经营指标：产品合格率、生产计划完成率；

（4）学习、成长指标：员工平均内外受训时间、员工满意度、离职率等。

（二）KPI 体系的建立

KPI 体系是指与企业战略相关联的各层次 KPI 组成的一个整体，KPI 体系的确立过程如图 3-5 所示：

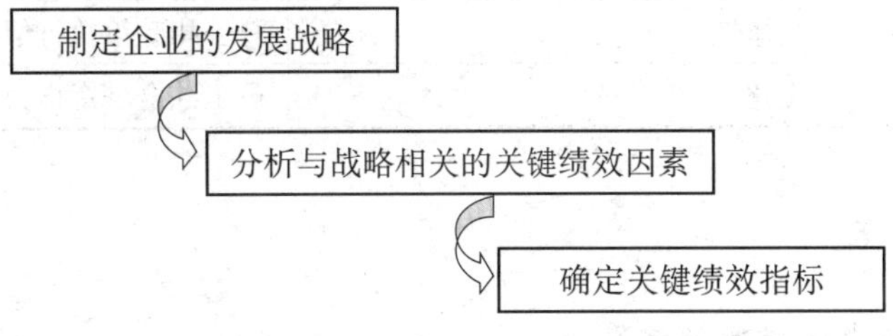

图 3-5　KPI 体系的确立过程

1. 制定企业的发展战略

比如：某房地产公司的战略目标是，专注于传统园林建筑，做专做精、做强做大。

2. 分析与战略相关的关键绩效因素

关键绩效因素是决定战略实现的基本因素，经分析研究，确定为利润、销售数量、成本、开工面积、竣工面积、技术水平、工程质量等几个方面。

3. 确定关键绩效指标

关键绩效指标是分层次制定的，首先应确定企业的 KPI，即一级 KPI；然后采用因素分析法确定部门的 KPI，即二级 KPI；最后确定基层的 KPI。例如：某旅游公司分公司一级 KPI 表，如表 3-7 所示。

表 3-7　某旅游公司分公司一级 KPI 表

<table>
<tr><th>KPI 因素</th><th>KPI 要素</th><th>KPI</th></tr>
<tr><td rowspan="6">市场领先</td><td rowspan="3">市场竞争力</td><td>当期接待团次</td></tr>
<tr><td>当期接待人次</td></tr>
<tr><td>当期营业收入</td></tr>
<tr><td rowspan="2">市场拓展能力</td><td>新增客户数量</td></tr>
<tr><td>新业务营业增长率</td></tr>
<tr><td>品牌影响能力</td><td>市场宣传的有效性</td></tr>
<tr><td rowspan="3">客户服务</td><td rowspan="2">客户满意度</td><td>客户对品牌认知度</td></tr>
<tr><td>每团次客户投诉数量</td></tr>
<tr><td>客户资源管理</td><td>客户档案管理</td></tr>
<tr><td rowspan="5">利润增长</td><td rowspan="2">应收账款</td><td>回款速度、期限</td></tr>
<tr><td>呆账、坏账数量</td></tr>
<tr><td rowspan="2">费用控制</td><td>办公费</td></tr>
<tr><td>业务招待费</td></tr>
<tr><td>纯利润</td><td>纯利润目标达成率</td></tr>
<tr><td rowspan="4">组织建设</td><td rowspan="2">人员</td><td>骨干人才离职率</td></tr>
<tr><td>干部输出数量</td></tr>
<tr><td>纪律性</td><td>总公司政策执行情况</td></tr>
<tr><td>文化</td><td>员工综合满意指数</td></tr>
</table>

（三）考核标准

1. 考核指标与考核标准的定义

（1）考核指标：指具体从哪些方面对考核内容进行衡量或评价，其解决的是“我们需要评价什么”的问题。

（2）考核标准：指在各个指标上分别应该达到什么样的水平，其解决的是“要求被评价者做得如何”“完成多少”“达到何种程度”的问题。

（3）基本标准：指对某个考核对象而言期望或保证达到的水平，是每个考核对象经过努力都能够达到的水平。

2. 定量标准

定量标准通常用数量区间来表示，如表 3－8 所示。

表 3－8 定量标准

考核指标	评价等级			
计划产值完成率	A	B	C	D
	110%以上	103%～110%	98%～102%	98%以下

3. 定性标准

定性标准一般从过程和结果两个方面对指标应达到的程度进行描述。

4. 与工作态度指标相关的考核标准

（1）设问提示式标准。设问提示式标准示例如表 3－9 所示：

表 3－9 设问提示式标准

考核要素	标　志	标　度			
		优	良	中	差
协调性	A. 合作意识				
	B. 见解、想法				
	C. 自我本位感				

（2）评语式标准。评语式标准中的积分评语式标准如表 3－10 所示。

表 3－10 积分评语式标准

要素	分值	考核标准
用人能力	4	A. 掌握本部门人员的长处，合理安排得 1 分。 B. 能够注意培养人才得 1 分。 C. 能够识别人才，有选拔干部成功之例得 1 分。 D. 一、二把手之间相互尊重，共事较好得 1 分。 （4 项得分累加）

另外，还有期望评语式标准，特点是用相应的期望评语作为各档次的标准，这种标准制定起来相对容易，但各档次之间界限比较模糊，不易评价。

（3）方向指示式标准。方向指示式标准示例如表 3－11 所示：

表 3－11 方向指示式标准

考核要素	标志	标度			
业务经验	主要从应聘者所从事工作的业务年限、对工作的熟悉程度、有无工作成果等方面考评	优	良	中	差

（4）行为特征标准。行为特征标准也叫行为化标准，示例如表 3-12 所示。

表 3-12　　行为特征标准

考核项目	考核要素	考核标准
服务态度	文明礼貌	A. 对一般客户能按服务规范服务，对不礼貌的客户能以礼相待，对无理取闹的客户能晓之以理。 B. 对一般客户能按服务规范服务，对不礼貌的客户和无理取闹的客户能保持克制，态度平和。 C. 对待一般客户态度和蔼，不消极应付，举止大方，说话使用礼貌用语。 D. 对客户态度恶劣，消极应付，语言粗鲁。

课堂测试

根据所学谈谈如何考核你的团队。

小故事大道理

科龙的绩效评估

对几乎所有的公司来说，岁末年初，绩效评估（Performance Appraisal）总是备受关注，科龙公司也不例外。

科龙公司对员工的绩效评估，最主要来自其直接上司。直接上司的意见，是该员工绩效评估报告中最关键的内容。

此外，在有些部门中，对员工进行绩效评估的时候，还会考虑其他人的意见。这些人可能是该员工的同级，或者下级，或者间接上级，或者是其内部顾客（即该员工工作成果的使用者或合作者）。这也就是众所周知的“360 度评估法”或“270 度评估法”。

员工的自我评价，也是绩效评估的一个重要方面。有趣的是，我们发现，大多数员工的自我评价，不是过高，就是过低。但通过综合各种意见，就可以使绩效评估结果趋向理性和客观。

一、如何评估

科龙的绩效评估工作，自上而下，分为 3 个层面：

（一）公司对部长的绩效评估

主要是季度考评。在每个季度结束后，各部部长（业务部门叫总监）填写一份科龙干部绩效季度评估表。表中内容主要有四部分：季度业绩回顾、综合素质评价、综合得分和评语。填写时，先由部长对上述四部分内容一一做出自我评价，然后由其直接领导（总裁或副总裁）也对上述内容做出评价，最后由领导填写评语。

（二）部门对科长或分公司经理的绩效评估

这是科龙公司绩效评估工作的重点和难点。不同的部门，职责不同，而且涉及人数和范围都很广，有时还会有交叉考核或共同考核的情形。比如，在全国的 30 个分公司中，冰箱分公司经理和业务代表由冰箱营销本部考核，而分公司的财务经理则同时由财务部和冰箱营销本部考核。

部门对科室或分公司进行绩效评估的频率，基本上每月一次，而每季、每半年和每年的绩效评估，也会与当月的月度评估同时进行。但各部门的评估方法和评估指标千差万别。下面以市场研究部和冰箱营销本部来举例说明。

在每月底，市场研究部根据月初确定的工作计划，对各个科室的各项工作逐一进行检查，然后按照各项工作的质量、效率、工作量等指标进行评分；根据评分数据，产生每月、每季、每年的“明星科室”“金牌科长”“需改进者”（后进员工）。该项工作由该部门自行开发的电脑软件和模板自动执行，可以在任一时刻查询任一科室和人员的绩效动态。

冰箱本部作为业务部门，其绩效评估的指标，与作为职能部门的市场研究部相比，有很大不同。它考核的对象有 4 个科室和 30 个分公司，其中分公司是重点。对分公司的考核指标主要有：销量计划完成率、资金回笼完成率、库存量、渠道结构、零售网点数量、卖场管理、零售效率、市场份额等。根据不同的季节，或者根据营销策略的需要，其中有些指标会处于变动之中，有时又会增加一些指标：如在新产品上市阶段，往往会增加“出样商场数量”等指标。在对这些指标通过加权评分后，得出各分公司总的绩效评分。

（三）科室或分公司对其员工的绩效评估

对具体员工的绩效考核频度，一般也是每月一次，但评估指标就简单得多了，只对与其职责相关的指标负责。在总部，这项评估工作的执行者就是科长，而在分公司，执行者则是分公司经理。

以上是科龙绩效评估基本情况的简介，但在实际执行中，不但绩效评估指标经常处于动态变化之中，而且各种绩效评估的方法会交叉或同时使用，另外也会采取其他的一些评估手段，比如“360 度评估法”。采用这种评估方法的部门，员工不但要接受上级的评价，还要自评，同时也要接受下级对自己的评价。

二、绩效沟通

根据每月、每季、每半年或每年的绩效评估结果，科龙公司各级管理层都会以正式的书面（文本或电邮）报告来公布评估结果。这是绩效沟通的主要方式。在这样的绩效评估报告里，绩效评估的结果，往往与相应的奖惩举措相伴随。

对于团队中表现最好的 20%和最差的 10%，则另外通过绩效面谈（Appraisal Interview）的方式来沟通。通过绩效面谈，使优秀者继续保持其良好的绩效，并为其进一步的发展提供指导。对于表现不佳的员工，以绩效面谈的方式，对其进行提醒、分析、指导或者警告。

对于那些绩效表现变化显著的员工，也对其进行绩效面谈，以更加准确地了解变化的原因，从而采取针对性的举措。

训练营

训练任务 3-2　团队绩效考核方案制定训练

【任务目标】

帮助学生掌握绩效考核方案的制定。

【任务要求】

（1）每个小组围成一圈。由组长主持讨论。

（2）小组成员学习并讨论绩效方案制定的方法。

（3）根据公司所处行业以及小组成员的特点，制定绩效考核方案。

（4）每组安排一名同学负责记录、汇总。

（5）活动结束后，要求每组选出一名代表在课堂上汇报制定好的绩效考核方案。

（6）准备时间为 10 分钟。

【任务组织】（见表 3-13）

表 3-13　团队绩效考核方案制定训练任务组织表

活动项目	具体实施	时间	备注
团队绩效考核方案制定训练	（1）假设全班有 48 人，将学生分成 6 个小组，每个小组建立一个模拟公司。每个公司 8 个人。 （2）小组分工协作，学习并讨论绩效方案制定的方法。 （3）6 个公司根据公司所处行业以及小组成员的特点，同时制定绩效考核方案。 （4）组织学生讨论团队绩效考核方案制定过程中遇到的问题。	30 分钟	教室中每组一桌八椅、分组资料（公司名称、人员安排）

【任务评价】（见表 3-14）

表 3-14　团队绩效考核方案制定训练任务评价表

评价指标	评价标准	分值（100 分）	评估成绩	所占比例
团队绩效考核方案制定训练表演情况效果	1. 是否符合现代企业员工绩效考核的特点及员工绩效考核的一般方法，对团队绩效考核的流程的理解	20		70%
	2. 能识别团队绩效考核方案制定中易犯的错误	20		
	3. 能灵活运用团队绩效考核方案制定应对策略	20		
	4. 遵守活动时间	10		
	5. 表演真实	10		
	6. 效果明显	10		
	7. 活动评估	10		
教学过程	出勤、态度和热情	100		30%
小组综合得分				

模块三 团队激励理论

故事导入

神偷请战

用人之道，最重要的是善于发现、发掘、发挥下属的一技之长。用人不当，事倍功半；用人得当，事半功倍。

《淮南子·道应训》记载，楚将子发爱结交有一技之长的人，并把他们招揽到麾下。有个人其貌不扬，号称"神偷"，也被子发待为上宾。有一次，齐国进犯楚国，子发率军迎敌。交战三次，楚军三次败北。子发旗下不乏智谋之士、勇悍之将，但在强大的齐军面前，简直无计可施了。

这时神偷请战。他在夜幕的掩护下，将齐军主帅的睡帐偷了回来。第二天，子发派使者将睡帐送还给齐军主帅，并对他说："我们出去打柴的士兵捡到您的帷帐，特地赶来奉还。"当天晚上，神偷又去将齐军主帅的枕头偷来，再由子发派人送还。第三天晚上，神偷连齐军主帅头上的发簪子都偷来了，子发照样派人送还。齐军上下听说此事，甚为恐惧，主帅惊骇地对幕僚们说："如果再不撤退，恐怕子发要派人来取我的人头了。"于是，齐军不战而退。

教师启发

一个团队总是需要各式各样的人才。人不可能每一方面都出色，但也不可能每一方面都差劲。一个成功的领导不在于自己能做多少事情，而在于能很清楚地了解每个下属的优缺点，在适当的时候派"逊色"的员工去做适合他们的事情，这样往往会取得出人意料的效果。

同样，作为一个领导者，要有容人之量，也许说是容人之智更恰当。工作就是工作，千万不能夹杂自己的个人喜好，也许你今天看不起的某个人，他日正是你事业转机的得力之臣。

用兵无固定方式，如水无固定流向，能依敌情变化而取胜的，就是用兵如神了。

课前提问

你知道哪些激励理论？如何运用？

相关知识点

一、激励的概念

什么是激励？美国管理学家贝雷尔森（Berelson）和斯坦尼尔（Steiner）给激励下了如下定义："一切内心要争取的条件、希望、愿望、动力都构成了对人的激励。——它是人类活动的一种内心状态。"人的一切行动都是由某种动机引起的，动机是一种精神状态，它对人的行动起激发、推动、加强的作用。而能持续地激发人的动机和内在动力，使其心理过程始终保持在激奋的状态中，鼓励人朝着所期望的目标采取行动的心理过程就是激励。

激励也是人力资源管理的重要内容，是指激发人的行为的心理过程。激励这个概念用于管理，是指激发员工的工作动机，也就是说用各种有效的方法去调动员工的积极性和创造性，使员工努力去完成组织的任务，实现组织的目标。

有效的激励会点燃员工的激情，促使他们的工作动机更加强烈，让他们产生超越自我和他人的欲望，并将潜在的巨大的内驱力释放出来，为企业的远景目标奉献自己的热情。

如何在工作上调动员工的积极性，激发全体员工的创造力，是人力资源工作的最高层次目标。作为企业，需要塑造激发员工创造力的环境和机制：

（1）创造鼓励员工开拓创新精神和冒险精神的宽松环境以及思想活跃和倡导自由探索的氛围；

（2）建立正确的评价和激励机制，重奖重用有突出业绩的开拓创新者；

（3）强化企业内的竞争机制，激励人们去研究新动向、新问题，并明确规定适应时代要求的技术创新和管理创新的具体目标；

（4）企业必须组织员工不断学习以更新知识，并好好地引导他们根据现实去研究技术的新动向。同时做到让员工知道工作行为的实际效果，产生员工高效工作、高满足的结果。

对于激励的方式在学术界有很多种理论和方法，有著名的马斯洛需要层次理论、激励-保健双因素理论。在双因素理论中，激励因素为满意因素，有了它便会得到满意和激励。保健因素为不满意因素，没有它会产生意见和消极行为。其实诸多模式中都不外乎两个方式：正面激励与反面激励。激励力、效价和期望值之间的相互关系可用公式表示：

激励力＝某一行动结果的效价×期望值

效价，是指个人对达到某种预期成果的偏爱程度，或某种预期成果可能给行为者带来的满足程度；期望值则是某一具体行动可带来某种预期成果的概率，即行为者采取某种行动，获得某种成果，从而带来某种心理上或生理上满足的可能性。显然，能够满足某一需要的行动对特定个人的激励力是该行动可能带来结果的效价与该结果实现可能性的综合作用的结果。

二、应用激励理论的原则

运用各种激励理论来激发组织成员的积极性，是各级领导者的重要职责，也是实现组织目标的前提。为使激励取得效果，在激励过程中应遵守以下几个原则：

（一）物质激励与精神激励相结合

物质激励与精神激励作为两种不同的激励类型，各有其不同的作用，但其目的都是调动人的积极性。而它们之所以能够调动人的积极性，则是因为它们能够从不同的方面满足人的某种需要。物质激励是对人们物质需要的满足，精神激励是对人们精神需要的满足。物质需要是人赖以生存的物质基础，人们关心自己切身的物质利益，这是必然的。但人是有头脑、有思想的，不仅要有物质方面的满足，还有精神方面的追求，包括对工作的兴趣、责任感、自尊心、事业心、荣誉感、自我实现等心理方面的需要。所以，要提高人的积极性，就必须把物质激励与精神激励结合起来。

（二）正激励与负激励并举，以正激励为主

正激励和负激励作为两种相辅相成的激励类型，从不同的侧面对人的行为起强化作用。正激励是主动性的激励，它能够振奋人的精神，使人保持饱满的工作热情、高涨的积极性和主动性。负激励是被动性的激励，它是通过对人的错误动机和行为进行压抑和制止，促使其幡然悔悟、改弦更张。

（三）内在激励与外在激励相结合

采用工作条件、工作环境方面的因素实施的激励，叫作外在激励；由工作本身所产生的激励称为内在激励。根据双因素理论，外在激励能够消除不满，但不会激发人的工作热情；只有内在激励才能激发人的工作热情，但如果没有外在激励，人将产生不满情绪。因此，这两者必须结合起来。

（四）系统设计激励体系

激励手段多种多样，必须综合运用并优化组合，在空间上相辅相成，在时间上相互衔接，形成综合激励的格局。人的行为的复杂性，影响因素的多样性和交叉性，决定了激励必须采取综合的方式。综合激励就是根据影响人的行为的各个因素之间相互联系、相互制约的特点及系统理论，把若干项激励措施有机地结合起来，综合使用。这样做一方面可防

止顾此失彼，保证激励措施奏效；另一方面，可以利用几项措施的结合效果，即系统的“组织效应”来达到激励的目的。当前，国企员工积极性问题相当突出，原因是多方面的，仅仅采取一两项措施难以从根本上解决问题，必须从宏观与微观、企业与社会、物质和精神等多方面着手，研究影响员工积极性的因素，继而寻找出合理的激励因素，科学地设计激励体系。

三、常见的激励理论

企业中对员工的激励理论主要有以下几种：

（一）内容激励理论

内容激励理论是指针对激励的原因与引起激励作用的因素的具体内容进行研究的理论。这种理论着眼于满足人们需要的内容，即：人们需要什么就满足什么，从而激起人们的动机。

内容激励理论重点研究激发动机的诱因。主要包括马斯洛的“需要层次理论”、赫茨伯格的“双因素理论”、麦克利兰的“成就需要激励理论”等。

1. 需要层次理论

亚伯拉罕·哈罗德·马斯洛（Abraham Harold Maslow）于1943年初次提出了需要层次理论，他把人类纷繁复杂的需要分为生理需要、安全需要、友爱和归属需要、尊重需要和自我实现需要5个层次，如表3-15所示。1954年，马斯洛在《动机与人格》一书中又把人的需要层次发展为由低到高的7个层次：生理需要，安全需要，友爱与归属需要，尊重需要，求知需要，求美需要，自我实现需要。

马斯洛认为，只有低层次的需要得到部分满足以后，高层次的需要才有可能成为行为的重要决定因素。7种需要是按次序逐级上升的，当下一级需要获得基本满足以后，追求上一级的需要就成了驱动行为的动力。但这种需要层次逐渐上升并不是遵照“全”或“无”的规律，即一种需要100%的满足后，另一种需要才会出现。事实上，社会中的大多数人在正常的情况下，其每种基本需要都是部分地得到满足。

马斯洛把7种基本需要分为高、低两级，其中生理需要、安全需要、社交需要属于低级的需要，这些需要通过外部条件使人得到满足，如借助工资收入满足生理需要，借助法律制度满足安全需要等。尊重需要、自我实现的需要是高级的需要，它们是从内部使人得到满足的，而且一个人对尊重和自我实现的需要，是永远不会感到完全满足的。高层次的需要比低层次需要更有价值。人的需要结构是动态的、发展变化的，因此，通过满足员工的高级需要来调动其生产积极性，具有更稳定、更持久的力量。

表 3-15　　人的需要层次

主要类别	内容描述
生理需要	维持人类生存所必需的身体需要。
安全需要	保证身心免受伤害。
友爱和归属需要	包括感情、归属、被接纳、友谊等需要。
尊重需要	包括内在的尊重如自尊心、自主权、成就感等需要和外在的尊重如地位、认同、受重视等需要。
自我实现需要	包括个人成长、发挥个人潜能、实现个人理想的需要。

2. 双因素理论

保健双因素理论是美国行为科学家弗雷德里克·赫茨伯格（Fredrick Herzberg）提出来的，又称双因素理论。

20 世纪 50 年代末期，赫茨伯格和他的助手们在美国匹兹堡地区对 200 名工程师、会计师进行了调查访问。访问主要围绕两个问题：在工作中，哪些事项是让他们感到满意的，并估计这种积极情绪持续多长时间；哪些事项是让他们感到不满意的，并估计这种消极情绪持续多长时间。赫茨伯格以对这些问题的回答为材料，着手去研究哪些事情使人们在工作中快乐和满足，哪些事情造成不愉快和不满足。结果他发现，使员工感到满意的，都是属于工作本身或工作内容方面的；使员工感到不满的，都是属于工作环境或工作关系方面的。他把前者叫作激励因素，后者叫作保健因素。

保健因素的满足对员工产生的效果类似于卫生保健对身体健康所起的作用。保健从人的环境中消除有害健康的事物，它不能直接提高健康水平，但能预防疾病；它不是治疗性的，而是预防性的。保健因素包括公司政策、管理措施、监督、人际关系、物质工作条件、工资、福利等。当这些因素恶化到人们认为可以接受的水平以下时，人们就会产生对工作的不满意。但是，当人们认为这些因素很好时，它只是消除了不满意，并不会导致积极的态度，这就形成了某种既不是满意、又不是不满意的中性状态。

那些能带来积极态度、满意和激励作用的因素就叫作“激励因素”，这是那些能满足个人自我实现需要的因素，包括成就、赏识、挑战性的工作、增加的工作责任，以及成长和发展的机会。如果这些因素具备了，就能对人们产生更大的激励，从这个意义出发，赫茨伯格认为传统的激励假设，如工资刺激、人际关系的改善、提供良好的工作条件等，都不会产生更大的激励，它们能消除不满意，防止产生问题，但这些传统的“激励因素”即使达到最佳程度，也不会产生积极的激励。按照赫茨伯格的意见，管理当局应该认识到保健因素是必需的，不过它一旦使不满意中和以后，就不能产生更积极的效果了。只有“激励因素”才能使人们有更好的工作成绩。

赫茨伯格的双因素理论同马斯洛的需要层次理论有相似之处。他提出的保健因素相当于马斯洛提出的生理需要、安全需要、感情需要等较低级的需要；激励因素则相当于尊重需要、自我实现需要等较高级的需要。当然，他们的具体分析和解释是不同的。但是，这两种理论都没有把“个人需要的满足”同“组织目标的达到”这两点联系起来。

有些西方行为科学家对赫茨伯格的双因素理论的正确性表示怀疑。有人做了许多试验，也未能证实这个理论。赫茨伯格及其同事所做的试验，被有的行为科学家批评为是他们所采用方法本身的产物：人们总是把好的结果归结于自己的努力而把不好的结果归罪于客观条件或他人身上，问卷没有考虑这种一般的心理状态。另外，调查对象的代表性也不够，事实上，不同职业和不同阶层的人，对激励因素和保健因素的反应是各不相同的。实践还证明，高度的工作满足不一定就产生高度的激励。许多行为科学家认为，不论是有关工作环境的因素或工作内容的因素，都可能产生激励作用，而不仅是使员工感到满足，这取决于环境和员工心理方面的许多条件。

但是，双因素理论促使企业管理人员注意工作内容方面因素的重要性，特别是它们同工作丰富化和工作满足的关系，因此是有积极意义的。赫茨伯格告诉我们，满足各种需要所引起的激励深度和效果是不一样的。物质需求的满足是必要的，没有它会导致不满，但是即使获得满足，它的作用往往是很有限的、不能持久的。要调动人的积极性，不仅要注意物质利益和工作条件等外部因素，更重要的是要注意工作的安排，量才录用，各得其所，注意对人进行精神鼓励，给予表扬和认可，注意给人以成长、发展、晋升的机会。随着温饱问题的解决，这种内在激励的重要性会越来越明显。

双因素理论强调不是所有的需要得到满足都能激励起人的积极性。只有那些被称为激励因素的需要得到满足时，人的积极性才能最大程度地发挥出来。如果缺乏激励因素，并不会引起很大的不满。而保健因素的缺乏，将引起很大的不满，然而具备了保健因素时并不一定会激发强烈的动机。赫茨伯格还明确指出，在缺乏保健因素的情况下，激励因素的作用也不大。

3. 成就需要激励理论

成就需要激励理论也称激励需要理论，是 20 世纪 50 年代初美国哈佛大学的心理学家戴维・麦克利兰（David C. McClelland）在集中研究了人在生理和安全需要得到满足后的需要状况，特别对人的成就需要进行了大量的研究后，提出的一种新的内容型激励理论。

麦克利兰认为，在人的生存需要基本得到满足的前提下，成就需要、权力需要和合群需要是人的最主要的 3 种需要。成就需要的高低对一个人、一个企业发展起着特别重要的作用。该理论将成就需要定义为：根据适当的目标追求卓越、争取成功的一种内驱力。

该理论认为，有成就需要的人，对胜任和成功有强烈的要求，同样，他们也担心失败。他们乐意甚至热衷于接受挑战，往往为自己树立有一定难度而又不是高不可攀的目标，他们敢于冒风险，又能以现实的态度对付冒险，绝不以迷信和侥幸心理对付未来，而是善于对问题进行分析和估计。他们愿意承担所做工作的个人责任，但对所从事的工作情况希望得到明确而又迅速的反馈。这类人一般不常休息，喜欢长时间工作，即使真出现失败也不会过分沮丧。一般来说，他们喜欢表现自己。成就需要强烈的人事业心强，喜欢那些能发挥其独立解决问题能力的环境。在管理中，只要为他提供合适的环境，它就会充分发挥发挥自己的能力。权力需要较强的人有责任感，愿意承担需要的竞争，并且能够取得具有较高的社会地位的工作，喜欢追求和影响别人。

该理论还认为，具有归属和社交需要的人，通常从友爱、情谊、人与人之间的社会交往中得到欢乐和满足，并总是设法避免因被某个组织或社会团体拒之门外而带来的痛苦。他们喜欢保持一种融洽的社会关系，享受亲密无间和相互谅解的乐趣，随时准备安慰和帮助危难中的伙伴。合群需要是人们追求他人的接纳和友谊的欲望。合群需要欲望强烈的人渴望获得他人赞同，高度服从群体规范，忠实可靠。

成就需要激励理论更侧重于对高层次管理中被管理者的研究。对于企业管理以外的科研管理、干部管理等具有较大的实际意义。

（二）过程激励理论

过程激励理论重点研究从动机的产生到采取行动的心理过程，主要包括弗洛姆的“期望理论”和亚当斯的“公平理论”。

1. 期望理论

这是心理学家维克多·弗洛姆提出的理论。期望理论认为，人们之所以采取某种行为，是因为他觉得这种行为可以有把握地达到某种结果，并且这种结果对他有足够的价值。换言之，动机激励水平取决于人们认为在多大程度上可以达到预计的结果，以及人们判断自己的努力对于个人需要的满足是否有意义。

2. 公平理论

公平理论又称社会比较理论，它是美国行为科学家亚当斯在《工人关于工资不公平的内心冲突同其生产率的关系》《工资不公平对工作质量的影响》《社会交换中的不公平》等著作中提出来的一种激励理论。该理论侧重于研究工资报酬分配的合理性、公平性及其对员工生产积极性的影响。

（三）行为后果激励理论

行为后果激励理论是以行为后果为对象，研究如何对行为进行后续激励。这一理论包括强化理论和归因理论。

1. 强化理论

强化理论是美国心理学家和行为科学家斯金纳等人提出的一种理论。强化理论是以学习的强化原则为基础的关于理解和修正人的行为的一种学说。强化从其最基本的形式来讲，指的是对一种行为的肯定或否定的后果（报酬或惩罚），它至少在一定程度上会决定这种行为在今后是否会重复发生。

根据强化的性质和目的，可把强化分为正强化和负强化。在管理上，正强化就是奖励那些组织上需要的行为，从而加强这种行为；负强化与惩罚不一样，惩罚是对一些错误的行为采取的一些使人受挫的措施，负强化是告知人们某种行为是不可取的，如果做了这种行为会受到什么惩罚，从而削弱这种行为。

2. 归因理论

归因理论是美国心理学家海德于 1958 年提出的，后因美国心理学家韦纳及其同事的研究而再次活跃起来。归因理论是探讨人们行为的原因与分析因果关系的各种理论和方法的总称。归因理论侧重于研究个人用以解释其行为原因的认知过程，亦即研究人的行为受到激励是“因为什么”的问题。

（四）综合激励理论

综合激励理论的代表是美国心理学家和管理学家波特和劳勒，他们于 1968 年提出了“综合激励模型”。说此理论综合是因为该模型吸收了需要层次理论、期望理论和公平理论的成果，使其更全面、更完善。

课堂测试

你知道哪些激励理论？请结合实际说一说。

小故事大道理

林肯电气公司的激励理论

林肯电气公司年销售额为 44 亿美元，拥有 2 400 名员工，形成了一套独特的激励员工的方法。该公司 90%的销售额来自生产弧焊设备和辅助材料。林肯电气公司的生产工人按件计酬，他们没有最低小时工资，员工为公司工作两年后，便可以分享年终奖金。在过去的 56 年中，平均奖金额是基本工资的 95.5%。近几年经济发展迅速，员工年均收入为 44 000 美元左右，远远超出制造业员工年收入 17 000 美元的平均水平。公司自 1958 年开始一直推行职业保障政策，从那时起，他们没有辞退过一名员工。当然，作为对此政策的回报，员工也要相应做到几点：在经济萧条时他们必须接受减少工作时间的决定；而且要接受工作调换的决定；有时甚至为了维持每周 30 小时的最低工作量，而不得不调整到一个报酬更低的岗位上。林肯公司极具成本和生产率意识，如果工人生产出一个不合标准的部件，那么除非这个部件修改至符合标准，否则这件产品就不能计入该工人的工资中。严格的计件工资制度和高度竞争性的绩效评估系统，形成了一种很有压力的氛围，有些工人还因此产生了一定的焦虑，但这种压力有利于生产率的提高。

在以上案例中，林肯电气公司在激励员工工作积极性方面主要运用了以下几种激励理论：

（1）公平理论。表现在生产工人工资采取按件计酬，同时公司的奖金制度有一整套计算公式，全面考虑了公司的毛利润及员工的生产率与业绩，这种做法将所得与付出充分联系起来，意味着报酬的取得和多少完全看个人的生产量，而与所占据的职位无关。

（2）期望理论。大多数员工进入公司后都期望有相当的工作报酬、丰厚的奖金和较好的职业保障。公司1958年起从未辞退过一名员工，即使是经济萧条时期，公司员工平均年收入一直远高于社会平均水平，这些都是期望理论具体运用的真实写照。

（3）目标设定理论。从员工来讲，按件计酬给员工自身确定目标带来了便利，它不是大锅饭，限制个人能动性和积极性发挥。

（4）激励保健理论。保健理论用来消除员工的不满意因素，经济萧条与不景气一般意味着公司要裁员，而林肯公司的管理者都不因此辞退任何员工，这种方式自然使员工具有职业安全感、社会归属感，从而更激励他们加倍努力地工作。

训练营

训练任务3-3　团队激励理论运用训练

【任务目标】

帮助学生掌握激励理论运用

【任务要求】

（1）每个小组围成一圈，由组长主持讨论。

（2）小组成员学习并讨论常见的激励理论。

（3）根据公司所处行业以及小组成员的特点，选择和制定适合的激励理论。

（4）每组安排一名同学负责记录、汇总。

（5）活动结束后，要求每组选出一名代表在课堂上汇报制定好的激励理论。

（6）准备时间为10分钟。

【任务组织】（见表3-16）

表3-16　团队激励理论运用训练任务组织表

活动项目	具体实施	时间	备注
团队激励理论运用训练	（1）假设全班有48人，将学生分成6个小组，每个小组建立一个模拟公司。每个公司8个人。 （2）小组分工协作，学习并讨论常见的激励理论。 （3）6个公司根据公司所处行业以及小组成员的特点，同时选择和制定适合的激励理论。 （4）组织学生讨论团队激励理论运用制定过程中遇到的问题。	30分钟	教室中每组一桌八椅、分组资料（公司名称、人员安排）

【任务评价】（见表 3-17）

表 3-17　　团队激励理论运用训练任务评价表

评价指标	评价标准	分值（100 分）	评估成绩	所占比例
团队激励理论运用训练表演情况效果	1. 激励的概念，应用激励理论的原则，常见的激励理论，对团队激励理论应用案例的理解	20		70%
	2. 能识别团队激励理论运用制定易犯的错误	20		
	3. 能灵活运用团队激励理论制定应对策略	20		
	4. 遵守活动时间	10		
	5. 表演真实	10		
	6. 效果明显	10		
	7. 活动评估	10		
教学过程	出勤、态度和热情	100		30%
小组综合得分				

团队激励宝典

两熊赛蜜

黑熊和棕熊喜食蜂蜜，都以养蜂为生。它们各有一个蜂箱，养着同样多的蜜蜂。有一天，它们决定比赛看谁的蜜蜂产的蜜多。

黑熊想，蜜的产量取决于蜜蜂每天对花的“访问量”，于是它买来了一套昂贵的测量蜜蜂访问量的绩效管理系统。在它看来，蜜蜂所接触的花的数量就是其工作量。每过完一个季度，黑熊就公布每只蜜蜂的工作量；同时，黑熊还设立了奖项，奖励访问量最高的蜜蜂。但它从不告诉蜜蜂们它是在与棕熊比赛，它只是让它的蜜蜂比赛访问量。

棕熊与黑熊想的不一样。它认为蜜蜂能产多少蜜，关键在于每天采回多少花蜜——花蜜越多，酿的蜂蜜也越多。于是它直截了当告诉众蜜蜂：它在和黑熊比赛看谁产的蜜多。

它花了不多的钱买了一套绩效管理系统，测量每只蜜蜂每天采回花蜜的数量和整个蜂箱每天酿出蜂蜜的数量，并把测量结果张榜公布。它也设立了一套奖励制度，重奖当月采花蜜最多的蜜蜂。如果一个月的蜜蜂总产量高于上个月，那么所有蜜蜂都受到不同程度的奖励。

一年过去了，两只熊查看比赛结果，黑熊的蜂蜜不及棕熊的一半。

教师启发

黑熊的评估体系很精确，但它评估的绩效与最终的绩效并不直接相关。黑熊的蜜蜂为尽可能提高访问量，都不采太多的花蜜，因为采的花蜜越多，飞起来就越慢，每天的访问量就越少。另外，黑熊本来是为了让蜜蜂搜集更多的信息才让它们竞争，由于奖励范围太小，为搜集更多信息的竞争变成了相互封锁信息。蜜蜂之间竞争的压力太大，一只蜜蜂即使获得了很有价值的信息，比如某个地方有一片巨大的槐树林，它也不愿将此信息与其他蜜蜂分享。

而棕熊的蜜蜂则不一样，因为它不限于奖励一只蜜蜂，为了采集到更多的花蜜，蜜蜂相互合作，嗅觉灵敏、飞得快的蜜蜂负责打探哪儿的花最多、最好，然后回来告诉力气大的蜜蜂一齐到那儿去采集花蜜，剩下的蜜蜂负责贮存采集回的花蜜，将其酿成蜂蜜。虽然采集花蜜多的能得到最多的奖励，但其他蜜蜂也能得到部分好处，因此蜜蜂之间远没有到人人自危、相互拆台的地步。

激励是手段，激励员工之间竞争固然重要，但相比之下，激发起所有员工的团队精神尤显突出。

课前提问

团队激励的方法有哪些？

相关知识点

一、激励的一般方法

（一）工作激励

工作激励是指通过分配恰当的工作，予以恰当的授权，让员工参与管理，通过丰富工作内容等方式和途径来激发员工的工作热情。在双因素理论中，人们清楚地看到，在各种因素中，真正能起到激励作用的因素是工作本身，使工作具有挑战性和富有意义以及引导员工参与管理都可以极大地调动员工的积极性。在激励的过程中对员工委以恰当的工作，激发员工内在的工作热情，主要包括两方面的内容：一是工作的分配要尽量考虑员工的特长和爱好，人尽其才；二是要使工作的要求既具有挑战性，又能为员工所接受。在企业的生产经营活动中，有许多不同工作的要求略高于员工本身的实际能力，使员工认为经过努力是可以达到目标的。这样既可以激发员工奋发向上的工作热情，还可以在工作中提高能力。

（二）环境激励

环境主要是指工作与生活环境，包括组织中的行为规范、人际关系、工作与生活条件等方面的内容。组织的各项规章制度的基本目的是使人们的行为规范化。一方面，规章制度往往与物质利益联系在一起，对员工的消极行为有约束作用；另一方面，规章制度为员工提供行为规范，提供社会评价标准。员工遵守规章制度的情况与自我肯定、社会舆论等精神需要相联系，因此，其激励作用是综合的。而良好的人际关系能激发员工的工作热情和工作积极性与创造性。创造良好的人际关系环境，首先要求上级主管人员对下属尊重、关心和信任；其次是要保持工作团体内人际关系融洽，及时调解各种矛盾。创造良好人际关系的基本方法就是沟通。通过沟通，能加深领导者之间、上下级之间，以及下级之间的相互了解，交流感情，避免各种误会、矛盾乃至冲突等。另外，良好的工作条件、清洁美化的工作环境，能使员工安心工作，心情舒畅、精神饱满。因此工作环境激励也是一项十分重要的激励手段。

（三）成果激励

成果激励是一种重要的激励手段，即利用人们对于成就感的追求来激发人们的工作积极性。成果激励首先是正确评价工作，合理给予报酬。正确评价员工的工作结果，在此基础上给每个员工以合理的报酬，这也是激发员工积极性的一个重要因素。报酬可分为物质上的和精神上的两种，物质上的报酬主要是指工资和奖金，精神上的报酬则主要是各种形式的表扬以及工作条件的改善和地位的提升等。其次，帮助员工创造成果。追求成就，满足自我价值的实现是人们高层次的需求，尤其是对于高层人员和专业技术人员可能显得更重要。因此，领导者若能创造条件，帮助员工获得成果，激励作用将是巨大的。对于一般员工，允许他们参与与其工作相关的决策，接受他们的合理化建议，并帮助他们实现这些建议，也会起到很大的激励作用；对于专业技术人员，给予必要的支持，改善他们的研究开发条件，解决他们在研究工作中的各种困难以促进他们的研究获得成果，这比给他们物质奖励获得的激励作用可能要大得多。

（四）目标激励

目标激励即通过层层制定目标，使每个人的行动都与目标联系起来，从而激发每个人的积极性，为实现共同目标而自觉劳动的一种激励方法。

由于每个员工都有自己的具体目标，这一目标又与部门以及整个组织的目标联系在一起，因此不仅使员工的行动有了方向，而且增强了集体责任感。同时，由于在目标的制定和实施过程中，实行“参与管理”和“自我控制”，目标、责任、权限、利益互相挂钩，有利于激发人们的动机，对工作产生兴趣，自觉地控制行为，极大地发挥自己的主动性和积极性。

（五）员工持股激励

员工持股激励是在市场经济条件下，员工激励的最根本的方法之一。在某些西方国家已经相当普遍，其出发点是实行产权多元化，激励员工在企业持股，利润共享。著名的威尔顿钢铁公司过去长期亏损，在全厂 7 000 多名员工用 3.8 亿美元买下公司的全部资产后，当年就实现扭亏增盈 4 800 万美元，其原因就在于员工持股增加了他们对企业的认同感，使他们迸发出巨大的工作热情和责任感，促使企业效益的提高。

（六）危机激励

危机激励的实质是树立全体员工的忧患意识，做到居安思危，无论是在企业顺利还是困难的情况下，都永不松懈，永不满足，永不放松对竞争对手的警惕，唤醒全体员工的危机意识，确保企业立于不败之地。

二、企业员工的激励方法

（一）荣誉激励

如发奖状、证书、记功、通令嘉奖、表扬等。在管理学看来，追求良好声誉是经营者的成就发展需要，或归于马斯洛的尊重和自我实现的需要。尊重并不是惧怕和敬畏，尊重意味着能够按照其本来面目看待其人，能够意识到他的独特秉性。尊重意味着让他自由发展其天性。

如果我们承认马斯洛的自我实现的需要是人类最高层次的需要，那声誉才是一种终极的激励手段。经济学家从追求利益最大化的理性假设出发，认为经营者追求良好声誉是为了获得长期利益。

卡耐基的激励

美国著名成人教育家卡耐基曾写出享誉全球的名著《人性的弱点》《人性的优点》《人性的光辉》等，成为《圣经》之后人类出版史上第二大畅销书（三部书合计）。他指出为人处世基本技巧的第一条就是“不要过分批评、指责和抱怨”，第二条是“表现真诚的赞扬和欣赏”。

美国 IBM 公司有一个“百分之百俱乐部”，当公司员工完成他的年度任务，他就被批准为该俱乐部会员，他和他的家人被邀请参加隆重的集会。结果，公司的雇员都将获得“百分之百俱乐部”会员资格作为第一目标，以获取那份光荣。

对于员工不要太吝啬一些头衔、名号，一些名号、头衔可以换来员工的认同感，从而激励起员工的干劲。日本电气公司在一部分管理职务中实行“自由职衔制”，就是说可以自由加职衔，取消“代部长”“代理”“准”等一般普遍管理职务中的辅助头衔，代之以“项目专任部长”“产品经理”等与业务内容相关的、可以自由加予的头衔。

（二）成就激励

最重要的表现形式就是合理晋升。内部晋升与选拔的好处是：

（1）当人才看到自己的工作能力与业绩能够得到肯定或报偿时，其士气与绩效都会改善。

（2）内部候选人已经认同了本组织的一切，包括组织的目标、文化、缺陷，比外部候选人更不易辞职。

（3）可以激发人才的献身精神，而且可以给其他人才同样的期望。

（4）更为安全可靠，而且不需要培训，成本低。

优先从内部选拔人才，需要建立一系列制度来维持。如索尼公司的内部招聘制度。

（三）竞争激励

我们来看看这个案例：日本松下公司每季度都要召开一次各部门经理参加的讨论会，以便了解彼此的经营成果。开会以前，把所有部门按照完成任务的情况从高到低分别划分为 A、B、C、D 四级。会上，A 部门首先报告，然后依次是 B、C、D 部门。这种做法充分利用了人们争强好胜的心理，因为谁也不愿意排在最后。

案例

西南航空

美国西南航空公司的内部杂志经常以“我们的排名如何”这个部分让西南航空的员工知道他们的表现如何，在这里，员工可以看到运务处针对准时、行李处置、旅客投诉案 3 项工作的每月例行报告和统计数字；同时，将当月和前一个月的评估结果做比较，制定出西南航空公司整体表现在业界中的排名。他们还列出业界的平均数值，以利员工掌握趋势，同时比较公司和平均水准的差距。西南航空的员工对这些数据有十足的信心，因为他们知道，公司的成就和他们的工作表现息息相关。当某一家同行的排名连续高于西南航空几个月时，公司内部会在几天内散布这个消息。到最后，员工会加倍努力，期待赶上人家。西南航空第一线员工的消息之灵通是许多同行无法相比的。

（四）兴趣激励

"工作的报酬就是工作本身!"管理者必须为员工寻求工作的内在意义，也就是要为员工创造工作的意义和价值。员工体会到工作的内在价值与意义，才会真正为了这份工作而积极努力，发挥自己的最大力量。具体操作如下：

1. 提供"工作设计"

对工作内容、工作职能、工作关系进行设计，包括对现有设计的调整和修改，通过合理有效地处理员工与工作岗位之间的关系，来满足员工个人需要，实现组织目标。

主要内容有：确定工作责任、工作权限、信息沟通方式、工作方法；确定工作承担者与其他人相互交往联系的范围、建立友谊的机会及工作班组相互配合协作的要求；确定工作任务完成所达到的具体标准（如产品产量、质量、效益等）；确定工作承担者对工作的感受与反应（如工作满意度、出勤率、离职率等）；确定工作反馈等。

在工作设计中考虑员工的因素越多，对员工的激励效果就越强。

2. 工作内容多元化

增加一些与现任工作前后关联的新任务；增派一些原来由经验丰富的员工、专业人士甚至经理做的工作；可以设定绩效目标，让员工用适合自己的方式去实现它们。

3. 岗位轮换培养复合型人才

新员工在各个岗位上轮流观察一段时间，亲身体会不同岗位的工作情况，为以后工作中的协作配合打好基础。对于管理骨干更要实行岗位轮换，对业务全面了解，对全局性问题进行分析判断，开阔眼界，扩大知识面。销售部门和设计部门的人员也可以轮换，改善新产品开发质量。

4. 开放反馈渠道

让员工本人直接得到有关信息，而不要通过上司间接地传达给他。"直接跟用户接触"是一条途径，让工作进行质量自检也是一种方法。让顶头上司准备上报的工作总结跟群众见面，也是个办法。

（五）沟通激励

从某种意义上说，管理就是各个部门、各个层次的相互沟通，管理人员必须不断寻找部属的需求，了解员工对企业的意见，使部属知道正在进行哪些活动，让他们参与管理决策活动。越是高层管理者，与员工的沟通时间应当越多。

建议企业充分利用自己的内部网来了解员工的心理。万科就是这样，安利公司也是如此。安利被评为2001年中国十大最佳雇主之一，与其充分沟通分不开。在安利的内部网上，员工可以随时发表自己的建议和不满，公司有专门的人员处理网站上的员工意见，并且迅速向员工做出回应。安利在全国有 60 个地区中心，2 000 名员工，每个月各地地区中心和安利总部都要召开一次员工大会，所有的高层经理都会利用这个机会和员工见面，听取员工意见。许多问题，大家坐下来沟通一下，马上就能解决掉。人力资源总监会出现在不同地区的会场上，随时了解员工的动向，并把安利的使命传达给每一位员工。

（六）参与激励

管理大师彼得·德鲁克说："知识是生产资料，它的所有者是知识工人，而且随时可以带走。这一特点同样适用于高级的知识工人，比如科学家、理疗师、计算机专家和律师助理。"

（七）培训进修激励

双向交流：员工若是总部员工，为增强工作实感，有可能被指派到一线经营单位去学习锻炼 1～6 个月。员工若是一线骨干人员，也有可能被指派到总部或其他对口业务单位联合办公 0.5～2 个月，使员工有时间、精力来总结提炼实际操作经验，以利于在集团范围内交流，实现集团资源共享，同时进一步系统了解公司运作特点。

外出考察：为拓宽视野、丰富学习经验，可组织管理人员、专业人士以及荣获嘉奖的员工到外地考察。考察单位包括境内外的优秀企业或机构。

培训积分制度：员工参加各种培训并获得结业后，可以向人力资源部门申报积分，积分将是员工参加培训的最全面记录。年度累计积分的多少是员工晋级或晋升的参考标准之一。不同类别的员工积分要求有所不同。

培训信息公布和查询：人力资源部门可定期公布培训信息，主要包括：年度培训服务概览、月度培训及研修计划、外部培训信息、周培训信息以及网络版《培训资讯》。员工可以登录公司主页查询或咨询所在部门的人事专职人员。

（八）关怀激励

要真正获得员工的心，公司首先要了解员工的所思所想、他们内心的需求。从某种程度上来说，员工的心是"驿动的心"。员工的需求也随着人力资源市场情况的涨落和自身条件的改变在不断变化。

一个毕业于斯坦福大学的年轻人，一直想找一个既可以赚大钱，又不耽误他白天打高尔夫球的工作。硅谷一家计算机系统集成公司了解到他真的很有才华和能力以后，决定满足他的要求。于是，此人白天打高尔夫球，晚上工作，而且工作质量和效率很高。该公司和这个年轻人都感到很满意，这个年轻人直到现在也没有离开公司。

日立公司内的“婚姻介绍所”

在把公司看作大家庭的日本，老板很重视员工的婚姻大事。如日立公司内就设立了一个专门为员工架设“鹊桥”的“婚姻介绍所”。一个新员工进入公司，可以把自己的学历、爱好、家庭背景、身高、体重等资料输入“鹊桥”电脑网络。当某名员工递上求偶申请书，他（或她）便有权调阅电脑档案，申请者往往利用休息日坐在沙发上慢慢地、仔细地翻阅这些档案，直到找到满意的对象为止。一旦被选中，联系人会将挑选方的所有资料寄给被选方，被选方如果同意见面，公司就安排双方约会。约会后双方都必须向联系人报告对对方的看法。日立公司人力资源部门的管理人员说：由于日本人工作紧张，员工很少有时间寻找合适的生活伴侣，我们很乐意为他们帮这个忙。另一方面，这样做还能起到稳定员工、增强企业凝聚力的作用。

（九）感情激励

如生日祝贺，为员工排忧解难、办实事、送温暖。安利公司有这样一个故事，一个研究生应聘被录取，学校要他交 15 000 元的培养费，而该学生家境贫寒，安利得知以后，决定资助他 10 000 元，另外的 5 000 元采取借款方式，以后从他的工资中逐月扣除，从而解决了这个学生的困难。

肯定与赞美是最强有力的激励方式，而且不花钱。连拿破仑都震惊于肯定与赞美的效果，有人告诉他，为了得到这位皇帝的一枚勋章，他的士兵是什么英勇行为都可以做出来的。拿破仑惊讶地说：“这真是奇怪，人们竟然肯为这些破铜烂铁拼命!”

我们很多企业领导不会赞美激励，只会批评，他们认为表扬会使员工骄傲，于是我们就见到太多被领导训得灰头土脸的员工。一直在这种灰色情绪下工作，又如何要求员工做出好的业绩？我们需要问一问每个领导：今天你称赞过你的员工吗？或者你已经多少年没有称赞过员工了？是否因为你从来没有得到过领导的表扬，所以你把这种负面情绪传递给了你的下属？为什么不开始尝试让负面情绪到此为止，开始赞扬员工的工作呢?

（十）期望激励

期望激励也就是目标激励。可以帮助定位员工角色，明确绩效标准，建立活动规范，决定组织结构。如果对员工业绩没有明确期望值，将阻碍员工实现自我激励。管理者通过目标对下级进行管理，当组织最高层管理者确定了组织目标以后，必须对其进行有效分解，转变成各个部门以及各个人的分目标，管理者根据分目标的完成情况对下级进行考核、评价和奖惩。这是目标激励的思想渊源。对于目标设置需要注意以下原则：

(1) 目标设置要具体；

（2）目标设置要与组织协调；

（3）目标设置具有接受可能性；

（4）目标设置要有时间性；

（5）目标设置要及时反馈。

结合不同激励对象各自的需求特点辩证地采取相应的激励方式，以达到激励的最佳效果。每一种激励方法就像个网眼，各种方法一起才构成一张激励之网。单靠一种方法是难以发挥其作用的。

课堂测试

带好团队，有哪些激励方法？结合实际说一说。

小故事大道理

通用汽车的绩效提升

通用汽车为了提高劳动生产率曾实施过一次企业再造、改革计划，对汽车生产装配操作加强控制。通用汽车公司组织了恢复正常工作环境的活动。他们对全厂工人进行了问卷调查，与各级领导管理人员一起举行了一系列会议，最后得出以下结论：

工人认为管理部门不关心他们的需要、情感等问题；工人的工作无保障，他们认为管理部门不事先通知或进行协商就改变他们的工作计划，增加或取消加班时间，随意通知他们停工，工人们不知如何与公司合作。工人们认为管理部门对他们改进工作方法和工厂业务的意见没有兴趣。

有些工人对劳动环境提出了种种意见但迟迟得不到改善，对繁重的、机械的、重复劳动感到厌倦和不满。许多工人对公司的目标和计划不了解，企业和员工之间缺乏共同的目标，公司想干什么，为何要这样干，工人无法知道，因此没能形成凝聚力。

第一线的管理人员认为，他们也不十分了解整个管理部门的目标和计划，因此没有把这些目标和计划同他们每天对工人的管理工作结合起来。

经过上述诊断，公司发现产生危机的主要根源是管理部门和工人之间缺乏及时的沟通，缺乏必要的交往。公司决定全面实施“交流计划”，内容是：

（1）每天用5分钟在工厂广播与汽车工业、公司和工厂有关的新闻。这些新闻主要涉及销售、库存和生产计划的状况，使工人对公司的情况有大体的了解。其内容也张贴在工厂的各处布告栏里面。

（2）消息公报。作为工厂经理和工人之间一种直接交流的方法，所有有关工厂业务的主要消息都直接传给工人，并贴在布告栏里面，包括新产品、轮班、生产计划、每周生产和新订货情况等变化。工厂经理还告诉大家该厂存在的问题，征求工人对解决这些问题的意见。

（3）管理训练。为了加强管理人员在工作中的人际交往作用，所有管理人员以及员工都要经过人际关系和交往的训练。由富有组织装配线经验的公共关系协调员和质量控制主任来设计和指导。

（4）管理部门制定了一种作业轮换计划，对轮换工作有兴趣的工人给予必要的训练，帮助他们扩大在同一装配工作组内的工作能力，其中包括大约30种各不相同的但基本上属于同一技术水平的工作。

交往计划实行一段时间后看到了效果，恢复了正常生产，不满率下降到前一年的1/3，生产效率也有明显提高。

训练营

训练任务3-4　团队激励方法运用训练

【任务目标】

帮助学生掌握激励团队成员的方法

【任务要求】

（1）每个小组围成一圈，由组长主持讨论。

（2）小组成员学习并讨论常见的激励方法。

（3）根据公司所处行业以及小组成员的特点，选择适合的激励方法激励团队成员。

（4）每组安排一名同学负责记录、汇总。

（5）活动结束后，要求每组选出一名代表在课堂上汇报各自的激励方法运用。

（6）准备时间为10分钟。

【任务组织】（见表3-18）

表3-18　团队激励方法运用训练任务组织表

活动项目	具体实施	时间	备注
团队激励方法运用训练	（1）假设全班有48人，将学生分成6个小组，每个小组建立一个模拟公司。每个公司8个人。 （2）小组分工协作，学习并讨论常见的激励方法。 （3）6个公司根据公司所处行业以及小组成员的特点，同时选择适合的激励方法激励团队成员。 （4）组织学生讨论团队激励方法运用过程中遇到的问题。	30分钟	教室中每组一桌八椅、分组资料（公司名称、人员安排）

【任务评价】（见表3-19）

表 3-19　　团队激励方法运用训练任务评价表

评价指标	评价标准	分值（100分）	评估成绩	所占比例
团队激励方法运用训练表演情况效果	1. 激励的一般方法，带好团队的激励方法，对企业员工激励方法及案例的理解	20		70%
	2. 能识别团队激励方法运用易犯的错误	20		
	3. 能灵活运用团队激励方法的应对策略	20		
	4. 遵守活动时间	10		
	5. 表演真实	10		
	6. 效果明显	10		
	7. 活动评估	10		
教学过程	出勤、态度和热情	100		30%
小组综合得分				

游戏拓展

【游戏名称】

抢板凳

【游戏目标】

激励团队，提升绩效

【活动规则和程序】

1. 将学员分成几个小组，每组在 6 人以上为佳。

2. 每组选出一名选手参加比赛，板凳数量比上场人数少一个。

3. 板凳围成一圈，凳面朝外，参赛选手在板凳外围站成一圈。

4. 找一位同学背对参赛选手，开始播放音乐，选手在音乐声中围着板凳转圈。

5. 音乐声停，选手找一板凳坐下，没有抢到板凳的同学被淘汰，然后移走一个板凳，剩下的选手继续按此规则比赛，直到剩下最后一位选手，为胜利者。

6. 一轮结束之后，每组根据比赛情况，进行相应的团队激励，以便提升各组绩效，然后进行第二轮比赛，所有回合结束，计算总冠军。

【学员思考】

1. 怎样可以抢到板凳?

2. 如果队员落后，要如何激励你的团队呢?

【总结与点评】

1. 本游戏每位队员都是为了团队而战，要击败所有对手，才能获胜。

2. 转圈时，目光要盯住板凳，并注意音乐节奏。

3. 随着板凳的减少，抢到板凳的难度会加大，此时会有一些诀窍，比如靠近板凳时可以走慢点，离板凳远时可以走快点。

4. 在队员获胜时，一定要及时进行祝贺，提升士气；在队员落后时，也不要气馁，要给予鼓励，激励队员取得更好的成绩。

5. 通过本游戏激励团队，提升绩效。

知识链接

“华为”薪酬管理的主要理念

1. 倡导雷锋精神，决不让雷锋吃亏，奉献者定当得到合理回报。

2. 机会、职权、工资、奖金、津贴、股权、红利、退休基金、医疗保障、社会保险等多种分配与保障形式。

3. 员工与公司之间建立命运共同体。

4. 报酬认可基于贡献、责任、能力与工作态度。

5. 坚持报酬的合理性与竞争性，确保吸引优秀人才。

6. 始终关注报酬的 3 个公平性：(1) 对外公平；(2) 对内公平；(3) 员工公平。“华为”员工的收入组成包括职能工资、奖金、安全退休金及股权带来的红利。采取与能力、贡献相吻合的职能工资制。“华为”按照责任与贡献来确定任职资格，按照任职资格确定员工的职能工资。

奖金的分配完全与部门的关键绩效目标和个人的绩效挂钩，安全退休金等福利的分配，依赖工作态度的考评结果，医疗保险按级别和贡献拉开差距。这样做，“营销尖兵”“研发专家”不去做官，照样能拿高工资。

“华为”为员工制定了安全预付退休金制度，其分配依据是按照员工的劳动态度、敬业精神所做的评定，为每个员工建立个人账户，每年向他们发放退休金，离开公司时这笔钱可随时带走。以上是知本主义在“华为”薪酬管理中的具体体现。

专题小结

绩效，包括个人绩效和组织绩效两个方面。组织绩效实现应在个人绩效实现的基础上，但是个人绩效的实现并不一定保证组织是有绩效的。绩效的作用有：达成目标、挖掘问题、分配利益、促进成长。绩效考评标准的分类方法有：按评价的手段分，可把评价标准分为定量标准和定性标准；按评价的尺度分，可把评价标准分为类别标准、等级标准、等距标准、比值标准和隶属度标准；按标准的形态分，可分为静态标准与动态标准；按标准的属性分，可分为绝对标准、相对标准和客观标准。影响绩效的主要因素有员工技能、外部环境、内部条件以及激励效应。现代企业员工绩效考核的特点有：建立绩效考核、人员测评两个相对独立的评价体系，建立关键绩效（KPI）体系。绩效考核可以分为品质主导型、行为主导型和效果主导型3种类型。绩效考核的方法有：排列法、选择排列法、强制分布法、关键事件法、目标管理法、绩效标准法、直接指标法。

激励指持续地激发人的动机和内在动力，使其心理过程始终保持在激奋的状态中，鼓励人们朝着所期望的目标采取行动的心理过程。应用激励理论的原则是：物质激励与精神激励相结合；正激励与负激励并举，以正激励为主；内在激励与外在激励相结合；系统设计激励体系。企业中对员工的激励理论主要有：内容激励理论，包括需要层次理论、双因素激励理论、成就需要激励理论；过程激励理论，包括期望理论、公平理论；行为后果激励理论，包括强化理论、归因理论；综合激励理论。激励的一般方法有：工作激励、环境激励、成果激励、目标激励、员工持股激励、危机激励。企业员工的激励方法：要有荣誉的激励，要有成就的激励，要有竞争的激励，要有兴趣的激励，要有沟通的激励，要有参与的激励，要有培训进修的激励，要有关怀的激励，要有感情的激励，要有期望的激励。

主要名词

绩效	定量标准	定性标准	激励效应	需要层次理论
公平理论	成就需要理论	期望理论	强化理论	归因理论

课后习题

一、单项选择题

二、思考题

1. 绩效考评标准有很多种类，该如何准确区分并且合理运用呢？
2. 绩效考评的类型和方法分别有哪些？各有什么特点？
3. 绩效考评的流程是怎样的？
4. 常见的激励理论有哪些？
5. 激励的一般方法有哪些？

三、案例分析题

案例一　分粥制度

对权力制约的制度问题一直是令人类头疼的难题。请看下边的这个小故事。有7个人组成了一个小团体共同生活，其中每个人都是平凡而平等的，没有什么凶险祸害之心，但不免自私自利。他们想用非暴力的方式，通过制定制度来解决每天的吃饭问题：要分食一锅粥，但并没有称量用具和有刻度的容器。

大家发挥聪明才智试验了不同的方法，经过多次博弈形成了日益完善的制度。大体说来主要有以下几种：

方法一：拟定一个人负责分粥事宜。很快大家就发现，这个人为自己分的粥最多，于是又换了一个人，但总是主持分粥的人碗里的粥最多、最好。由此我们可以看到：权力导致腐败，绝对的权力导致绝对的腐败。

方法二：大家轮流主持分粥，每人一天。这样等于承认了个人有为自己多分粥的权力，同时给予了每个人为自己多分的机会。虽然看起来平等了，但是每个人在一周中只有一天吃得饱而且有剩余，其余6天都饥饿难挨。于是我们又得到结论：绝对的权力导致资源浪费。

方法三：大家选举一个信得过的人主持分粥。开始，这位品德尚属上乘的人还能基本公平，但不久他就开始为自己和溜须拍马的人多分。不能放任其堕落和风气败坏，还得寻找新思路。

方法四：选举一个分粥委员会和一个监督委员会，形成监督和制约机制。公平基本上做到了，可是由于监督委员会常提出多种议案，分粥委员会又据理力争，等分粥完毕时，粥早就凉了。

方法五：每个人轮流值日分粥，但是分粥的那个人要最后一个领粥。令人惊奇的是，在这个制度下，7只碗里的粥每次都是一样多，就像用科学仪器量过一样。每个主持分粥的人都认识到，如果7只碗里的粥不相同，他确定无疑将享有那份最少的粥。

请问：根据案例中不同的分粥制度，你认为什么制度是企业最好的制度？有人说，适合的就是最好的，你认为呢？

案例二　会议成本分析制度

日本太阳公司为提高开会效率，实行会议成本分析制度。每次开会时，总是把一个醒目的会议成本分配表贴在黑板上。成本的算法是：会议成本＝每小时平均工资的3倍×2×开会人数×会议时间（小时）。公式中平均工资所以乘3，是因为劳动产值高于平均工资；乘2是因为参加会议要中断经常性的工作，损失要以两倍来计算。因此，参加会议的人越多，成本越高。有了成本分析，大家开会态度就会慎重，会议效果也十分明显。

如何节约时间，以最大限度地提高企业工作效率并节约成本是摆在各企业管理者面前的一个不容忽视的问题，很多企业，特别是国企，经常会把时间和精力浪费在无休止、无意义的会议上。

我们这里倒不是说企业不开会更好。会议是一个企业统一思想、整顿形象的关键环节，可如果把更多的时间花在喊口号上，员工们还有时间去做自己的工作吗？

会是要开的，一周开一次例会就差不多了。而且在开会时，要落实到具体的问题上。如果开一次会只是为了在会议室打一阵子瞌睡，喝两杯茶，这只能说明这次会议只是走了一下形式而已。

请问：如何提高开会效率？

专题四 团队领导讲艺术

知识目标

1. 掌握领导及领导魅力的概念
2. 掌握领导需要具备的技能、领导的原则、现代领导艺术九大内涵
3. 熟悉领导魅力的发展趋势
4. 熟悉教练式领导的工作职责、教练技术的三大效用
5. 熟悉约哈视窗、迪士尼创新策略
6. 熟悉带领团队的九大要素

能力目标

1. 能够熟练掌握领导需要具备的技能，运用教练式领导方法
2. 能够掌握领导需要具备的魅力，做一个有魅力的领导
3. 能够有效提升领导魅力
4. 能够运用所学原理领导团队走向成功

模块一 领导艺术内涵

且慢下手

大多数的同仁都很兴奋，因为单位里调来一位新主管，据说是个能人，专门被派来整顿业务。可是，日子一天天过去，新主管却毫无作为，每天彬彬有礼地进办公室后，便躲在里面难得出门。那些紧张得要死的坏分子，现在反而更猖獗了。他哪里是个能人，根本就是个老好人，比以前的主管更容易唬。

4个月过去了，新主管却发威了，坏分子一律开除，能者则获得提升。下手之快，断事之准，与4个月前表现保守的他相比，简直像换了一个人。年终聚餐时，新主管在酒后致辞：相信大家对我新上任后的表现和后来的开刀阔斧，一定感到不解。现在听我说个故事，各位就明白了。

我有位朋友，买了栋带着大院子的房子，他一搬进去，就对院子全面整顿，杂草杂树一律清除，改种自己新买的花卉。某日，原先的房主回访，进门大吃一惊地问，那株名贵的牡丹哪里去了？我这位朋友才发现，他居然把牡丹当草给割了。后来他又买了一栋房子，虽然院子更是杂乱，他却是按兵不动，果然冬天以为是杂树的植物，春天里开了繁花；春天以为是野草的，夏天却是锦簇；半年都没有动静的小树，秋天居然红了叶。直到暮秋，他才认清哪些是无用的植物而大力铲除，并使所有珍贵的草木得以保存。

说到这儿，主管举起杯来，“让我敬在座的每一位！如果这个办公室是个花园，你们就是其间的珍木，珍木不可能一年到头开花结果，只有经过长期的观察才认得出啊！”

教师启发

“路遥知马力，日久见人心”，一个员工的价值高低绝不能凭我们管理者一时的观察或是只看他表面的现象。要真正了解一个人，需要长时间的、持续的观察。只有通过细致彻底的观察，才能正确评估一个人的价值并给他合适的工作岗位。

课前提问

你眼中的领导是什么样的？

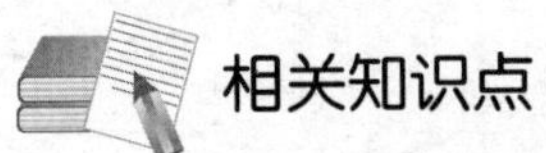

相关知识点

一、领导的概念

领导是以实践为中心展开的，由社会系统中的领导主体根据领导环境和领导客体的实际情况确定本系统的目标和任务，并通过示范、说服、命令、竞争和合作等途径获取和动用各种资源，引导和规范领导客体、实现既定目标，完成共同事业的强效社会工具和行为互动过程。

二、领导需要具备的技能

成功的领导依赖于合适的行为、技能和行动，领导者的 3 种主要技能是技术技能、人际技能和概念技能。

（一）技术技能

技术技能是一个人对某种类型的过程或技术所掌握的知识和能力，如会计人员、工程师、文字处理人员和工具制造者所学习到的技能。在操作人员和专业人员层次上，技术技能是工作绩效的主要影响因素。但是当员工升职并拥有领导责任后，他们的技术技能就会显得相对不重要了。作为经理，他们更加依靠下属的技术技能，在许多情况下，他们基本上不参与他们所管理的技术技能实践。实际上，许多企业的高层领导对企业生产的技术细节并不熟悉。

（二）人际技能

人际技能是有效地与他人共事和建立团队合作的能力。组织中任何层次的领导者都不能逃避人际技能的要求，这是领导行为的重要部分之一。

（三）概念技能

概念技能是按照模型、框架和广泛关系进行思考的能力，如长期计划。在越高的管理职位上，它的作用也就越重要。概念技能处理的是观点、思想，而人际技能关心的是人，技术技能涉及的则是事。

领导技能分析表明不同层次的管理者需要的 3 种技能的相对比例是不同的。管理层级越高，工作中技术技能所占的比例越小，而概念技能所占的比例越大。这有助于解释为什么杰出的部门领导者有时无法胜任副总裁的职位，因为他们的领导技能的结构不适合更高管理职位的要求，特别是没有增加概念技能。

三、领导的原则

（一）懂得沟通最重要

作为一个领导，最重要的是懂得沟通。沟通能让员工更好地理解领导的想法，了解该想法的目的，以及该想法对工作的积极作用，让员工按照对应的思路去做事。而心与心之间的沟通显得更为重要，它可以拉近与员工之间的距离，与员工更好地协作完成工作。心与心的沟通还可以化解一些尴尬或矛盾，心与心的沟通表现在心平气合，将心比心地去交流，多站在对方的立场去想想，多关心员工平时的生活。

（二）愿景比管控更重要

在著名的《基业长青》一书中，作者吉姆·柯林斯指出，那些真正能够留名千古的宏伟基业都有一个共同点：有令人振奋，并可以帮助员工做重要决定的“愿景”。

愿景就是公司对自身长远发展和终极目标的规划和描述。缺乏理想与愿景指引的企业或团队会在风险和挑战面前畏缩不前，他们对自己所从事的事业不可能拥有坚定的、持久的信心，也不可能在复杂的情况下，从大局、长远出发，果断决策，从容应对。

一些人错误地认为，企业管理者的工作就是将100%的精力放在对企业组织结构、运营和人员的管理和控制上。这种依赖于自上而下的指挥、组织和监管的模式，虽然可以在某些时候起到一定效果，但它会极大地限制员工和企业的创造力，使企业丧失前进的目标，员工对企业未来的认同感大大降低。相比之下，为企业制定一个明确的、振奋人心的、可实现的愿景，对于一家企业的长远发展来说，其重要性更为显著。处于成长和发展阶段的小企业可能会将更多精力放在求生存、抓运营等方面，但即便如此，管理者也不能轻视愿景对于凝聚人心和指引方向的重要性；对于已经发展、壮大的成功企业而言，是否拥有一个美好的愿景，是该企业能否从优秀迈向卓越的关键。

（三）信念比指标更重要

每一个企业的领导者都应当把坚持正确的信念，恪守以诚信为本的价值观放在所有工作的第一位，不能只片面地追求某些数字上的指标或成绩，或一切决策都从短期利益出发，而放弃最基本的企业行为准则。相比之下，正确的信念可以带给企业可持续发展的机会；反之，如果把全部精力放在追求短期指标上，虽然有机会获得一时的成绩，却可能导致企业发展方向的偏差，使企业很快丧失继续发展的动力。

成功的企业总是能坚持自己的核心价值观。如谷歌公司的核心价值观之一是“永不满足，力求最佳”。谷歌创始人之一拉里·佩奇指出：“完美的搜索引擎需要做到了解用户之意，解决用户之需。”对于搜索技术，谷歌不断通过研究、开发和革新来实现长远的发展，并致力于成为这一技术领域的开拓者。尽管已是全球公认、业界领先的搜索技术公司，谷歌仍然矢志不渝地坚持“永不满足”的信念，不断实现对自己的超越，奉献给用户越来越好的搜索产品。

（四）团队比个人更重要

在任何一家成功的企业中，团队利益总要高过个人利益。企业中的任何一级管理者都应当将全公司的利益放在第一位，部门利益其次，个人利益放在最后。

这样的道理说起来非常明白，但放到实际工作中，就不那么好把握了。例如：许多部门的管理者总是习惯性地把自己和自己的团队作为优先考虑的对象，而在不知不觉中忽视了公司的整体战略方向和整体利益。这种做法是非常错误的，因为如果公司无法在整体战略方向上取得成功，公司内部的任何一个部门、任何一个团队就无法获得真正的成功，而团队无法成功的话，团队中的任何个人也不可能取得哪怕是一丁点儿的成功。

好的管理者善于根据公司目标的优先级顺序决定自己和自己部门的工作目标以及目标的优先级。例如：出于部门利益的考虑，也许某个产品的研发无法在短期内获得足够的市场收益，部门管理者似乎应该果断放弃对该产品研发的投入，否则，部门在该年度的绩效数据（如果仅以市场收益衡量的话）就有可能不是那么出色；但是，如果从公司整体的角度出发，假设该产品是帮助公司在未来两到三年内赢得潜在市场的关键因素，或者该产品的推广对于提高公司的企业形象有重要的帮助，那么，对于该产品的投入是符合公司整体利益的，部门对于该产品研发目标及其优先级的设定就应该符合公司的整体安排。

团队利益高于个人利益。作为管理者，还应该勇于做出一些有利于公司整体利益的抉择，即使这些抉择对自己的部门甚至对自己来说是一种损失。

（五）授权比命令更重要

21 世纪的管理需要给员工更多的空间，只有这样才能更加充分地调动员工的积极性，最大程度释放他们的潜力。21 世纪是一个和平的世纪，人人都拥有足够的信息，人人都拥有决策和选择的权利。将选择权、行动权、决策权部分甚至全部下放给员工，这种管理方式将逐渐成为 21 世纪企业管理的主流。因为当企业聚集了一批足够聪明的人才之后，如果只是把这些聪明人当作齿轮来使用，让他们事事听领导指挥，那只会造成如下几个问题：

（1）员工的工作满足感降低。

（2）员工认为自己不受重视，工作的乐趣和意义不明显。

（3）员工很难在工作中不断成长。

（4）员工个人的才智和潜能没有得到充分利用。

很多管理者追求自己对权力的掌控，他们习惯于指挥部下，并总是将部下的努力换来的成绩大部分归功于自己。这种“大权在握”“命令为主”的管理方式很容易造成如下几个问题：

（1）管理者身上的压力过大，员工凡事都要请示领导，等待管理者的命令。

（2）团队过分依赖管理者，团队的成功也大半取决于管理者个人能否事无巨细地处理好所有问题——而通常说来，没有哪个领导可以事事通晓，也没有哪个领导可以时时正确。

（3）整个团队对于外部变化的应对能力和应对效率大幅降低，因为所有决策和命令都需要由管理者做出，员工在感知到变化时只会习惯性地汇报给领导。因此，“授权”比“命令”更重要也更有效。但是，管理者该如何做好授权呢？这其中最重要的就是权力和责任的统一。在向员工授权时，既定义好相关工作的权限范围，给予员工足够的信息和支持，也定义好他的责任范围，让被授权的员工能够在拥有权限的同时，可以独立负责和彼此负责，这样才不会出现管理上的混乱。也就是说，被授权的员工既有义务主动地、有创造性地处理好自己的工作，并为自己的工作结果负责，也有义务在看到其他团队或个人存在问题时主动指出，帮助对方改进工作。

为了做好授权，可以预先设定好工作的目标和框架，但不要做过于细致的限制，以免影响员工的发挥。

（六）平等比权威更重要

在企业管理的过程中，尽管分工不同，但管理者和员工应该处于平等的地位，只有这样才能营造出积极向上、同心协力的工作氛围。

平等的第一个要求是重视和鼓励员工的参与，与员工共同制定团队的工作目标。这里所说的共同制定目标是指，在制定目标的过程中，让员工尽量多地参与进来，允许他们提出不同的意见和建议，但最终仍然由管理者做出选择和决定。这种鼓励员工参与的做法可以让员工对公司的事务更加支持和投入，对管理者也更加信任。虽然并不是每一位员工的意见都会被采纳，但当他们亲身参与到决策过程中，当他们的想法被聆听和讨论时，即使意见最终没有被采纳，他们也会有强烈的参与感和认同感，会因为被尊重而拥有更多的责任心。

平等的第二个要求是管理者要真心地聆听员工的意见。作为管理者，不要认为自己高人一等，事事都认为自己是对的。应该平等地听取员工的想法和意见。在复杂情况面前，管理者要在综合权衡的基础上果断地做出正确的决定。

四、现代领导艺术的九大内涵

（一）决策艺术

决策六最：决策，是领导者最频繁、最基本、最重要的活动。决策，也是产生影响最深刻、最长远、最重大的活动。

（二）用人艺术

用人艺术有三种传统的观点，如表 4－1 所示。

表 4－1　　用人艺术的观点

主要类别	内容描述
观点之一	为政之要惟在得人，治国之道惟在用人。
观点之二	管理，就是让别人去做自己想做而不愿意亲自去做的事情。
观点之三	国家之强，以得人之强，得人不外四事，曰广收、慎用、勤教、严绳。

用人的三种境界，如表 4－2 所示。

表 4－2　　用人的三种境界

主要类别	内容描述
第一种境界	只能用比自己本领小的人（最低）。
第二种境界	能用和自己本领相当的人（居中）。
第三种境界	能用在某一方面超过自己的人（最高）。

案例

刘邦摆酒宴

刘邦得天下后在洛阳南宫摆酒宴时曾说：“夫运筹帷幄之中，决胜千里之外，吾不如子房。镇国家，抚百姓，给馈饷，不绝粮道，吾不如萧何。连百万之军，战必胜，攻必取，吾不如韩信。此三者，皆人杰也，吾能用之，此吾所以取天下也。项羽有一范增而不能用，此其所以为我擒也。”刘邦虽然文不如萧何，武不如韩信，但他善用手下人才所长，量才任能，是容人之长的典范。

以上案例说明了用人至重。中国文化大致分为君道、臣道和师道。君道是领导的哲学与艺术；臣道也包括领导的艺术。曾子曾经提出一个原则：“用师者王，用友者霸，用徒者亡。”我们的历史经验中，“用师者王”，像周武王用姜太公，称之为尚父，这个称呼在古代是对长一辈人的尊称。历史上列举汤用伊尹，周文王用吕望（姜太公），都是用师，就是领导者非常谦虚，找一个“师”来“用”，便“王天下”、成大功。至于齐桓公用管仲，汉高祖用陈平、张良，刘备用诸葛亮等，都是“用友者霸”的好例子。至于“用徒者亡”，是指专用服从的、听命的人，那是必然会失败的。

（三）授权艺术

现代管理三大特点：管理内容复杂化，组织结构扁平化，工作节奏加速化。

授权三戒：不敢授权，是对自己缺乏信心；授权不到位，是对属下缺乏信心；授权过了头，是对事业缺乏责任心。

（四）协调艺术

要掌握协调艺术，首先来看看法国管理顾问格拉丘纳斯（V. A. Graicunas）人际关系数学模型，如表 4-3 所示：

表 4-3　　格拉丘纳斯人际关系数学模型

直接单一关系	直接组合关系	交叉组合关系
AB AC AD	ABC ABD ACD ACB ADB ADC ABCD ACBD ADCB	BC BD CB DB DC

格拉丘纳斯在 1933 年首次发表的一篇论文中，分析了上下级之间可能存在的关系，并提出了一个用来计算在任何管理宽度下，可能存在的人际关系数的数学模型。他把上下级关系分为三种类型：

（1）直接的单一关系。指上级直接地、个别地与其直属下级发生联系。

（2）直接的组合关系。存在于上级与其下属人员的各种可能组合之间的联系。

（3）交叉关系。下属彼此打交道的联系。

通过这三种上下级关系的分析，格拉丘纳斯认为，在管理宽度的算术级数增加时，主管人员和下属间可能存在的互相交往的人际关系数几乎将以几何级数增加。据此，他提出了一个可以用在任何管理宽度下计算上下级人际关系数目的经验公式：

$$C=N\left[2^{N-1}+(N-1)\right]$$

式中，

C 代表各种可能存在的联系总数，即关系数；N 代表一个管理者管理的下属人数，即管理幅度。

当 $N=1$，$C=1$；$N=2$，$C=6$；$N=3$，$C=18$；$N=10$，$C=5\ 210$

详细的领导干部协调人际关系数量一览表，如表 4-4 所示。

表 4-4　　领导干部协调人际关系数量一览表

N（下属人数）	C（人际关系数）	N（下属人数）	C（人际关系数）
1	1	7	490
2	6	8	1 080
3	18	9	2 376

续表

N（下属人数）	C（人际关系数）	N（下属人数）	C（人际关系数）
4	44	10	5 210
5	100	11	11 374
6	222	12	24 708

由此可见，随着管理幅度的增加，上下级之间的相互关系数量也在急剧上升。这说明管理较多下属的复杂性，因此主管人员在增加下属人数前一定要三思而行。

就关系纠纷的协调来说，领导者常身处关系的轴心与漩涡，理所当然地要充当杠杆和润滑剂的作用，清除交往的障碍，纠正下属的错误，使团队更团结。用寒暄营造气氛，和谐是交往之本，微笑是感情的润滑剂，让员工感受欢乐。

分清组织内部矛盾的轻重缓急，先易后难。主要有以下原则：

（1）原则性纠纷与非原则性纠纷的比例问题：最好为20%∶80%，非原则性的纠纷可以缓处理或冷处理；

（2）对于利益问题与认识问题：可以先解决思想与工作认识上的问题，利益问题复杂关联方多需要沟通后处理；

（3）新问题与老问题：先处理新的问题，后解决老的问题，老问题复杂，且新问题也会变成老问题；

（4）孤独事件与联系性事件：先处理“火烧新野”，后处理“火烧连营”；

（5）理论问题与发展中的问题：先处理发展中的问题。

（五）沟通艺术

沟通艺术有两种传统的观点，如表4-5所示：

表4-5　沟通艺术的观点

主要类别	内容描述
观点之一	沟通，是管理的本质，是柔性化时代的必然要求。从一定意义上讲，没有沟通，就没有管理。
观点之二	沟通，包括思想交流和信息传递。

通天塔

《圣经·旧约》上说，人类的祖先最初讲的是同一种语言。他们在底格里斯河和幼发拉底河之间，发现了一块异常肥沃的土地，于是就在那里定居下来，修起城池，建造起了繁华的巴比伦城。后来，他们的日子越过越好，为自己的业绩感到骄傲，决定在巴比伦修一座通天的高塔，来传颂自己的赫赫威名，并作为集合全天下弟兄的标记，以免分散。因为大家语言相通，同心协力，阶梯式的通天塔修建得非常顺利，很快就高耸入云。上帝耶和华得知此事，立即从天国下凡视察。上帝一看，又惊又怒，因为上帝是不允许凡人达到自己的高度的。他看到人们这样统一强大，心想，人们讲同样的语言，就能建起这样的巨塔，日后还有什么办不成的事情呢？于是，上帝决定让人世间的语言发生混乱，使人们互相言语不通。

人们各自操起不同的语言，感情无法交流，思想很难统一，就难免出现互相猜疑，各执己见，争吵斗殴。这就是人类之间误解的开始。

修造工程因语言纷争而停止，人类的力量消失了，通天塔终于半途而废。从这个故事可以总结关于管理的三个50%：

1. 管理中50%的问题是沟通不够造成的。
2. 50%的管理问题是需要通过沟通去解决的。
3. 管理者50%的时间应该用于沟通。

（六）激励艺术

激励艺术有三种传统的观点，如表4-6所示。

表4-6　激励艺术的观点

主要类别	内容描述
观点之一	激励，是管理的核心，是激发人才潜能的关键。
观点之二	过度的压力能使天才变成白痴，适度的激励能使白痴变成天才。
观点之三	管理者擅长控制，领导者擅长激励。

案例

士为“赞赏”者死

韩国某大型公司的一个清洁工，本来是一个最被人忽视、最被人看不起的角色，但就是这样一个人，却在一天晚上公司保险箱被窃时，与小偷进行了殊死搏斗。

事后，有人为他请功，并问他的动机，他的回答却出人意料。他说，当公司的总经理从他身旁经过时，总会赞美他“你扫的地真干净”。

你看，就这么一句简简单单的话，使这个员工受到了感动，并以身捍卫公司利益。

这也正合了中国的一句老话：“士为知己者死。”

（七）讲话艺术

任何人都需要讲话艺术，一句话能让人哈哈大笑，一句话也能让人恼羞成怒。俗话说：“酒逢知己千杯少，话不投机半句多。”“良言一句三冬暖，恶语伤人六月寒。”领导干部更需要讲话艺术：三寸之舌，强于百万雄兵；一人之辩，重于九鼎之宝；一言兴邦，一言丧邦。

（八）开会艺术

通过开会，传达精神，讨论问题，交流思想，统一意志，是世界上一切组织的通用做法。

会议中 11 种消极行为，如表 4-7 所示。

表 4-7　　会议中 11 种消极行为及处理方式

类型	行为	建议处理方式
敌对	"这行不通。"	"在座的其他人有什么别的看法？" "你可能是对的，不过现在让我们再看看所掌握的事实和证据吧！"
自以为是	"在这个项目上我比在座的所有人钻研的时间都长……" "我是经济学博士，所以……"	"让我们先研究一下事实吧。" "这方面的另一个权威人士的意见是……"
"长舌妇"	"好像有规定你不能……" "我想我听到财务经理是这么说的……"	"有谁能证明这一点吗？" "在没有确定这个消息的准确性之前，我们不能把大家的时间用在这上面。"
悄悄话	两个人单独议论。	1. 走近这两个人，用眼神询问或暗示； 2. 停止演讲，使全场寂静； 3. 礼貌地请私语者等会议结束后再继续他们的谈话。
沉默/分神	读报纸，东张西望，摇头晃脑，坐立不安。	问他们问题来确定他们有多少兴趣，合作性和专业水平，并试着让他们一起参与讨论。假如仍不奏效，在中间休息时再与他们沟通。
"大嘴巴"	不断地脱口而出各种想法和问题，企图控制会议进程。	"你能概括地讲一下你的主要观点吗？我欣赏你的评论，不过我们再来听听别人的意见。""有趣的观点，能帮助我们理解一下与主题的联系吗？"
插话	别人没说完之前就开始发表意见。	"等一下好吗？让小陈先讲完如何？"
解释	"小李刚才真正的意思是……" "小李对于这个问题会这么说……"	"让我们听听小李自己是怎么说的吧。小李，来吧，说说你的想法。""小李，你会这么反应？""小李，你是否认为他完全理解了你的意思？"
业务繁忙	重复出入会场，接收信息，处理突发事件。	预防措施：将会议地点安排在远离办公室的地方，会议之前询问时间是否恰当，使打扰程度降到最小。
迟到	迟到，使会议中断。	宣布一个"特别"的会议时间（如 8:47）以强调准时的必要性，让迟到的人找不到座位，建立一个为大家买茶点的"迟到者基金"。
早退	非常遗憾地说他必须去参加另一个重要的活动。	一开始就宣布结束时间并询问是否有人有时间冲突。

（九）自我形象设计艺术

领导者不仅要有高尚的人格和渊博的知识，而且还要有美好的形象。

蒙哥马利元帅

蒙哥马利元帅以他的“贝雷帽”而著名。他在这种扁软羊毛质料的小帽上缀上他指挥下主要单位的队徽，还随时穿着一件套头衬衫。他给人一种随便、舒适的印象，哪怕是在战斗最激烈的时刻，官兵只要见到一位头戴缀满队徽的软帽、穿着一件套头衬衫的人，立刻知道是他们的司令来了。

巴顿也非常相信仪表的重要性。他头上戴着一顶闪亮的头盔，在腰的两边各挂一把手枪，甚至在战场上还系着领带，他的官兵也是老远就能认出他来。

课堂测试

你知道哪些领导艺术？结合实际说一说。

小故事大道理

奥巴马的口才

“赖特问题”是奥巴马竞选之路上遇到的最为棘手的问题之一，这位66岁的黑人牧师曾引领奥巴马成为基督教徒，成为奥巴马22年的精神导师，他为奥巴马主持婚礼并为其两位女儿进行了洗礼。

但也是这位牧师，非常痛恨美国白人，他说非洲的艾滋病是美国人带去的，还说“9·11”事件是上帝对美国的诅咒，等等。奥巴马竞选总统的时候，就被对手抓住把柄，把关于赖特的事情宣布出来，说奥巴马的好朋友是这种人。

奥巴马很厉害，如果换作一般人，可能会说我错了并向全美国公民道歉，痛骂牧师一顿，跟他断绝关系、划清界限。全世界都认为他会开记者会道歉，结果却并不是这样。

2008年3月18日，奥巴马在费城发表演讲“一个更完美的联邦”，第一句话就是：对不起，我不能跟那个黑人牧师断绝关系。此话一出，全场都愣住了。所有人都期待他骂人，结果他没骂。他说，正如同我不能够断绝我和我的白人外祖母的关系是一样的。我从小父母离异，爸爸是黑人，妈妈是白人，我的外祖母把我从小带大，她是一个白人，她将一生的爱都倾注在我身上。

可是我的外祖母也告诉过我，她最害怕上街的时候有黑人从她旁边走过，她怕黑人抢她。我的外祖母也常常告诉我她有多痛恨黑人。因此，我要接受我的外祖母，就要接受我的牧师，因为那就是美国的一部分，是我不可能脱离的。但是这个牧师犯了一个错误，不是他偏激的种族言论，这不是他最大的错误。他最大的错误是他忘了美国是一个不断进步的国家，美国是一个会改变的国家。而“改变”这个词就是他竞选的纲要。奥巴马的演讲获得了全世界的赞赏，大家甚至认为“一个更完美的联邦”跟林肯的就职宣言同样伟大。这篇宣言完全征服了美国人的心。

我们大家都知道，美国的总统竞选，与其说是各方势力的较量，不如说是竞选总统的个人口才的“大比拼”，最后胜利者的口才水平都是令人称道的。从某种程度上说，最为优秀的领导是具有良好口才的管理者，懂得春风化雨，用温暖得体的语言去感召被管理者，做到“润物细无声”。

训练营

训练任务 4-1　团队领导内涵认知训练

【任务目标】

帮助学生掌握领导的概念、领导需要具备的技能、领导的原则和现代领导艺术九大内涵。

【任务要求】

（1）每个小组围成一个圈，由组长主持讨论。

（2）小组成员学习并推选各组的领导。

（3）根据公司所处行业，讨论小组领导内涵。

（4）每组安排一名同学负责记录、汇总。

（5）活动结束后，要求每组选出一名代表在课堂上汇报对领导内涵的认知。

（6）准备时间为 10 分钟。

【任务组织】（见表 4-8）

表 4-8　团队领导内涵认知训练任务组织表

活动项目	具体实施	时间	备注
团队领导内涵认知训练	（1）假设全班有 48 人，将学生分成 6 个小组，每个小组建立一个模拟公司。每个公司 8 个人。 （2）小组分工协作，运用所学理论知识，讨论领导的概念、领导需要具备的技能、领导的原则和现代领导艺术九大内涵。 （3）6 个公司同时进行团队领导内涵认知训练，然后分别汇报团队领导内涵认知结果。 （4）组织学生讨论团队领导内涵认知过程中遇到的问题。	30 分钟	教室中每组一桌八椅、分组资料（公司名称、人员安排）

【任务评价】（见表 4-9）

表 4-9　团队领导内涵认知训练任务评价表

评价指标	评价标准	分值（100分）	评估成绩	所占比例
团队领导内涵认知训练表演情况效果	1. 对领导的概念、领导需要具备的技能、领导的原则和现代领导艺术九大内涵的理解	20		70%
	2. 能识别领导内涵认知易犯的错误	20		
	3. 能灵活运用领导内涵认知的应对策略	20		
	4. 遵守活动时间	10		
	5. 表演真实	10		
	6. 效果明显	10		
	7. 活动评估	10		
教学过程	出勤、态度和热情	100		30%
小组综合得分				

模块二　提升领导魅力

动物园的骆驼

在动物园里的小骆驼问妈妈："妈妈，为什么我们的睫毛那么长？"骆驼妈妈说："当风沙来的时候，长长的睫毛可以让我们在风暴中看得到方向。"小骆驼又问："妈妈，为什么我们的背那么驼？"骆驼妈妈说："这个叫驼峰，可以帮我们储存大量的水和养分，让我们能在沙漠里耐受十几天的无水无食条件。"小骆驼又问："妈妈，为什么我们的脚掌那么厚？"骆驼妈妈说："那可以让我们重重的身子不至于陷在软软的沙子里，便于长途跋涉啊！"小骆驼高兴坏了："哇，原来我们这么有用啊！可是妈妈，为什么我们还在动物园里，不去沙漠远足呢？"

教师启发

无可置疑，每个人的潜能都是无限的，问题的关键在于找到一个能充分发挥潜能的舞台。好的管理者就是能为每一个员工提供合适的舞台的人。一个好领导不一定是业务能力最强的人，但他一定是个懂得惜才、用才的人。

课前提问

你心中的领导魅力是什么？

相关知识点

一、领导魅力的概念

领导魅力的概念主要有以下观点，如表 4-10 所示。

表 4-10　领导魅力的概念

学者	观点	提出时间
德国社会学家马克斯·韦伯（Max Weber）	提出“charisma”，即“魅力”这一概念，意指领导者对下属的一种天然的吸引力、感染力和影响力。	20 世纪初
罗伯特·豪斯（Robert J. House）	魅力型领导者有 3 种个人特征，即高度自信、支配他人的倾向和对自己的信念坚定不移。	1977 年
沃伦·本尼斯（Warren G. Bennis）	在研究了 90 名美国最有成就的领导者之后，发现魅力型领导者有 4 种共同的能力：有远大目标和理想；明确地对下级讲清这种目标和理想，并使之认同；对理想的贯彻始终和执着追求；知道自己的力量并善于利用这种力量。	20 世纪 70 年代后期

二、领导需要具备的魅力

（一）人格魅力

人格魅力，就是通过人格的外显而对周围构成的吸引力和辐射力，它是由一个人的品格、智慧和才能凝结而成的力量。在社会交往中，人格魅力会成为一个人获取社会优势的有利条件。

现代管理学中非常明确地提出，人格魅力是领导艺术的集中体现。领导者应以“德服”为上。所谓“德”就是品德、品质，也就是一个人的人格魅力。杰克·韦尔奇和松下幸之助是创造了现代企业管理神话的两个传奇人物，在他们成功的因素中，人格魅力占据重要的位置。我们总是不由自主地被他人的魅力所吸引，乐于与那些激情四射、朝气蓬勃的人相处，他们总是给我们带来阳光和活力；我们容易信任那些虚心谦和、诚实守信的人，他们总是能够给我们充分的安全感和信任感；我们更钦佩那些大智若愚、大巧若拙的人，他们总是在不显山露水的情况下成就了自己、快乐了别人。

这些非凡的人就是通过他们的言行散发出来的人格魅力，凝聚成了一种无形的、巨大的力量，使追随者心甘情愿地追随其左右，而且在优势富集效应的作用下，越来越多的追随者加入其中，终成浩浩荡荡的人脉洪流，成功已成历史的必然，势不可挡。

（二）思想魅力

所罗门王曾说过：他的心怎样的思量，他为人就是怎样的人。思想的力量将影响一个人的作为。一个有魅力的领导者或企业家同时也是一个深邃的思考者和思想家。无论是任正非的“华为的冬天”与“华为基本法”，还是张瑞敏的“吃休克鱼”“海尔是海”“斜坡球体理论”，抑或是柳传志的“鸡蛋论”“拐弯论”等，无不是领导者在不同历史发展阶段对企业运作规律的深刻洞察与准确的把握，无不闪烁着思想的光辉，影响他身后的企业和追随者。毛泽东与他的同志们在中国革命和建设的进程中所形成的毛泽东思想，不仅成为不同时期中国革命和建设的指导思想，为迷茫中的中国人民指明前进的方向，也必将以其深邃的思想光芒留存在历史的丰功簿上。

（三）梦想魅力

有梦最美，一粒橡树的种子可以漫生成茂密葱郁的森林。梦想是一切未来可能实现的种子，是下一个努力的目标。领导者要不停地编织梦想的花环，吸引、凝聚他的团队和追随者，不断地实现一个梦想，又奔向下一个梦想。

1984 年，因为德国“利勃海尔”的项目，张瑞敏第一次出国。有一位德国的朋友带着张瑞敏参观德国市场的时候，问张瑞敏：“你知道你们中国的什么产品在德国最畅销吗?”张瑞敏摇摇头，德国朋友接着说：“烟花和爆竹最畅销。”德国友人一句不经意的话，深深地刺痛了张瑞敏：“难道中国人只能永远靠祖先的四大发明过日子吗?”此刻，30 多岁血气方刚的张瑞敏，有一种热血沸腾的感觉，一个伟大的梦想从此时常萦绕在他的脑海里：要让海尔产品不仅在德国市场上畅销，更能畅销世界！正是在这一梦想强大的牵引与召唤下，张瑞敏和他的海尔卧薪尝胆，韬光养晦，奋发图强，一步步地由“中国的海尔”驶向“世界的海尔”的彼岸。

（四）高尚的品质

美国著名成功心理学大师拿破仑·希尔博士说：“真正的领导能力来自让人钦佩的人格。”

公道、正直、诚实、善良、博爱是每一个成功的领导者溶入血液的品性，只有品质高尚的领导者才能成就品质高尚的企业。美国《领导力》一书的作者库泽斯和波斯纳在过去的 20 年中，分 3 个不同阶段对 7 500 人调查后发现，“真诚待人”作为领导者的品质在每次调查中都占据第一位。对一个领导者来讲，真诚是一项最基本的原则，也是最基本的道德底线，更是获得追随者的一种能力。本田宗一郎曾经说：“有人鼓吹为国家、为企业而死，莫忘公司之恩等，该让说这些话的家伙去死！我绝不要求员工‘为公司干活’，我要他们‘为自己的幸福打拼’。从业人员不必为企业而牺牲自己，而是为自己的幸福努力，工作起来才会有效率。”正是本田的真挚、坦诚和魅力，才吸引了一大批追随者为其鞠躬尽瘁。

（五）理性与激情

香港阳光卫视 2005 年 11 月 26 日的《杨澜访谈录》播放了杨澜与马云的对话。当杨澜说“有人也说马云非常聪明”之后，马云说：“我觉得我真的不聪明。我从小读书、各种小孩玩的技巧，我都不在行。别人把你当英雄，你可千万别把自己当英雄，那可能麻烦就大了。英雄是别人说的，名气是别人给的，对吧？”

马云在 IT 界绝对是个标志性的人物，在他带领下的阿里巴巴连续 5 年被《福布斯》评为全球最佳的 B2B 网站。时下大红大紫的马云在对事业充满激情的同时，始终保持着罕见的理性，这不能不让人肃然起敬。

正如复星总裁郭广昌所说：“商业中的理性，就是既要认清自己的目标，又要清楚自己所持有的资源，而只有具备激情，才能克服一个又一个的困难，具备为一个宏大目标而奋斗的耐心。”理性与激情兼具，这是郭广昌为魅力领导者所做出的独到诠释。

（六）冒险精神

经济学家樊纲说：“企业家精神到底是什么精神？创新精神。创新精神又是什么精神？作为经济学者，我认为创新精神就是冒险加理智。”

西方社会学家都认为，冒险家是我们这个星球不断挑战自我与进步的动力。应该说，真正的政治家、探险家、科学家、艺术家、企业家等都是冒险家，正是这些形形色色的冒险家们才推动了世界物质文明与精神文明的进步与繁荣。基于这种认识，经济学家熊彼特甚至将企业家的冒险精神视作资本主义的根本基础，他预言：当那些雄心勃勃的探险家与国际贸易贩子变成办公室循规蹈矩的文员时，资本主义的覆灭之日就快要到了。可见，这个时代呼唤的是雄鹰般的挑战者，而不是只拘泥于天亮时就打鸣的公鸡！漂亮骄傲的公鸡永远也不知道蓝天的壮美与辽阔，它更没有雄鹰那磅礴的搏击苍穹的激情。

冒险虽然有一定的成本，但获得的回报却是丰厚的。当王石以知天命的年龄登顶世界最高峰的时候，曾引发了一场王石是否“不务正业，对企业、股东和股民不负责任”的辩论。身为主角的王石却依然神情自若，并将此提升到企业管理的层面：“之所以觉得年过半百就不适宜开创新事业，是人们观念的原因，因为我们的参照系取向有问题。刚过 50 岁就不再进取，是社会、人生的巨大浪费。”也正是这种冒险的精神，使他顶着巨大的压力，冒着巨大的风险，将原来做了十年“加法”的多元化的万科，硬是坚定不移地做了十年的“减法”，放弃了当时广东水饮料市场占有率第一的食品饮料厂，舍弃了当时国内营业额超过沃尔玛和家乐福的万佳百货等，断臂求生，十年生聚，终于成就了十年后万科的风生水起，成就了万科这个中国房地产第一品牌。

正如王石谈到登山感受时所说：“没有恐惧是假的，登山就是战胜恐惧的过程。能够坦然面对死亡，就能坦然地面对生活中的任何事情。”冒险对他自己来说，无疑积累了一笔宝贵的财富，也为他赢得了企业家独特的魅力。

（七）幽默

哲学家奥修说过，成为“活生生的”意味着具有幽默感，具有一种很深的爱的品质，具有一种游戏的心情。幽默作为一种激励艺术，在日常的交往中有着重要的作用。在富有幽默艺术的领导、主管周围，很容易聚集一批为他效力的员工，主管的幽默会化解许多尴尬，维护员工的自尊。

美国历史上有许多重要人物，如林肯、罗斯福、威尔逊等，都是善于运用幽默艺术的代表。有一次，林肯与一位朋友边走边交谈，当他们走至回廊时，一队早已等候多时、准备接受总统训话的士兵齐声欢呼起来，但那位朋友还没有意识到自己应退开，这时，一位副官走上前来提醒他退后八步，这位朋友才发现自己的失礼，立即涨红了脸，但林肯立即微笑着说：“白兰德先生，你要知道也许他们还分辨不清谁是总统呢!”就这么一句简简单单的话语，立刻打破了现场的尴尬气氛。

运用幽默进行管理，往往可以取得很好的效果。据美国针对 1 160 名管理者的调查显示：77%的人在员工会议上以讲笑话来打破僵局；52%的人认为幽默有助于其开展业务；50%的人认为企业应该考虑聘请一名“幽默顾问”来帮助员工放松；39%的人提倡在员工中“开怀大笑”。一些著名的跨国公司，上至总裁下到一般部门经理，已经开始将幽默融入日常的管理活动当中，并把它作为一种崭新的培训手段。

（八）会讲故事

领导会讲故事胜过一叠统计数据。为了提高管理人员讲故事的能力和技巧，IBM 管理开发部专门聘请好莱坞的剧作家担任公司顾问，培训管理人员如何运用情节与角色来制造冲突，进而编写并演讲一个个绘声绘色的好故事。在惠普创建 50 周年的时候，公司聘请了有关专家在公司上下收集了 100 多个故事，其中“惠利特与门”流传最广。惠利特是惠普公司的创办人之一，有一天他发现通往储藏室的门被锁上了，于是惠利特把锁撬开，在门上留下了一张便条，上面写着“此门永远不再上锁”。这个故事告诉所有惠普人：惠普相信每一个企业员工。

而中国的海尔也是一个很会讲故事的企业。张瑞敏和海尔人砸冰箱的故事在国内外广泛流传，可以说对海尔的产品质量口碑起到了巨大的推波助澜的作用，功不可没。在海尔 20 周年庆典前后，海尔又推出了《海尔的话与画》《海尔的故事与哲理》等，进一步促进和彰显海尔文化。

当然，经理人讲故事要讲究技巧和对象。著名企业管理专家诺尔迪奇总结了领导者常用的三种故事类型，如表 4 - 11 所示：

表 4-11　三种故事类型

主要类别	内容描述
第一类故事是“我是谁”	即讲述自己的亲身经历，讲述自己的成功与失败，欢乐与泪水，以此赢得共鸣，打动人心，调动积极性。
第二类故事是“我们是谁”	即讲述我们团队目前面临的严峻形势，以激发团队协作精神，激励所有团队成员勇于面对变革，迎接挑战。
第三类故事是“我们向何处去”	即描绘团队未来的愿景、方向与目标，用目标的牵引力凝聚团队力量和智慧，激发团队成员迈向理想的激情与潜力。

三、做一个有魅力的领导

领导需要的权力主要分为硬权力和软权力两种，硬权力是职位赋予的权力，软权力是指除职位规定的权力以外的权力，也就是个人魅力。根据统计，领导软、硬权力比例如图 4-1 所示。

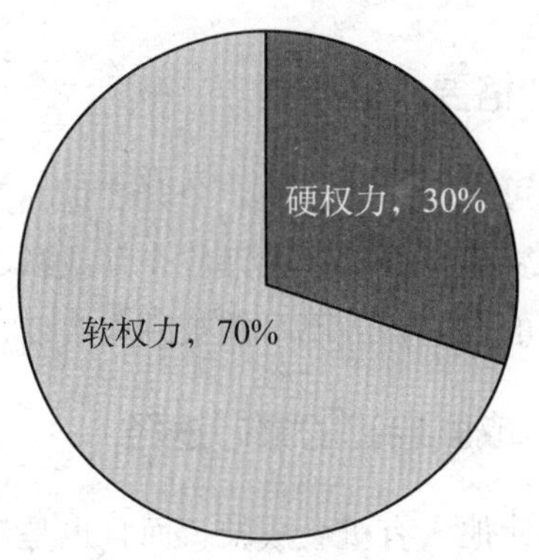

图 4-1　软、硬权力比例图

人格魅力是当领导所必须具备的条件，它能吸引你身边的人一起帮你打天下，助你登上事业高峰！人格魅力包括：精辟的语言、扎实的实干功底、渊博的知识、细致的观察力、开放式的博采思想、有提拔意识等。精辟的语言可让你和上司、下属沟通时得心应手，更容易让上司采纳你的意见，让下属接受你的建议。扎实的实干功底可以让上司委以重任，下属可以之为榜样！渊博的知识是防止自己陷入困扰的唯一方式。细致的观察力可以让你察言观色，了解上司或者下属的情绪波动或不满，在关键时候避重就轻。开放式的博采思想可以让你接受和采纳下属的意见或建议。有提拔意识可以提高下属的工作积极性。

那么，领导要怎样做才具有个人魅力，让大家听命于你呢？主要有以下几点：

（一）尊重你的战友，要有倾听和接纳的雅量

要把你的同事和下属当成战友，他们是和你为同一个目标在一起工作的，是一条战壕里的战友，要想让他们支持你，你必须首先尊重他们、支持他们，对于战友间的不同声音和意见要真正地听进去，并且真正用他们的想法来改进和完善你的想法，让他们感到你是非常尊重他们的。在任何场合，你都必须首先让他们充分表达他们的意见，作为领导，你应该而且也只能在充分吸收他们意见的基础上表达你的意见，这样的决策才最有可能得到大部分人的支持，也才最大可能地正确。

（二）信任在先

相信别人会支持你，“先”是最重要的，你不要指望任何一个你不信任的人会支持你，你必须从思想上、语言上和行动上“先”相信你的同事和下属。真正的信任会让人产生非凡的力量，真正的信任是激励人的最好秘方和要诀，你要不断在心里告诉自己“他会支持我”，更重要的是，你要当面告诉他，“我相信你”，而且要真诚地、反复地表达，更要用行动表达，真正的信任是会产生奇迹的。

（三）鼓励和表扬远比严格要求更重要

表扬你的同事和下属一切可以表扬的东西，公开表达你对他们的赞扬和鼓励，你所希望达到的结果，只能通过你的赞扬来得到；批评应个别或私下进行，尽可能以提建议的方式，让他们自己产生改变缺点的愿望，人不可能被别人改变，只能为他自己所改变。

（四）授权是培养他人、成就自己的最好途径

授权是一种投资，不但能让他人有机会成长，而且也是对自己能力的培养和投资，下属有成长，会帮助你更轻松地掌握全局事务，你会更有精力集中于关键领域的工作，使整体工作更有效。员工在愿意授权的领导下工作，就像一张白纸在艺术家的笔下，不论纸质如何，艺术家总能绘出美妙的图画。愿意授权的领导一定会通过合理有效地授权，达到和下属双赢的局面，成为出色的领导。要记住，事必躬亲的人是不可能成为伟大的领导的。

（五）每个人都充分和真诚地微笑，对每件事都持积极肯定的态度

微笑是自信的一大特征，工作压力再大，作为领导也要对每一个人保持微笑，从而向他人传达信心。自信不仅来源于能力，更来源于自身的努力，来源于对成长和进步的追求；同时，对每件事要看它正面和积极的意义，从中找到借鉴和改善的理由和动力。要专注每个人的优点，对别人的缺点尽可能持宽容和接受的态度。

（六）先要真心地了解、关怀和感谢同事和下属

不要急于求成，而在上任伊始就急于在业绩上获得成绩。要用关怀来代替指责，用了解来培养默契，用感谢来求得支持。对下属和同事多一份体谅，就多一分和谐；多一份了解，就多一分宽容。要把“谢谢”作为你使用频率最多的两个字，去当面感谢他们每一个人的支持和帮助，每一分努力和进步。

（七）己所不欲，勿施于人

什么话自己不愿说，就不要对别人说，什么事自己不愿做，就不要让别人做。把自己当作一面镜子，什么话和什么事最愿意对自己先说和先做，就先对下属和同事去说和做。不要忘了，别人对你的态度正是你对别人态度的反映。

（八）把脾气扔进垃圾筒里

在任何情况下，你都不要对下属和同事发脾气，这只能表示你的无能。他们是来工作的，不是来受气的，他们在你这里得到的应该永远是鼓励和正面激励，包括一部分善意的指正，而绝不是被发泄的对象。每当你非常生气时，一定要告诉自己，冷静、冷静再冷静，沟通、沟通再沟通。要相信，所有的事情都是可以通过沟通解决的，要多站在对方的立场去想问题，你往往会发现，有时候自己也有错，而且事情往往会容易解决得多。

（九）用良好的说话方式批评

对任何人都不能用伤害别人的语言，安排工作时多用请求或建议性的语言（如“麻烦你”“是不是请你”“谢谢”）代替命令性的语言。指证批评，是为了让别人接受而不是自我发泄，采用“表扬＋批评＋肯定”的语言架构，会让对方有效地接受你的意见。

（十）用对待客户的观点对待每一个人

假如你身边每一个人都是你的客户，你会如何对待他们呢？这些客户包括你的上级、下级、同事、朋友，而且他们都是你最重要的客户。如何对待这些黄金客户，你应该会有答案。领导最重要和最不重要的几个字：最不重要的是“我”；最重要的是“我们”；最重要的两个字是“谢谢”（感激）；最重要的三个字是“没关系”（宽容）；最重要的四个字是“你的意见”（尊重）；最重要的五个字是“你做得很好”（鼓励）；最重要的六个字是“我要更了解你”。

课堂测试

团队领导需要具备哪些魅力？你觉得自己已经具备其中一些了吗？

小故事大道理

刘备、宋江、唐僧的“无能”之能

刘备，从一个卖草席的破落皇族起家，在关羽、张飞、赵云、诸葛亮等武将谋士的追随下，最终成就三国鼎立之势。

宋江，为人仗义，好结交朋友，以“及时雨”绰号闻名。在众梁山好汉中，无论武功、智谋、胆略都不算出众，却赢得了好汉们普遍的认可，坐上水泊梁山的第一把交椅。

唐僧，手无缚鸡之力的文弱僧人，在本领高强的三个徒弟的追随下，成功取得西天真经。

为什么这些能人智士愿意死心塌地地追随看起来不如他们的人呢？领导是否需要处处比属下能干？

因为他们有着强大的影响力和优秀的领导才能。正是靠着领导影响力，把人才紧紧吸引在他的周围，靠着影响力，获取下属的信赖与支持，让下属心甘情愿地听从指挥，完成想要实现的任务和目标。

领导其实不必处处比自己的下属能干。领导的艺术在于团结各方力量，充分发挥部下的才干，完成自己想要实现的任务。

训练营

训练任务 4-2　团队提升领导魅力训练

【任务目标】

帮助学生运用理论知识，提升领导魅力。

【任务要求】

（1）每个小组围成一圈，由组长主持讨论。

（2）小组成员学习提升领导魅力的方法。

（3）小组根据各组成员特点，运用所学理论知识，提升领导魅力。

（4）每组安排一名同学负责记录、汇总。

（5）活动结束后，要求每组选出一名代表在课堂上汇报对领导魅力的认知。

（6）准备时间为 10 分钟。

【任务组织】（见表 4-12）

表 4-12 团队提升领导魅力训练任务组织表

活动项目	具体实施	时间	备注
团队提升领导魅力训练	(1) 假设全班有 48 人，将学生分成 6 个小组，每个小组建立一个模拟公司。每个公司 8 个人。 (2) 小组分工协作，运用所学理论知识讨论领导魅力的概念、领导魅力的发展趋势、领导需要具备的魅力和做一个有魅力的领导。 (3) 6 个公司同时进行团队提升领导魅力训练，然后分别汇报团队提升领导魅力结果。 (4) 组织学生讨论团队提升领导魅力过程中遇到的问题。	30 分钟	教室中每组一桌八椅、分组资料（公司名称、人员安排）

【任务评价】（如表 4-13）

表 4-13 团队提升领导魅力训练任务评价表

评价指标	评价标准	分值（100 分）	评估成绩	所占比例
团队提升领导魅力训练表演情况效果	1. 对领导魅力的概念、领导魅力的发展趋势、领导需要具备的魅力和做一个有魅力的领导的理解	20		70%
	2. 能识别提升领导魅力易犯的错误	20		
	3. 能灵活运用提升领导魅力的应对策略	20		
	4. 遵守活动时间	10		
	5. 表演真实	10		
	6. 效果明显	10		
	7. 活动评估	10		
教学过程	出勤、态度和热情	100		30%
小组综合得分				

模块三 教练式领导

故事导入

老总挨批

两年前一位记者去一家乡镇企业采访，那位在当地小有名气的企业家、该企业董事长正坐在办公室生闷气。原来，上午在董事会上他再次提出上果汁生产项目，又被否决了。

聊起企业的管理问题，他连连抱怨：现在的企业越来越难管了。他说："企业刚创立的时候，虽然规模小，员工文化素质也不高，但干什么都比较顺心，我指东，没有人往西。现在规模上去了，效益也翻了几番，又招进了大批高学历的人才，按说，工作应该更得心应手了，可实际上呢，我的话现在不灵了，常常有人唱反调。就说生产果汁这件事吧，你知道，一瓶汇源或是茹梦，饭店卖十几、二十元。咱这个地方有的是果子，要是上了果汁生产线，你想想那利润！可几个副老总就是不同意，说果汁眼下走俏，但从长远来看却……"

两年后，这位董事长在北京参加全国劳模表彰会，又与该记者见面了。闲聊时，记者问他那个果汁加工项目后来是否上了，他长吁一口气，说："幸亏当初没上，如果上了的话，现在可就背包袱了。邻县上了一家，老本都搭了进去。"

教师启发

企业里有人说"不"，并不见得是坏事。一个成功的企业背后，都有一些能人。创业伊始，这些能人凭个人的胆识和敏锐的市场洞察力，为企业赢得了市场份额。但随着改革的深入，经济体制日趋完善，经营环境发生了重大变化，新知识、新技术大量应用，竞争日趋激烈，经营风险也进一步加大。现实逼迫企业向高层次转换，高层次的企业需要高层次的人才相匹配。企业若想要继续驰骋"商场"，靠单打独斗显然不行了。企业家首先要战胜自我、超越自我，从知识结构到经营理念进行全面更新。战胜自我的很重要的一个方法就是摒弃以自我为中心的想法，察纳雅言，博采众长。

曾经一知名企业的老总说过一句话：20 年前，我是最强的，带着大家往前冲，20 年后，我站在后边运筹帷幄，看着大家往前冲。

作为老总，员工在你面前唯唯诺诺，并不一定就是好事。当有人向你说"不"时，应该庆贺才对。

如果你总是按过去成功的道路走下去，等着你的必是死路一条。

课前提问

你适合成为教练式领导吗?

相关知识点

一、教练的起源

提起教练，就会让人联想到运动场上训练运动员的人。的确，这里讲的企业教练正是来源于体育界。

（一）网球教练

美国网球教练蒂莫西·加尔韦（Timothy Gallwey）曾说，他可以让一个完全不会打网球的人在20分钟内学会基本熟练地打球。此事引起了美国ABC电视台的兴趣，他们决定派记者现场采访。有人找来一个很胖的、从未打过网球的女人，蒂莫西·加尔韦让这个女人不必去管用什么姿势击球，只需把焦点放在网球上，当网球从地面弹起时，先叫一声"打"，然后挥动球拍击球就可以了。果然在短短20分钟内，胖女人学会了自如地击打网球。这是教练技术中"焦点集中法则"的来源。

蒂莫西·加尔韦解释说：我并没有教她打网球的技术，我只是帮她克服了自己不能打网球的固有意识，让她的心态经历了从"不会打"到"会打"的转变。

这个过程在电视上播放之后，引起了AT&T高层管理者的兴趣，他们把蒂莫西·加尔韦请到公司来给经理们讲课。蒂莫西·加尔韦最初以为会到网球场上去，不料却被带到了会议室。在授课过程中，经理们不停地在笔记本上记录着。下课后，网球教练发现经理们的笔记本上找不到和网球有关的字眼，反而满篇都是企业管理的内容。原来，AT&T的管理者们已经将运动场上的教练方式运用到企业管理上来。于是，一种崭新的管理技术——教练技术诞生了。而蒂莫西·加尔韦也成为教练技术的先驱。

近年来，世界上一些著名企业，如美孚、IBM、波音、麦当劳、惠普、宝洁、爱立信、国泰航空、BPAMOCO石油公司、英国航空公司等都在内部推行教练技术。教练技术在美国和欧洲等地已经给"敢于先吃螃蟹"的企业带来了惊喜。目前在国内接触此项技术的企业还比较少，可以预见，目光远大的中国企业家们很快会使用这把神奇的、能帮助他们轻松成功的钥匙。

（二）企业教练

企业教练是通过专业的策略、工具、架构与方法协助企业解决问题、订立行动计划、达成目标、改善决定、突破障碍并取得卓越成果的人。简言之，使当事人"赢"的策略工具与方法叫作企业教练技术。

二、国际上对专业教练的分类

（1）企业教练：协助企业解决问题、提升表现、改善业绩、达到目标。对象是整个企业或企业中的团队。相对来说，企业教练更强调目标，更关注结果。

（2）企业内部教练（RICC）：配合企业发展，协助同事提升绩效，培育积极的工作态度和有效的工作技巧。

（3）个人教练：协助个人达成特定的目标，包括学业、事业规划和发展、改善人际关系、时间管理及个人成长等。如果再细分，还可以分为诸如目标教练、婚姻教练、情感教练、人际关系教练、时间管理教练、事业教练及个人成长教练等。

（4）行政教练：对象是企业的 CEO、COO、CMO 及 CFO 等，主要是协助他们提升企业的整体表现，从而改进整个企业的绩效。

（5）商务教练：主要是协助企业完成某个商业项目（如项目融资、新项目开发、商务拓展、商务计划、策划与执行等）的目标。

（6）营销教练：主要是协助企业提升销售业绩，开发市场机会，实现及超额完成企业销售目标。

（7）执行力教练：协助企业厘清执行过程中关于战略、人员（管理）及运营的三个部分如何有效地链接，使企业更有效地将目标转化为成果，协助企业提升其执行的能力。

（8）人力资源教练：主要是协助企业挖掘其人力资源的潜在价值，提升其人力资源的开发效率。其中包括教练企业如何选对人、用对人、教对人、留对人，重在协助企业充分运用人力资源创造更高价值。

（9）团队教练：主要是协助企业团队达成目标。其中包括协助团队厘清目标、运用教练技术建立高效合作的团队，化解团队冲突，增强团队凝聚力，提升团队的执行力，更快、更好地实现团队目标等。

（10）财务教练：协助企业厘清财务上的盲点，更有效、更合理地开源节流。

三、教练式领导

1. 教练式领导的概念

教练式领导是指于管理工作中有效运用教练技术，旨在提升企业/组织绩效、改善员工表现、引发团队智慧、多快好省地实现卓越成果的企业/组织高层。

2. 教练式领导与传统领导的区别

由于“人”是知识型企业的核心，教练式领导对人格外关注。教练式领导与传统领导最大的区别，首先是对于企业中每天发生的问题的定义。

平时在生活或企业经营中出现不如意的事情时，我们会将这些不如意、不希望出现的事情定义为“问题”。其实“问题”的产生，经历了脑外世界的信息→大脑的过滤→演绎的过程。而决定最后演绎结果的则是我们的信息系统，即我们的信念、价值观与规则。

其实，我们所看到的世界是由自己的信念、价值观和规则组成的认知地图。人类的日常行为与心智模式取决于自己的信念系统，即信念、价值观和规则。每个人的世界都在他自己的脑子里，我们凭脑子对世界的主观反映和认知去处理每一件事情。

其次，教练式领导与传统领导的区别表现在：教练式领导并不将“问题”视为“问题”，也不会掉入所谓的“问题”中。

最后，教练式领导的信念与传统领导的信念也有所不同，教练式领导认为：

（1）解决问题的最好方法就是问问题，问问题要从你所定义的问题本身开始。

（2）答案就在问题中。

（3）解决问题的最佳方法一定就在问题本身之中，所谓“解铃还须系铃人”。

（4）只要我们有能力制造问题，就一定有能力解决问题。

（5）俗话说，“兵来将挡，水来土掩”。用问题解决问题。

（6）凡事至少有三个以上解决方案。

……

教练式领导最简单、最有效、最直接的方式就是“用问题解决问题”（这也是教练式领导的指导原则）。无论是自身还是下属，将工作中遇到的问题或者想要达成的目标视为课题，用问问题的方式去解决。问问题本身就是解决方案，前提是问对问题。企业教练技术就是行之有效的“用问题解决问题”的实用工具。

3. 教练式领导如何发挥作用

（1）教练是一面镜子。每个人每天早上起来的第一件事情就是照镜子，照镜子的目的是看自己的仪容是否整洁，装束是否得体。镜子可以从上、下、左、右、前、后照到我们的表面，但是却无法照到我们的内心。

教练的工作就是运用专业教练技术准确客观地反映当事人的实际现状。当事人通过教练这面镜子看到真实的自己的时候，更易找到属于自己的内心宝藏或被自己忽略的资源，有效地整合运用，从而有效地实现目标。

需要说明的是，最有力量的教练就是以客观、中立、平常心去做平面镜，而不可以做凹凸镜。当教练带着自己的判断和标准答案教练当事人的时候，便已经失去了其作为教练的最大价值。

（2）教练是指南针。当人们探险的时候，会习惯带上指南针。指南针可以指导他们在路途中不致迷失方向。现实生活中，我们每个人也经常会有迷茫与迷失的时候，而且这也是人最为痛苦的时候。尤其对那些已经取得一定成就的人，这种“高处不胜寒”的感觉就会加剧，其后果也更严重。

教练是人生的指南针。通过教练的发问与指导，可以协助当事人走出人生迷局，拨开云雾，找到明确的方向，从而活出真我的风采。

（3）教练是生命的伙伴。伙伴的地位是平等的，伙伴之间是相互信任且相互尊重的关系。教练的智慧是赢的智慧。赢并非指教练的赢，教练的赢体现在支持当事人实现目标，做到所想，实现愿景。教练和当事人的目标是共同的，都是达到所设定的目标。

（4）教练是陪伴者。能站在当事人的立场上，看其所看，听其所听，感受其所感受的，更能见当事人所看不见、听当事人所听不到、感受当事人所感受不到的。

（5）教练是促进者。在教练当事人的过程中，教练如同火箭升天的催化剂，充当了促进者的角色。当事人通过专业教练技术的聆听、发问、分享、体验、交流、整合、应用、嘉许、支持、挑战等，更加明确自己的方向，充分挖掘自身的潜能，善用自身的所有资源，从而从平凡到优秀，从优秀到卓越。

（6）教练是生命旅程中的忠诚支持者。当事人的目标就是教练的目标，在当事人实现目标的过程中，教练永远是支持者。在当事人取得进步、获得成功时，教练会以此为荣，支持当事人再接再厉，再创新高；在当事人灰心丧气、遭受挫折时，教练会引发当事人看到困境对于自己的正面价值和意义，并支持当事人挑战困难、知难而进。

成功的教练会扮演服务员，会把自己当作当事人的工具，供当事人使用去实现目标。无论采用何种方法，教练的目的都是支持当事人成长。教练最大的欣慰是当事人通过教练活出真我，过上更加充实和快乐的生活。

教练是受过特殊培训的专门人才，教练协助愿意改进的人提升，教练协助企业和个人发挥强项，达到最佳结果。

（7）教练是贩卖可能的事业。人生当中的很多困扰多半受限制性信念影响。限制性信念是自我局限、自我否定的信念。如：我做不到、我不可能、我没资格、我不行、我没能力、我不够好等。这些影响变成了人生当中的障碍。教练是贩卖可能的事业。当事人若看到可能，便会更有信心，发挥潜能。

（8）教练是自助助人的事业。教练的最大成就来自当事人在被教练的过程中，因为心智模式的改变，又勇于行动，从而获得了成就的突破。当事人取得成就的时候，就是教练最开心与欣慰的时候。

当事人因为获得教练的支持而成长，教练因为帮助别人而获得自身成长。这是一个相互支持、互助共赢的事业。正因为有这样的独特魅力，教练成为越来越受人尊重和热爱的职业，也吸引了越来越多的人加入这个行业中来。更因为这样的原因，成功运用教练技术的教练式领导受到更多员工的尊重与爱戴。

4. 教练式领导不能埋头苦干

在许多公司，大多数经理人或管理人员都是埋头苦干，疏于激发下属工作的原动力。这样对于团队的发展是没有好处的。

作为一名有才能的领导，绝不能只是埋头苦干，而应该像教练一样，授权别人去干。小小的胜利可以由一个人单枪匹马获得，但伟大的胜利就不可能靠单干获得了。要取得伟大的胜利，必须有其他人参与。当你开始动员其他人一道为达到某个目的而工作时，你就跨进了领导者的行列。事情的成败，全赖领导者的领导水平。

领导才能究竟是什么？拿破仑·希尔说：“领导才能就是把理想转化为现实的能力。”从广义上说，这是对的。一个领导者确实能把理想变成现实，但必须加入另一个重要因素——其他人。一个领导者不但要通过自己的努力，而且要通过别人的努力实现理想。自以为自己是领导人，但没有追随者，不过是空想。

《韦氏新世界英语词典》中认为“领导才能”是“领导者的地位或指挥能力”。事实上，这个定义会强化一般人对领导才能的一种误解。许多人以为领导人是从他的地位或头衔中得到权力的。他们以为老板有地位，就能领导人，经理有头衔，就能领导人，但那不是领导才能的真正本质。一个只会在自己位置的狭窄范围内指挥别人的人，不能算作真正的领导人物。正如约翰·怀特说的：“人们追随的不是某个计划，而是能鼓舞他们的领导人物。”

“领导才能”的最佳定义是：“领导才能就是影响力。”真正的领导者是能影响别人，使别人追随自己的人，他能使别人参加进来，跟他一起干。他鼓舞周围的人协助他朝着他的理想、目标和成就迈进，他给了他们成功的力量。领导能力首先是一个人的个性和洞察力——他作为一个人的最核心的东西。最好的领导就是能不断成长、发展、学习的人。他们愿意付出当领导的代价。为了能不断提高自己的水平，拓宽自己的视野，增加自己的技巧，发挥自己的潜能，他们会做出种种必要的牺牲。他们通过自己的努力变成受别人敬仰的人。有良好个人品质的、可信赖的人，比没有受人敬仰的品质的人更有可能成为领导。但单靠良好个人品质还不能成为领导，这些品质还必须与能积极与人沟通的能力结合起来。领导要与别人建立良好人际关系，学会关怀别人，学会与别人交谈和调动别人的积极性。积极心态、个性、理想、与别人沟通和激发别人积极性的能力是构成领导才能的基本要素。

5. 教练式领导的工作职责

教练式领导也要实干。在领导团队达到目标的同时，他们也有这样那样的工作，只是不会去埋头苦干，而是作为团队管理者做应该做的事情。他们要真正起到领导者的作用，以便充分发挥其团队的人员优势。教练式领导的工作职责主要有以下几方面：

（1）定期开会。教练式领导通常定期举行会议。会上，可以制定计划，总结回顾工作状况，提出问题并设法解决。这样就能很好地保证团队团结一致，及时解决遇到的问题。此外，这样的领导也会与成员单独沟通，保证其适应团队工作环境，努力工作。相反，如果领导者过于埋头苦干，不经常与团队沟通，问题便会积压，并不能发挥团队的整体优势。

（2）按计划管理。教练式领导会向成员说明职责，制定目标任务，由此制定工作日程及行动方案。简单说，无论成员具体工作还是管理人员管理团队都按照计划行事。尽管起初制定的计划还要经过数次修改调整，它总能起到指导的作用。教练式领导也会保证所有重要事务都有书面文字可循，无论大的工作计划还是具体的行动方案，不允许任何关键事情仅凭记忆安排。而埋头苦干的领导，只有当问题出现时才忙着去处理，他们自己做事就没有做计划的习惯，更别提领导团队了。

（3）及时反馈。教练式领导会及时反馈整个团队的工作成绩以及个体成员的工作情况。他们会举例说明团队及成员哪些方面做得好，哪些方面仍需改进。团队成员在这样的领导下才会明确团队以及自己的工作状况。除非出现大问题，那些埋头苦干的领导是不会对团队情况做出反馈的，因此他们平时忙得不可开交，很少有机会公开团队及个人成绩。

(4) 帮助解决问题和分歧。教练式领导会在出现问题时，同成员一起弄清问题原委，并设法解决。在任何一种管理形式下，遇到问题都是很正常的。优秀的管理者会直面问题、设法解决，而不是逃避、推脱责任，他们就像教练一样，懂得不去由自己承担过多的负担，他们所做的就是帮助他人，需找解决问题的方法。团队成员存在分歧，他们会把有分歧的成员召集在一起，化解分歧，消除矛盾。他们知道，尽快解决分歧才有利于团队团结工作，否则整个团队都将土崩瓦解。

(5) 增强责任心。教练式领导设法增强成员的责任心，使他们充分发挥自己的能力。为此，教练式领导会定期总结工作进展，说明问题，不断反馈，所有这些努力都有利于团队高效地工作。而有些管理人员却不懂得采取有力措施，对团队放任不管。这种松散的管理总是不能达到预期的团队效果。

(6) 重点在于督导。教练式领导的大部分工作在于起到督导的作用，正确激励人们做得更好，并为其提供必要的支持和帮助。如与员工交谈工作兴趣、设计职业生涯规划、提出问题并使他们自己找到解决问题的方法等。重在指导团队成员，建立正确的责任心，有主人翁精神，使工作成为成员自我满足、自我追求的过程。

6. 教练技术的三大效用

教练式领导运用教练技术对企业有三大贡献：简单（快）、有效（对）、做得到（好）。

(1) 简单（快）。指操作简单，过程简短，见效快。通过“教练”，二三十分钟甚至几分钟就能见到效果。困扰很久的问题很快就能得到解决，相对于传统的方式操作既简单，见效又很快。

女企业家

有一位女企业家从事的是食品行业中的某个细分行业，产品大部分出口到韩国、日本，已经做到行业的第一名。事业虽然很成功，但是家庭问题却一直困扰着她。基于这个原因，她数次想要放弃事业、回归平民生活，表现在生活中则是：不愿意去公司，每当下属打电话来请示工作就烦，已经没有了进取心，经常冲孩子发脾气，即使去高档商场、高档场所也无法体验到金钱给自己带来的乐趣与快感。

她首先做了一小时的“教练”。之后，她很快清晰地看到自己的问题，并区分了受困扰的家庭问题与事业的关系。

因为她在企业打拼十多年，积累了大量的处理各种疑难与棘手问题的经验，在事业与家庭看似矛盾的过程中，她看到了更多的可能性。经过一小时的“教练”后，她出门招呼她的下属进来时，她的下属惊奇地问她："你的脸色好看了很多，面容也舒展了很多，好像开心多了，你吃什么灵丹妙药了吗？"

在短短的一个多小时的"教练"过程中，因为看到更多的可能与希望，过去的种种问题也找到了解决方向和答案，心情由此舒展开来。"相由心生，面由心造"，当内心的心结解开之后，面容自然发生变化，舒展、开朗，笑容也开始浮现。

（2）有效（对）。指方法实用，能解决实际问题。平常在面临问题的时候，人们总是习惯于向外界找答案，并把产生问题的原因归咎于别人。教练技术中则要求当事人为自己负责，从自己所不满的问题中找到真正属于自己的答案。并非是教练给当事人答案，而是启发当事人找到解决问题的方法。因为别人的方法是基于他自己的经验、站在他自己的立场所给出的。通过"教练"之后，当事人看到了更多盲点，这时候找到的答案才是真正符合当事人自己的。教练经常说一句话：别人的方法如同别人的鞋子，适合别人的不一定适合自己。

思路打开

南京有一个企业家，企业的一款新品上市后，很快出现了一个竞争对手在模仿他的产品，价位比他低，和他形成明显的竞争态势。为此他找了一些咨询公司，而这些公司也给了很多方案，比如打广告、强化品牌投入、降低产品价位等，当事人虽为解决这个问题投入很多钱，但依然收效甚微。

经过半个多小时的"教练"后，该当事人不仅从竞争中看到了更大的成长空间，而且更清楚地意识到，一旦自己把成长这一功课补上，原来所有的竞争不仅不能称之为竞争，反而会成为推动他大发展的前进助力。

最后，他自己找到的最适于自己的解决问题的通路是：加大销售力度，增强产品品质，更好地提升服务，把产品做精做专，做成行业第一名。一旦做出自己的系统，完全可以把竞争对手整合过来，变成自己的供应商与合作伙伴。

他后来又总结道：当我认定对方是我的竞争对手的时候，说明我看问题的层次和他一样低。当我把思路打开，愿意尝试用更多的方法去做的时候，所有的竞争对手就不再是我的竞争对手，而是我的合作伙伴，甚至是推动我成功的一分子了。最好的竞争就是消灭竞争，将对手变成合作者。

由于"教练"直接针对的是人——企业中的根本主体，所以教练式领导在实践过程中很快就能体会到：只要把人的问题解决了，再适当运用管事的工具，就有如虎添翼的感觉。

"当局者迷，旁观者清"。当领导人支持员工站高一线、看到更多，支持员工抽离出来发现更多通往目标的道路时，会发现教练技术见效是如此之快，解决问题是如此实用！

（3）做得到（好）。指拿来就用，用了就灵，成果突出。企业教练对于企业的最大贡献就是，教练技术并非是一套理论而是实践的技术、应用的工具，其真正价值体现在实际运用中。越是运用，越会感受到这套工具对于企业的非凡贡献。

课堂测试

你是怎么理解教练式领导的？

小故事大道理

“埋头苦干”的乔

乔被安排负责一家包装厂的工程团队，为的是攻克一项艰难的任务。他首先与7位成员见面，规划项目，安排个人任务。乔指出此次工作与能否签订长期合同息息相关。开会时员工都做了大量记录，表示理解任务的艰巨性。乔见此状况，非常高兴，心想：“大家肯定已经整装待发了。”而此时离交差只剩4个月了。

几个星期过去了，乔一直忙于自己的工作，偶尔督促一下员工的工作，但是他仍没有发现此时团队存在的实际问题——大家没有成为一个统一的整体。

有一次，乔偶尔听到两个员工谈话，才知道工程组的市场和后勤方面脱节很严重。“必须马上解决这个问题”，乔想，为此他召开了一次紧急会议。在剩下的几个月里，团队（尤其是乔）加班加点地工作，在规定期限之后，又拖了两个月才把项目完成。上级管理层对延期非常不满。

训练营

训练任务4-3　团队教练式领导训练

【任务目标】

帮助学生运用理论知识，进行教练式领导训练。

【任务要求】

（1）每个小组围成一圈，由组长主持讨论。

（2）小组成员学习团队教练式领导相关理论。

（3）小组根据各组成员特点，运用所学理论知识，进行教练式领导训练。

（4）每组安排一名同学负责记录、汇总。

（5）活动结束后，要求每组选出一名代表在课堂上汇报对教练式领导的认知。

（6）准备时间为10分钟。

【任务组织】（见表 4－14）

表 4－14　团队教练式领导训练任务组织表

活动项目	具体实施	时间	备注
团队教练式领导训练	(1) 假设全班有 48 人，将学生分成 6 个小组，每个小组建立一个模拟公司。每个公司 8 个人。 (2) 小组分工协作，运用所学理论知识，讨论教练的含义、教练式领导的工作职责、教练技术的三大效用和教练式领导的一个核心。 (3) 6 个公司同时进行团队教练式领导训练，然后分别汇报团队教练式领导训练结果。 (4) 组织学生讨论团队教练式领导训练过程中遇到的问题。	30 分钟	教室中每组一桌八椅、分组资料（公司名称、人员安排）

【任务评价】（见表 4－15）

表 4－15　团队教练式领导训练任务评价表

评价指标	评价标准	分值（100 分）	评估成绩	所占比例
团队教练式领导训练表演情况效果	1. 教练不能埋头苦干，教练式领导的工作职责，教练技术的三大效用和对教练式领导的理解	20		70%
	2. 能识别团队教练式领导训练易犯的错误	20		
	3. 能灵活运用团队教练式领导训练的应对策略	20		
	4. 遵守活动时间	10		
	5. 表演真实	10		
	6. 效果明显	10		
	7. 活动评估	10		
教学过程	出勤、态度和热情	100		30%
小组综合得分				

领导团队走向成功

以柔克刚

《明史》记载，有一次明武宗朱厚照南巡，提督江彬随行护驾。江彬素有谋反之心，他率领的将士，都是西北地区的壮汉，身材魁梧，虎背熊腰，力大如牛。兵部尚书乔宇看出他图谋不轨，从江南挑选了一百多个矮小精悍的武林高手随行。

乔宇和江彬相约，让这批江南拳师与西北壮汉比武。江彬从京都南下，原本骄横跋扈，不可一世，但因手下与江南拳师较量，屡战屡败，气焰顿时消减，十分沮丧，蓄谋篡位的企图也打了折扣。乔宇所用的是"以柔克刚"的策略。

教师启发

在企业管理中，这一招也是非常有用的。人的性格千奇百怪，这个世界上什么人都有，如果你是一个管理者，而你的团队里恰好就有一些不好管理的人，你该怎么办呢？其实，以柔克刚就是一个很好的方法。

任何人的不合作态度都是有原因的，或者是因为待遇太低，或者是因为被不公平对待，或者是工作量的分配不均匀 ，或者是对员工的各项政策有所误解，而这些都与管理者有关。如果你不是决策者，而只是个执行者，那么你又应该如何面对下属的这种不满情绪呢？也许有人会说，不听指挥的公司可以解雇他！这真的是最好的办法吗？

要知道虽然一个企业解聘一个员工很容易，但是要找到一个适合的员工就真的很难。如果因为这样的原因失去了一些好的员工，对企业就是相当大的损失，而且会直接影响整个集体的战斗力。

这时候就需要领导发挥以柔克刚的本领了。首先要勇于承认自己的错误，让下属的气有地方撒，然后再施以缓兵之计，调查清楚事情的原委，再有的放矢，不是很好吗？

《孙子兵法》中说："柔能制刚，弱能制强。"

？课前提问

你认为该如何领导团队走向成功？

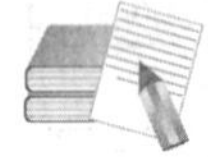

相关知识点

一、让你的团队有危机感

著名企业家牛根生说过："这个世界不是有权人的世界，也不是有钱人的世界，而是有心人的世界！"的确，心有多大，舞台就有多大！没有一流的理论，就没有一流的实践；没有一流的理念，就没有一流的企业。一流的企业家做人，二流的企业家做事，三流的企业家做产品，这已成为市场的公理、企业人的真理。作为企业文化的核心价值观，快乐不仅是一种伟大的力量，更是一种高尚的情操。快乐能生产凝聚力，快乐能创造向心力，快乐能推动企业走向胜利，走向辉煌；快乐能陪伴并支持优秀的企业家带领他的精英团队，从风雨走向彩虹，走向成功。我们快乐，因为我们永远不停止思考；我们快乐，因为我们永远不停止创造！什么是落伍？当你拒绝接受新事物，甚至拒绝去认识时，那就是落伍。

举一个例子：两人遇老虎，甲赶紧换运动鞋，乙嘲笑："你跑不过老虎!"甲："我只要跑得比你快就行!"选择不同的竞争对手会导致不同的行为和结果，商战中也一样。

温水煮青蛙

一个著名的生物实验：

1. 把青蛙甲放在装满水的容器里，水温维持在室温，青蛙自在地游泳。

2. 把青蛙乙放在热滚滚的水中，它很快就觉察到情势不妙，在被烫死前即逃之夭夭。

3. 把青蛙丙放在温水里，容器下放一个瓦斯炉，以慢火烘烤，青蛙在水中懒洋洋地游着。水温慢慢上升，它的感觉也变得迟钝，反应能力减弱。当青蛙终于发现环境变得很恐怖，自己快被烫死时，它已经没有逃生的体能了，只有等待同情它的在生物课上做实验的学生伸出援手。

作为创业者，你迟早会碰到和青蛙丙一样的际遇。许多公司在不知不觉中走上失败之途，通常就是因为对状态满足。没有危机感，自然也就不会敏锐地觉察出周遭环境的变化。企业失败往往不是因为突生的变故，而是许多看似无关的事件累积而成的。所以，创业者心中时刻要有危机感。

二、向你的团队提问

很多时候，员工所看到的所谓现状很大程度上只是存在于他们脑中的主观演绎和主观假设。领导的价值在于面临重大决策时，让自己跳到事件之外，以旁观者的角度支持员工看到工作中的"事实真相"，而非他们眼中所谓的事实。建立在了解真相基础之上的行动才是符合实际的行动，才会少走弯路。可以向你的团队提问，如表 4-16 所示：

表 4-16　　问题清单

主要类别	内容描述
1. 有助于领导人理清现状的问题	①你现在的情况是怎样的？ ②除了你刚才说的外，还有什么？ ③我复述一下你刚才讲的，是这样吗？ ④问题 A 背后真正的起因是什么呢？ ⑤为了达到或实现你的目标，你都做了些什么？ ⑥阻碍你实现目标的因素是什么？ ⑦为有效实现这个目标，你认为还欠缺些什么？ ⑧你是怎么知道这些的？ ⑨你对你现在的这些情况持怎样的看法？

续表

主要类别	内容描述
2. 有助于领导人挖掘员工理想的状态、目标的问题	①你想要实现的目标是什么？ ②具体来讲都是什么？ ③实现这个目标对你的价值和意义是什么？ ④为什么你要实现这个目标？ ⑤如果这个目标现在就实现了会怎样？ ⑥这个目标对你来讲有多重要？ ⑦如果目标不能实现会给你带来什么损失？ ⑧出现什么样的情况后，你会知道你的目标已经实现？（你的目标实现的标志是什么？请列出 1、2、3 项） ⑨当你见到什么、听到什么或感觉到什么的时候，你会知道你已经实现了你的目标？（这样问的目的是引发对方的内视觉、内听觉、内感觉。当事人内在的清晰度越高，行动的推动力就会越高，实现的概率也会越高。）
3. 有助于领导人引发员工实现目标的问题	①对于你刚才说的那个问题，你打算怎样去解决呢？ ②你觉得你怎样做可以更好地实现你的目标？ ③如果你刚才那样做没有实现你的目标，你还会采取怎样的策略和步骤？ ④你接下来所要采取的行动是什么？ ⑤你打算自何时开始？ ⑥通过刚才教练之后，你认为实现目标的可能性有多大？ ⑦为实现你的目标，你都想到了哪些方法？分别是什么？ ⑧支持你实现目标的资源都有哪些？ ⑨如果你现在的资源不能支持你达成目标，你认为还需要哪些资源？ ⑩为了使你目标实现的可能性更大，你还会开辟哪些通道？再多准备哪些资源？

三、约哈视窗

GE 公司

GE 公司的逻辑层次系统关注公司、客户及社区，与世界息息相关。我们要能够洞察到那些真正有前途的行业并加入其中，要在自己进入的每一个行业里做到数一、数二的位置——无论是在精干、高效方面，还是在成本控制、全球化经营方面。

自我认同：GE 公司是一个能让人们自由发挥创造力的地方。

价值观：坚持诚信，注重业绩，渴望变革。

信念：管得越少越好。

能力：面对现实的能力；追求卓越的能力；设定目标，就目标进行沟通的能力。

行为：在组织结构上，推行扁平化的改革；A、B、C 活力曲线；关闭一些企业；收购一些企业。

环境：群策群力；在软环境方面，推出无边界理念。

外在层面：由环境、行为、能力组成。每天都可以有意识地接触到。

内在层面：由价值观/信念、自我认同、系统组成，日常很少刻意地去考虑，常被忽略掉。

内在层面是主宰层面，往往不容易说得明白，却是个人成长及企业发展的关键。

六个逻辑层次中，层次越低的问题越容易解决。

如果问题出在外在层面，即环境、行为、能力三个层面，则问题很容易解决。如果问题出在内在层面，即价值观/信念、自我认同、系统三个层面，则难以解决。

较低层面的问题在高一个层面容易解决。较高层面的问题在低一个层面则难以解决。

任何一个目标的实现过程，都必须解决由低到高五个或六个连贯层面的问题。

逻辑层次是教练技术的核心，也是教练式领导的核心工具。掌握了这个工具对于事业领域、生活领域中所出现的问题都会找到问题所在，并迎刃而解。

约哈视窗是领导团队最常用的一个工具，是 1995 年由加州大学西部研究中心约瑟夫·勒夫特（Joseph Luft）和哈里·英厄姆（Harry Ingham）两人发明的。

通过对该工具的运用，领导可以更清晰地研究人、了解人。约哈视窗认为，每个人对于世界的认识与了解都是由四部分组成的，如表 4－17 所示：

表 4－17　　约哈视窗

主要类别	内容描述
第一部分：公开的部分。	即别人知道我也知道的部分。如学历、长相、肤色、高矮胖瘦、体型、性别等。
第二部分：盲点的部分。	即别人知道我却不知道的部分。如自己的缺点、局限，自认为对员工很好可实际上员工却不这样认为，自己平时有很多优点，可是自己并没有发现等。
第三部分：隐私的部分。	即别人不知道但我自己知道的部分。如发生在自己生活当中不为人知、也不愿意让别人知道的一些事件。例如：埋藏于潜意识最深处的曾经受到的伤害、痛苦；员工对领导有意见却不愿找领导当面沟通，对公司的政策极度不满却从不提出等。
第四部分：潜能的部分。	即别人不知道我也不知道的部分。如你将来能取得怎样的成就，未来所释放出的光彩与能量，在这个项目中你将要做出的成绩与贡献等。潜能是任何人都不清楚、蕴藏在生命深处最卓越的能力。

领导通过专业的策略引发当事人去发现更多，把盲点的区域变少；同时引发当事人去接受和正视在自己生命中所出现的所有事件，鼓励员工勇敢讲出心中所想，引发员工心中

梦想，激励员工在梦想的引领下不断超越自我，以此来激发当事人本身所具备的优秀禀赋，从而获得卓越的表现。

四、带领团队的九大要素

（一）设计高效团队

企业团队建设虽不是一件轻松的事情，但也不像大多数人认为的那样，是一件非常困难的事情，常常感觉无从下手。通常可以借助一些常见的管理工具来简化团队建设工作。团队成员的自我深入认识，明确团队成员具有的优势和劣势、对工作的喜好、处理问题的方式、基本价值观差异等；通过这些分析，最后获得团队成员之间的共同信念和对团队目的的一致看法，以建立起团队运行的游戏规则。

每一个团队都有其优势和弱点，而团队要取得成功会面对外部的威胁与机会，通过分析团队所处环境来评估团队的综合能力，找出团队的差距，以明确团队如何发挥优势、回避威胁、迎接挑战。

以团队的任务为导向，使每个团队成员明确团队的目标、行动计划。为了能够激发团队成员的激情，应树立阶段性里程碑，使团队对任务目标看得见、摸得着，创造出令成员兴奋的幻想。

在合适的时机采取合适的行动是团队成功的关键：团队任务何时启动；团队遇到困难或障碍时，团队应把握时机来进行分析与解决；团队面对内、外部冲突时，应在什么时机进行舒缓或消除，在何时何地取得相应的资源支持等，都必须因势利导。

怎样行动涉及团队运行问题。即团队内部如何进行分工、不同的团队角色应承担的职责、履行的权力、协调与沟通等。因此，团队内部各个成员之间也应有明确的岗位职责描述和说明，以建立团队成员的工作标准。

对于这个问题，如今在很多企业团队建设中都容易被忽视，这可能也是导致团队运行效率低下的原因之一。团队要高效运作，必须要让团队成员清楚地知道他们为什么要加入这个团队，这个团队运行成功与失败给他们带来的正面和负面影响是什么，以增强团队成员的责任感和使命感。可以将激励机制引入团队建设，如团队荣誉、薪酬或福利的增加，以及职位的晋升等。

（二）为员工提供深造的机会

只有一个懂得不断充实自我的学习型团队，才能在发展的社会中创造出更多的奇迹。从学习的作用来讲，传统型营销团队的学习意识不强，他们多满足于固有的知识和经验，而不愿自觉吸取新知识，也不积极开展横向学习。而在学习型营销团队里，无论是从机制上还是观念上都充满了强烈的再学习意识，他们善于在实践中将理论和实际相结合，善于发现他人优点，并加以吸收。

企业领导需要擅于创造学习的机会和组织学习。彼得·圣吉在《第五项修炼》一书中讲道，作为团队来说，组织学习的特点是什么？实际上就是5项修炼，一个学习型组织的理论、工具和方法就是分出的3个领域，这3个领域是对核心能力的支持，如果把它形容为一个3条腿的凳子，拿掉任何一条腿，凳子就会倒。左边那条腿叫作热望、欲望，右边那条腿叫作心智模式和团队学习，中间一条腿就是系统思考。因为团体的智慧总是高于个人的智慧，所以当团体真正在学习的时候，不仅能产生出色的效果，其个别成员的成长速度也比其他的学习方式更快。

（三）听取员工的见解

在团队里，也许我们并不需要每个团队成员都异常聪明，因为过度聪明往往会自我意识膨胀，好大喜功，但却需要每个人都具有强烈的责任心和事业心，对于团队精心制定的战略要在理解、把握、吃透的基础上不折不扣、坚定不移地贯彻执行下去，对于过程中的每一个运作细节和每一个项目流程都要落到实处。另外，要保证团队的执行力，在执行过程中明确要实现的目标分为哪几个阶段，具体的工作指标有哪些，这是确保任务完成的关键。

（四）鼓励员工的创造力

只有不断地创新才能保持企业的竞争优势，但是创新能力从哪里来呢？做教育培训，是提高人才团队创新能力的重要手段。因为教育培训是提高队员知识水平和综合素质的重要途径，而队员的知识技能是激发创新能力的前提条件。尤其在知识经济时代，在科技含量高的行业企业，这一点体现得更为明显。

创新能力体现在企业管理的各个方面，只有综合性的创新能力，才是真正的有竞争优势的创新能力。人才培养不只是重视知识技能方面，还要考虑品德、情感、志趣等精神层面，考虑企业文化、人才队伍的凝聚力和团队精神，这是只有企业综合性的教育培训才能做到的。谁在这方面把握得好、做得好，谁就能在竞争中保持长久的整体创新优势，并最终在竞争中打败对手。

（五）团队分工与合作

企业的发展是经由创始人积聚松散个体到扩大群体规模，直至组织结构、功能均衡发展的过程。团队领导人拥有教练、发动团体的能力；管理层拥有教练、发动部属的能力；员工拥有教练、发动自我的能力：最终形成上中下协调平衡、整体互动的运动态势。但各个阶层也要对其他部门熟悉、了解，并能在工作中相互配合，否则制定的战略、战术只能是孤芳自赏，根本无法让其他部门实施运作。

（六）增强领导才能

增强和发挥领导的指导作用，首先，领导必须以身作则，对团队成员起榜样和示范作用；其次，明确具体的工作质量、范围、工期、成本等目标约束；最后，明确各团队成员的角色和责任分工，充分发挥项目团队成员各自的作用。

（七）充分发挥领导的沟通和协调作用

首先，团队成员之间的沟通和协调。成员之间由于价值观、性格、处世方法等方面的差异，可能产生各种冲突，人际关系陷入紧张局面，甚至出现敌视、强烈情绪以及向领导者挑战等各种情形。领导要进行充分沟通，引导团队成员调整心态和准确定位角色，把个人目标与工作目标结合起来，明确知道自己要做的事，以及清楚如何去做。

其次，团队成员与工作环境之间的沟通和协调。团队成员与周围环境之间也会产生不和谐，如与技术系统之间的不协调、对团队采用的信息技术系统不熟悉等。领导要帮助团队成员熟悉工作环境，学习并掌握相关的技术，以利于项目目标的及时完成。

再次，团队与其他部门之间的沟通和协调。在工作过程中，团队与其他部门各干系人之间，也会产生各种各样的矛盾冲突，这需要领导与之进行沟通协调，为团队争取更充足的资源与更好的环境，并对工作进程以及工作目标与工作干系人不断达成共识，更好地促进工作目标的实现。

（八）充分发挥领导的激励作用

在工作过程中，由于严格的目标约束及多变的外部环境，领导必须运用各种激励理论对团队成员进行适时的激励，鼓励和激发团队成员的积极性、主动性，充分发挥团队成员的创造力。

（九）灵活授权，及时决策

随着团队的建设和发展，领导要通过授权让团队成员分担责任，使团队成员更多地参与项目的决策过程，允许个人或小组以自己的更灵活的方式开展工作。

首先，通过灵活的授权，显示领导对团队成员的信任，也给团队成员学习与成长的空间。这可以奠定团队信任的基础，也是团队精神在领导与团队之间的体现。

其次，授权有利于充分发挥团队成员的积极性和创造性。每个人都有实现自我价值的愿望。富于挑战性的任务，使他们不断地拓展自己的知识技能，发掘他们的创造潜力。每一项工作的成功，不仅是领导管理的成功，更是所有实现自我价值的团队成员的成功。

最后，灵活授权，有利于及时决策。一方面，团队成员在自己的授权范围内可根据内外部环境的变化及时决策；另一方面，通过灵活的授权，领导逐渐将工作重点转向关键点控制、目标控制和过程监控。领导的工作重心由内转向外，侧重于处理工作与企业或社会之间的关系，从外部保障项目团队的运作。

五、迪士尼创新策略

迪士尼公司之所以取得了举世瞩目的辉煌成就，是因为其采用了非同寻常的头脑使用策略。这是用于开发梦想以及最有可能让梦想变成现实的一种策略。

每当迪士尼团队产生一种创意的时候，沃特·迪士尼（Walt Disney）就会扮演3个不同的角色：梦想家（Dreamer）、实干者（Realist）和批评者（Critic）。

罗伯特·迪尔茨（Robert Dilts），NLP的倡导者，模仿并开发了这种策略，将之作为NLP教练工具，称之为迪士尼策略。从这项策略在世界各地运用的反馈情况来看，对许多企业家起到非常大的帮助。教练式领导者可以有效运用该策略，让自己多一条不仅创意好而且更有实际操作意义，能真正提高生产力的创新之路！

（一）迪士尼创新策略的角色

该策略划分出3个重要的角色：梦想家（Dreamer）、实干者（Realist）和批评者（Critic），这三个角色都参与到把创意转变为现实的过程中，而且经由分别探索达到最大限度的效果。

（二）迪士尼创新策略的日常例子

大多数情况下，人们喜欢这些角色中的一种或另一种：

（1）“他是个不务实的人。”（批评家）

（2）“他是个很有创意的人。”（梦想家）

（3）“他擅长具体执行。”（实干家）

迪尔茨把迪士尼扮演的这3种角色的原本用途发展成为一种策略，有意识地培养工作团队包含有不同角色的人，他们中的每一个人都“专攻”这些不同的角色。

在实践中，该策略经常被运用到企业顾问和教练工作当中。它不仅在商务环境与企业应用中取得不俗的效果，而且在指导个人应用时也具有同样的价值。

你当然也可以扮演这3种角色，并刻意在这3种角色之间进行相互转换，或者让其他人来分别扮演不同的角色。例如：

（1）“您能否看看这个创意并指出其中哪些不可行？”（邀请对方以一名批评家的角色出现。）

（2）“您能就我刚才的创意再多补充几条吗？”（邀请对方以梦想家的角色出现。）

（3）“您认为我如何做才能将创意变成现实？”（邀请对方以实干家的角色出现。）

有时候在企业中我们会发现，有的高管很善于造梦，是个梦想家，他的创意与想法经常会让大家很兴奋；有些高管则是典型的批评家，经常会评价这些梦想家“想入非非”，要求“来点实际的”。如果在你企业的决策层中，你们中的一方是梦想家，而另一方总是在批评与指责，那么大家都容易变得心灰意冷。相当重要的原因是缺少一位实干家。实干家能够从中看到真正可以付诸实践并能创造出价值的因素。

（三）何时运用迪士尼创新策略

（1）当你有一项新的创意计划想要变成现实时。

（2）当你要开展一个新项目、新行动时。

（3）当你想推动自己或一个团队的创造能力时。

（4）当你感觉处于“梦想”与“实际”之间的冲突中时。

（5）当你想检验一种想法、梦想或目标如何可以实现时。

（6）当你或其他某个人说了诸如“那永远不可能成为现实”这样的话，而且停止了探索的时候。

需要提醒自己的是：人们有太多时候在真正的梦想尚未实现之前就已经匆忙地站在批判的立场上。在做出决策之前，用3种观点去看待事物是非常重要的，这实际也是教练原理的应用：教会你从不同的角度看待同一个事物，让自己的眼界、视野经由角色的不同变换而有更大的拓展。这3种立场无论对于现实事业的发展还是远景梦想的实现都是非常重要的。

（四）迪士尼创新教练策略

（1）在地上画3个大圆圈，第一个圆圈写上“梦想家”，第二个圆圈写上“实践家”，第三个圆圈写上“批评家”。

（2）每一个圆圈都放置一把椅子（最好是不同形状的），并摆放一件可以代表该圆圈特色的东西，例如：在“梦想家”圆圈中放置一个卡通面具，“实践家”圆圈中放置一面旗帜，而“批评家”圆圈中放置一面镜子。

（3）先进入“梦想家”圆圈时，要戴上面具，装出“梦想家”的样子，运用脑力激荡等方法尽量引发不同的概念，越多越好，但不要批判。

（4）然后走入“批评家”圆圈，感觉一下以上种种的新概念，用“批评家”的角色分析每个概念的优劣。你可以肆无忌惮地批评和赞赏，也可易地而处，想象如果你是观众、客户、老板，当遇到这个概念时分别会有什么感受。

（5）再走进“实践家”的圆圈内，以实际的角度依照上述的分析，计划出可行的方案。

（6）你可以不停地循环进入每一个圆圈，每到一个圆圈即转换角色和思维方法，直到自己认为已经想到了一个创新、可行及经得起批评的计划为止。

（7）你必须投入地扮演这3个角色。

(8) 若是群体构思，也可以采用这种方法共同进出这 3 个圈子，或是分成 3 组，每组各站一圈，互相扮演该圆圈指定的角色，一段时间后各组转移位置。必须注意，每一位成员都必须分别扮演不同的角色。

在探究完所有的阶段之后，你就会得到大量的宝贵信息，最后再得出结论。

课堂测试

你的团队有危机感吗？如何带领你的团队走向成功？

小故事大道理

李世民细致关爱励下

当属臣遇有伤病，李世民往往亲予关问，有时屈尊亲临探望，如封德彝“遽疾于尚书省，太宗亲自临视”。当得知封德彝所患为急性病时，李世民即刻下令用自己的御车将封德彝送回府第治疗。李世民有时甚至亲为下属疗治。贞观十九年，征战高丽时，“右卫大将军李思摩中弩矢，帝亲为吮血”。身为皇帝，李世民竟为下属吸吮毒血，其关爱程度，可见一斑。他有时还亲为下属调药，如“李世绩尝得暴疾，方云‘须灰可疗’，上自剪须，为之和药”。当属臣去世时，李世民往往送上唁恤关爱。如薛收去世“太宗亲自临哭。哀恸左右”。魏徵去世，“太宗亲临恸哭，废朝五日”。

训练营

训练任务 4-4　领导团队走向成功训练

【任务目标】

帮助学生运用理论知识，进行领导团队走向成功训练。

【任务要求】

(1) 每个小组围成一圈，由组长主持讨论。

(2) 分析小组成员特点。

(3) 小组根据各组成员特点，运用所学理论知识，进行领导团队走向成功的训练。

(4) 每组安排一名同学负责记录、汇总。

(5) 活动结束后，要求每组选出一名代表在课堂上分享领导团队走向成功的喜悦。

(6) 准备时间为 10 分钟。

【任务组织】(见表 4-18)

表 4-18　领导团队走向成功训练任务组织表

活动项目	具体实施	时间	备注
领导团队走向成功训练	(1) 假设全班有 48 人，将学生分成 6 个小组，每个小组建立一个模拟公司。每个公司 8 个人。 (2) 小组分工协作，运用所学理论知识，讨论让你的团队有危机感、向你的团队提问，约哈视窗，带领团队的九大要素，领导团队走向成功的案例和迪士尼创新策略。 (3) 6 个公司同时进行领导团队走向成功训练，然后分享领导团队走向成功的喜悦。 (4) 组织学生讨论领导团队走向成功训练过程中遇到的问题。	30 分钟	教室中每组一桌八椅、分组资料（公司名称、人员安排）

【任务评价】（见表 4-19）

表 4-19　领导团队走向成功训练任务评价表

评价指标	评价标准	分值（100 分）	评估成绩	所占比例
领导团队走向成功训练表演情况效果	1. 让你的团队有危机感、向你的团队提问，约哈视窗，带领团队的九大要素，领导团队走向成功的案例和迪士尼创新策略的理解	20		70%
	2. 能识别领导团队走向成功训练易犯的错误	20		
	3. 能灵活运用领导团队走向成功训练的应对策略	20		
	4. 遵守活动时间	10		
	5. 表演真实	10		
	6. 效果明显	10		
	7. 活动评估	10		
教学过程	出勤、态度和热情	100		30%
小组综合得分				

游戏拓展

【游戏名称】

头顶气球

【游戏目标】

团队领导艺术训练

【活动规则和程序】

1. 将学员分成几个小组，每组在 6 人以上为佳。

2. 每组选出相同数量的选手参加比赛。

3. 抽签决定比赛小组顺序，可以选取教室等较为空旷的场地进行比赛。

4. 第一位同学将充好气的气球顶起，此时计时开始，第一位同学顶完 3 次后，第二位同学接力顶起气球，依次传递，最后一位同学需要顶起气球 5 次，中间任何选手都不得用手接触气球，气球也不能掉在地上，否则气球需要从第一位同学重新开始，计时不停止。

5. 用时最少的小组，为胜利者。

【学员思考】

1. 怎样可以用时最少？

2. 如果气球落在地上，如何展示队长的领导艺术呢？

【总结与点评】

1. 本游戏获胜的关键是用时最少。

2. 如果一味追求速度，难免出现失误。

3. 在顶气球时，要使用巧劲，用力太大，气球容易失去控制。

4. 在队友落后，甚至出现失误，气球掉落地上时，队长要充分展示领导艺术，稳住节奏。

5. 通过本游戏进行团队领导艺术训练。

知识链接

成功团队之复星集团

20 多年前，复星集团在香港联交所整体成功上市，融资 128 亿港元，成为当年香港联交所第三大 IPO，同时也是香港史上第六大 IPO。《中国周刊》有一篇报道叫作《郭广昌的商业帝国》，介绍了复星集团董事长郭广昌的成功轨迹，“复旦五虎”打造了郭广昌的商业帝国。

郭广昌的核心团队共有 5 个人，他们是郭广昌、梁信军、汪群斌、范伟、谈剑。这 5 个人都毕业于复旦大学，被称作“复旦五虎”。总结起来，他们的团队有这几个特点：相互信任、志同道合、能力互补、各尽其才。他们互相配合，个人优势得到了最大的发挥。

相互信任。1992 年，正值二十四五岁的“复旦五虎”拼凑起 3.8 万元一起创业，早期收获的第一个亿是在医药生物领域获得的。郭广昌没有任何医药生物专业基础，但当他知道生物工程和医药有前景后，充分信任具有专业基础的梁信军、汪群斌等人，并在他们的组织下在这个领域中大赚了一笔。

志同道合、能力互补。“复旦五虎”都毕业于复旦大学，他们在复星身居要职。现任复星集团董事长的郭广昌毕业于复旦大学哲学系；复星集团副董事长梁信军毕业于复旦大学遗传学系，CEO 汪群斌毕业于复旦大学遗传学系，复星集团联席总裁、复地集团董事长范伟毕业于复旦大学遗传工程系，监事会主席、软件体育产业总经理谈剑毕业于复旦大学计算机系，现任复星集团监事会主席。这个核心团队总结说："我们身上有很多相似性和互补性。"志同道合让他们聚在一起，能力互补让他们把企业发展壮大。

各尽其才。梁信军对这个"五人团队"的评价是："郭广昌不保守，从来没有觉得什么事情只能想不能做，他的系统思维能力很强，处事比较公正，是一个很合格的董事长；在他之外，最适合做总经理的人是汪群斌，他对行业的战略意识敏锐，情商智商兼具，行动能力、业务能力、学习能力和业务操作能力很强，是个领袖型的企业家；范伟同他们两人的优点很像，有点差异的地方就是他不太爱说话，是讷于言、敏于行的那一类，但从品牌策划上，他又是其他人所不能及的；谈剑的学习能力很强，有段时间她分管我们行政，在财务上做得非常专业，一般的财务总监都比不过她。而且，在人际关系与业务合作上，她都很有一套。"

专题小结

领导是以实践为中心展开的，由社会系统中的领导主体根据领导环境和领导客体的实际情况确定本系统的目标和任务，并通过示范、说服、命令、竞争和合作等途径获取和动用各种资源，引导和规范领导客体、实现既定目标，完成共同事业的强效社会工具和行为互动过程。成功的领导依赖于合适的行为、技能和行动，领导者的 3 种主要技能是技术技能、人际技能和概念技能。领导的原则有：懂得沟通最重要，愿景比管控更重要，信念比指标更重要，团队比个人更重要，授权比命令更重要，平等比权威更重要。现代领导艺术九大内涵：决策艺术、用人艺术、授权艺术、协调艺术、沟通艺术、激励艺术、讲话艺术、开会艺术、自我形象设计艺术。

领导魅力的概念有很多，魅力型领导能够激发信心、信任和信仰，当然，这不是说由此而生的组织使命就是正确的、符合道德规范的、终将成功的。领导需要具备的魅力有人格魅力、思想魅力、梦想魅力、高尚的品质、理性与激情、冒险精神、幽默、会讲故事。

教练式领导的工作职责主要有以下几方面：定期开会、按计划管理、及时反馈、帮助解决问题和分歧、增强责任心，重点在于督导。教练式领导运用教练技术对企业有三大贡献：简单（快）、有效（对）、做得到（好）。企业教练是通过专业的策略、工具、架构与方法协助企业解决问题、订立行动计划、达成目标、改善决定、突破障碍并取得卓越成果的人。教练式领导人是指于管理工作中有效运用教练技术，旨在提升企业/组织绩效，改善员工表现，引发团队智慧，多快好省地实现卓越成果的企业/组织高层。

约哈视窗是领导团队最常用的一个工具，是 1995 年由加州大学西部研究中心的约瑟夫·勒夫特和哈里·英厄姆两人发明的。通过对该工具的掌握，领导可以更清晰地研究人、了解人。迪士尼创新策略有 3 个重要的角色：梦想家、实干者和批评者。

主要名词

领导	技术技能	人际技能	概念技能	领导魅力
人格魅力	企业教练	教练式领导人	约哈视窗	迪士尼创新策略

课后习题

一、单项选择题

二、思考题

1. 学习了领导概念，你认为领导需要具备哪些技能？
2. 领导的原则有哪些？
3. 现代领导艺术九大内涵有哪些？
4. 有哪些学者对领导魅力进行了定义？分别是怎样的？
5. 领导需要具备哪些魅力？
6. 领导要怎样做才具有个人魅力，让大家听命于你？
7. 教练式领导的工作职责有哪些？

三、案例分析题

案例一　松下为何不说“不”

日本松下电器总裁松下幸之助以骂人出名，但是也以最会栽培人才而出名。

有一次，松下幸之助对他公司的一位部门经理说：“我每天要做很多决定，并要批准他人的很多决定。实际上只有40%的决策是我真正认同的，余下的60%是我有所保留的，或者是我觉得过得去的。”

经理觉得很惊讶，假使松下不同意，大可一口否决就行了。

“你不可以对任何事都说不，对于那些你认为算是过得去的计划，你大可在实行过程中指导他们，使他们重新回到你所预期的轨迹。我想一个领导人有时应该接受他不喜欢的事，因为任何人都不喜欢被否定。”

请问：对于他不认同的决策，松下幸之助为什么不说“不”呢？

案例二　拍头决策

《梦溪笔谈》记载：海州知府孙冕很有经济头脑，他听说发运司准备在海州设置 3 个盐场，便坚决反对，并提出了许多理由。后来发运司亲自来海州谈盐场设置之事，还是被孙冕顶了回去。当地百姓拦住孙冕的轿子，向他诉说设置盐场的好处，孙冕解释道："你们不懂得作长远打算。官家买盐虽然能获得眼前的利益，但如果盐太多卖不出去，30 年后就会自食恶果了。"然而，孙冕的警告并没有引起人们的重视。

他离任后，海州很快就建起了 3 个盐场，几十年后，当地刑事案件上升，流寇盗贼、徭役赋税等都比过去大大增多。由于运输、销售不通畅，囤积的盐日益增加，盐场亏损，负债很多，许多人都破了产。这时，百姓才开始明白，在这里建盐场确实是个隐患。

请问：看了这个故事，你对于"决策"，有何感想呢？

专题五 团队建设靠培训

知识目标

1. 掌握团队建设、团队冲突的概念
2. 熟悉团队建设的 4 个要点、5 个统一，团队建设过程中的危险信号，团队建设需要注意的四戒和几点建议
3. 熟悉团队冲突产生的原因和管理的方法，冲突与绩效的关系，5 种反应模式的意图向度，合作性冲突、破坏性冲突和建设性冲突
4. 熟悉团队建设的目的、原则、过程。团队建设中的阻力、良性构建、关键实务
5. 熟悉培训需求分析的作用、实施程序、培训规划的主要内容，培训师的培训与开发，培训课程的实施与管理，培训方法的选择

能力目标

1. 能够合理进行人员分工
2. 能够策划团队建设活动并组织实施
3. 能够有效解决冲突
4. 能够根据团队需要向上一级部门提出培训需求与建议
5. 能够洞察员工培训需求，设计培训方案
6. 能够及时适当地为员工进行专业知识传授和技能训练

模块一　团队建设内涵

故事导入

县令买饭

南宋嘉熙年间，江西一带山民叛乱，身为吉州万安县令的黄炳，调集了大批人马，严加守备。一天黎明前，探报来说，叛军即将杀到。

黄炳立即派巡尉率兵迎敌。巡尉问道："士兵还没吃饭怎么打仗？"黄炳却胸有成竹地说："你们尽管出发，早饭随后送到。"黄炳并没有开"空头支票"，他立刻带上一些差役，抬着竹箩木桶，沿着街市挨家挨户叫道："知县老爷买饭来啦！"当时城内居民都在做早饭，听说知县亲自带人来买饭，便赶紧将刚烧好的饭端出来。黄炳命手下付足饭钱，将热气腾腾的米饭装进木桶就走。这样，士兵们既吃饱了肚子，又不耽误进军，打了一个大胜仗。

教师启发

这个县令黄炳，没有亲自捋袖做饭，也没有兴师动众、劳民伤财，他只是借别人的人，烧自己的饭。县令买饭之举，算不上高明，看来平淡无奇，甚至有些荒唐，但却取得了很好的效果。

一个优秀的管理人员，不在于你多么会做具体的事务，因为一个人的力量毕竟是有限的，只有发动集体的力量才能战无不胜、攻无不克。管理人员尤其要注重加强培养自己管理人才的能力，知人善任，了解什么时候、什么力量是可以利用以助自己取得成功的。

四两拨千斤，聪明的人总会利用别人的力量获得成功。领导者最大的本事是发动别人做事。

? 课前提问

你的团队该如何建设？

相关知识点

一、团队建设的概念

团队是企业真正的核心竞争力。团队是指为了实现某一目标而由相互协作的个体组成的正式群体，是由员工和管理层组成的共同体，它合理利用每一个成员的知识和技能协同工作，解决问题，达到共同的目标。

团队建设是企业在管理中有计划、有目的地组织团队，并对其团队成员进行训练、总结、提高的活动。团队建设要有意识地在组织中开发有效的工作小组，每个小组由一组员工组成，通过自我管理的形式，负责一个完整的工作过程或其中一部分工作。在团队建设的过程中，参与者和推进者彼此信任、坦诚相对，共同探索影响工作小组创造出不同寻常的业绩的原因。

团队建设主要是通过自我管理的小组形式进行，每个小组由一组员工组成，负责一个完整工作过程或其中一部分工作。工作小组成员在一起工作方便改进他们的操作或产品，计划和控制他们的工作并处理日常问题。他们甚至可以参与公司更广范围内的问题。

团队建设应该是一个有效的沟通过程。在此过程中，参与者和推进者都会彼此信任、坦诚相对，愿意探索影响工作小组发挥出色作用的核心问题。

二、团队建设的 4 个要点

首先，树立激励人心的目标。真正的团队要有一致认同的目标，因此目标的制定一定要具备科学性，尽量清晰、量化，只有这样才能让团队成员明确了解到实现目标的进度和完成目标的程度。另外，目标的制定要结合现有的企业资源，既要符合实际又要具有挑战性。

其次，遴选能完成目标的团队成员。团队目标的实现，需要不同专业的人才分工合作从而保障每个人的技能都是团队所需要的。团队讲求的是彼此协作的完美结合，因此有了专业的人才队伍还不够，更重要的是这么多专业的人才都能面对压力积极地去完成工作任务。

再次，拥有良好的制度保障团队去完成目标。在实现目标的过程中要有激励机制。目标实现了员工会获得哪些奖励，过程中表现优秀的员工与表现一般的员工有何区别，有没有一些大家看得到、摸得着的公平机制，保障组织的公正公平的文化。这样的机制不仅能保障团队士气，更重要的是能留住优秀的人才。

团队建设必须有对目标的考核机制，用制度去考核每一个团队成员的表现，去引导每一个团队成员的行为和观念，从而有效地达成目标。目标管理的过程要尊重科学，要不断地借鉴行业标杆组织的工作方法，以提高团队生产效率，如生产型企业引进精益生产，研发型企业引进国际项目管理方法，销售型企业采用 NBSS 销售管理系统软件等。

最后，注重企业的核心文化建设。就像法律规定不到的地方，就要靠人的道德去引导一样。组织中的道德标准在企业长期存在，就会形成约定俗成的企业文化。所以一个组织，要在平时的一点一滴中去营造一种敢于担当、愿意相互承担责任的双赢的组织文化。

三、团队建设的 5 个统一

团队建设需做到 5 个统一：统一的目标、统一的思想、统一的规则、统一的行动、统一的声音。

（一）统一的目标

目标是团队的前提，没有目标就称不上团队，有了目标才会有团队。统一团队的目标，就是要让团队的每个人都认同团队的目标，并为达成目标而努力工作。

（二）统一的思想

如果团队的思想不统一，你说东他说西，就像人在做思想斗争时会降低行动效率一样，团队思想不统一也会降低效率。

（三）统一的规则

一个团队必须有它的规则，规则是告诉团队成员该做什么，不该做什么。不能做什么是团队行事的底线，如果没有设定底线，大家就会不断地突破底线，一个不断突破行为底线的组织是不能称其为团队的。

（四）统一的行动

一个团队在行动的时候要相互沟通与协调，让行动统一有序，使整个流程合理衔接，每个细节都能环环紧扣。

（五）统一的声音

团队在做出决策后声音一定要相同，不能当面一套，背后一套。如果一个团队噪音太多，会大大降低团队的效率。在团队内部有观念的冲突是合理的，但在决定面前大家只能有一种声音。

四、团队建设过程中的危险信号

随着社会分工越来越细化，个人单打独斗的时代已经结束，团队合作提到了管理的前台。团队作为一种先进的组织形态，越来越引起企业的重视，许多企业已经从理念、方法等管理层面进行团队建设。以下几种情况出现在团队建设中容易蒙蔽团队管理者的眼睛，如果不能引起管理层的重视，团队建设将会前功尽弃。

（一）精神离职

精神离职是在企业团队中普遍存在的问题，其特征为：工作不在状态，对本质工作不够深入，团队内部不愿意协作，个人能力在工作中发挥不到位，行动较为迟缓，工作期间无所事事，基本上在无工作状态下结束一天的工作。

精神离职产生的原因大多是个人目标与团队愿景不一致，也有工作压力、情绪等方面原因。国内几大保险公司普遍运用团队精神激励法来降低团队精神离职率。

针对精神离职者有效的方法是：专业沟通，用团队精神与团队愿景来提升工作状态，用激励手段提升工作热情。具体做法可以是安排假期，让精神离职者冷静思考，调整状态，下一步就是要根据实际情况考虑团队中是否会重新接纳的问题。

（二）超级业务员

团队需要的是整体的行动力、销售力、目标完成率等。逐个的分解就是要求团队的个体之间技能必须具有互补性。但是因为个体差异导致了超级业务员的出现，其表现特征为：个人能力强大，能独当一面，在团队中常常以绝对的销售业绩遥遥领先，组织纪律散漫，好大喜功，目空一切，自身又经常定位于团队功臣之列。

超级业务员的销售能力是任何团队所需要的。因此面对这种矛盾时，常常令组织的领导者无所适从，经常采用的办法是：听之任之，采用有别于团队其他成员的特殊政策，超级业务员对团队的破坏力是巨大的，长期采用放纵策略，其结果是会破坏团队的凝聚力，引导团队向非团队发展，迅速地瓦解团队组织。团队是由工作任务挑战性高而且环境不确定性而建设的组织，成员差异性非常大，个人素质、工作技能常常也有区别，超级业务员的出现，需要组织领导者正确领导、全面沟通，把超级业务员融入团队精神、团队文化中，建立超级业务员正确的榜样，同时要把超级业务员的分力转为团队的合力，用团队的价值观、团队的约束力等对超级业务员做出正确的管理。

（三）非正式组织

团队是全体成员认可的正式组织，而非正式组织的产生有两个原因：一是团队的领导故意为之；二是团队成员在价值观、性格、经历、互补性达成某种一致性。前者是管理者强化自身管理职能的需要，培养亲信，增强管理效力，客观上形成的非正式组织，虽然表面上能够很好地进行日常工作，能够提高团队精神，调和人际关系，实施假想的人性化管理，在团队发展过程中，基本上向有利于团队的方向发展，但长期而言，会降低管理的有效性，团队的精神、工作效率低下，优秀团队成员流失。这种非正式组织通常是松散型组织。后者则是紧密型非正式组织，其愿景通常与团队愿景不一致，在团队中常常不止一个这样的非正式组织。随着这种组织的产生，团队的瓦解之日就不远了。

这种紧密型非正式组织会偏离团队的价值观，破坏团队文化，阻挠团队的创新精神和开拓精神。通常，松散型组织又会向紧密型组织发展，紧密型组织又会和松散型组织对抗。因此团队领导者在团队中建立非正式组织是不可取的，是一种管理水平低下，同时对团队极不信任的结果。

五、团队建设需要注意四戒

（一）一戒：团队利益高于一切

团队首先是一个集体，由“集体利益高于一切”这个被普遍认可的价值取向，自然而然地可以衍生出“团队利益高于一切”这个论断。但是，在一个团队里过分推崇和强调“团队利益高于一切”，可能会导致两方面的弊端。

一方面是极易滋生小团体主义。团队利益对其成员而言是整体利益，而对整个企业来说，又是局部利益。过分强调团队利益，处处从维护团队自身利益的角度出发，常常会打破企业内部固有的利益均衡，侵害其他团队乃至企业整体的利益，从而造成团队与团队、团队与企业之间的价值目标错位，最终影响企业战略目标的实现。比如说，一个企业内部各团队都有相应的任务考核指标，出于小团体利益的考虑，某个团队采取了挖兄弟团队墙脚等不正当的手法来完成自己的考核指标，而当这种做法又没有及时得到纠正时，其他团队也会因利益驱动而群起效仿，届时一场内部混战也就不可避免，而企业却要为此支付大量额外成本，造成资源的严重浪费。此外，小团体主义往往在组织上还有一种游离于企业之外的迹象，或另立山头，或架空母体。

另一方面是过分强调团队利益容易导致个体的应得利益被忽视和践踏。如果一味强调团队利益，就会出现“假维护团队利益之名，行损害个体利益之实”的情况。目前不可否认的是，在团队内部，利益驱动仍是推动团队运转的一个重要机制。作为团队的组成部分，如果个体的应得利益长期被漠视甚至侵害，那么他们的积极性和创造性无疑会遭受重创，从而影响整个团队的竞争力和战斗力的发挥，团队的总体利益也会因此受损。团队的价值是由团队全体成员共同创造的，团队个体的应得利益应该也必须得到维护，否则团队原有的凝聚力就会分化成离心力。所以，不恰当地过分强调团队利益，反而会导致团队利益的完全丧失。

（二）二戒：团队本身的内斗

团队精神在很大程度上是为了适应竞争的需要而出现并不断强化的。这里提及的竞争，往往很自然地被我们理解为与外部的竞争。事实上，团队内部同样也需要有竞争。

在团队内部引入竞争机制，有利于打破另一种形式的“大锅饭”。如果一个团队内部没有竞争，在开始的时候，团队成员也许会凭着一股激情努力工作，但时间一长，他发现无论干多干少、干好干坏，结果都是一样的，每一个成员都享受同等的待遇，那么他的热情就会减退，在失望、消沉后最终也会选择“做一天和尚撞一天钟”的方式来混日子，这其实就是一种披上团队外衣的“大锅饭”。通过引入竞争机制，实行赏勤罚懒、赏优罚劣，打破这种看似平等实为压制的利益格局，团队成员的主动性、创造性才会得到充分的发挥，团队才能长期保持活力。

在团队内部引入竞争机制，有利于团队结构的进一步优化。团队在组建之初，对其成员的特长优势未必完全了解，分配任务时自然也不可能做到才尽其用。引入竞争机制，一方面可以在内部形成“学、赶、超”的积极氛围，推动每个成员不断提升自我；另一方面，通过竞争的筛选，可以发现哪些人更能适应某项工作，保留最好的，剔除最弱的，从而实现团队结构的最优配置，激发团队的最大潜能。

（三）三戒：团队内部皆兄弟

不少企业在团队建设过程中，过于追求团队的亲和力和人情味，认为“团队之内皆兄弟”，而严明的团队纪律是有碍团结的。这就直接导致管理制度的不完善，或虽有制度但执行不力，形同虚设。

纪律是胜利的保证，只有做到令行禁止，团队才会战无不胜，否则充其量只是一群乌合之众，稍有挫折就会作鸟兽散。

纪律严明的团队

南宋初年的岳家军之所以能成为一支抗金主力，与其一直执行严明的军纪密不可分，以至于在金军中流传着这样一句话：撼山易，撼岳家军难。

严明的纪律不仅是维护团队整体利益的需要，在保护团队成员的根本利益方面也有着积极的意义。比如说，某个成员没能按期保质保量地完成某项工作或者是违反了某项具体的规定，但他并没有受到相应的处罚，或是处罚根本无关痛痒。从表面上看，这个团队非常具有亲和力，而事实上，对问题的纵容会使这个成员产生一种“其实也没有什么大不了”的错觉，久而久之，遗患无穷。如果他从一开始就受到严明纪律的约束，及时纠正错误的认识，那么不管对团队还是对他个人都是有益的。杰克·韦尔奇有这样一个观点：指出谁是团队里最差的成员并不残忍，真正残忍的是对成员存在的问题视而不见，文过饰非，一味充当老好人。宽是害，严是爱。对于这一点，每一个时刻直面竞争的团队都要有足够清醒的认识。

（四）四戒：牺牲“小我”，才能换取“大我”

很多企业认为，培育团队精神，就是要求团队的每个成员都要牺牲“小我”，换取

“大我”，放弃个性，追求趋同，否则就有违团队精神，就是个人主义在作祟。

诚然，团队精神的核心在于协同合作，强调团队合力，注重整体优势，远离个人英雄主义，但追求趋同的结果必然导致团队成员的个性创造和个性发挥被扭曲和湮没。而没有个性，就意味着没有创造，这样的团队只有简单复制功能，而不具备持续创新能力。其实团队不仅仅是人的集合，更是能量的结合。团队精神的实质不是要团队成员牺牲自我去完成一项工作，而是要充分利用和发挥团队所有成员的个体优势去做好这项工作。

鸡鸣狗盗

战国时期，招揽门客、扩大家族势力的做法在豪门望族中十分流行。很多人在对门客的录用上采取了一定准入标准，因此招揽的人才的特长基本上都差不多。齐国的孟尝君则不同，凡有一技之长的，他都一律以礼相待，投奔他的门客特别多。后来他在秦国担任宰相时，秦昭王因听信谗言要杀他。他的一个门客用“狗盗”之术潜入皇宫，盗取已献给昭王的白狐裘，贿送给昭王宠姬，才让他得以逃脱。等到他与门客日夜兼程来到函谷关时，城门已经关闭了，必须等到鸡叫之后才能开门。这时又有一个门客模仿鸡叫，引得城内的公鸡一起叫起来，终于骗开城门脱险出关。鸡鸣狗盗之徒在当时是非常不入流的。试想一下，如果当初孟尝君在招揽门客时也像其他贵族一样坚持非饱读诗书、出身高贵的门客不要的话，那么他后来就不得不冤死他乡。

因此，团队的综合竞争力来自对团队成员专长的合理配置。只有营造一种适宜的氛围，不断地鼓励和刺激团队成员充分展现自我，最大程度地发挥个体潜能，团队才会迸发出如原子裂变般的能量。

六、团队建设的几点建议

第一，人才是团队最宝贵的资源。热忱投入、出色完成本职工作的人，是团队最宝贵的资源和资本。

第二，尊重人，为优秀的人才创造一个和谐、富有激情的工作环境，是上至老总下至部门主管一切工作的核心和重点。

第三，尊重每一个员工的个性，尊重员工的个人意愿，尊重员工的选择权，所有的员工在人格上人人平等，在发展机会面前人人平等，为员工提供良好的工作环境，营造和谐的工作氛围，倡导简单真诚的人际关系。

第四，打造培养自己的管理团队，是公司人才理念的具体体现。持续培养专业的富有激情和创造力的队伍，让每一个员工都成长为全面发展、能独当一面的综合性人才，是企业的一项重要使命。

第五，倡导健康丰盛的人生。工作不仅仅是谋生的手段，工作本身应该能够给我们带来快乐和成就感，在工作之外，鼓励所有的员工追求身心健康，追求家庭的和谐，追求个人生活的极大丰富。

第六，学习是一种生活方式。希望每一位员工，以空杯的心态，培养自己的学习能力，迅速提升自己各方面的工作技能和综合素质。鼓励各种形式的沟通，提倡信息共享，反对思想暗箱操作，反对任何形式的官僚主义。

课堂测试

团队建设有什么需要注意的？请给一些建议。

小故事大道理

诸葛亮挥泪斩马谡

三国时代的诸葛亮与司马懿在街亭对战，马谡自告奋勇要出兵守街亭，诸葛亮心中虽有担心，但马谡表示愿立军令状，若失败就处死全家，诸葛亮才勉强同意他出兵，并指派王平将军随行，并交代在安置完营寨后须立刻回报，有事要与王平商量，马谡一一答应。可是军队到了街亭，马谡执意扎兵在山上，完全不听王平的建议，而且没有遵守约定将安营的阵图送回本部。等到司马懿派兵进攻街亭，围兵在山下切断粮食及水的供应，使得马谡兵败如山倒，重要据点——街亭失守。事后诸葛亮为维持军纪而挥泪斩马谡，并自请处分降职三等。

纪律是一切制度的基石，组织与团队要能长久存在，其重要的维系力就是团队纪律。要建立团队的纪律最首要的一点是：领导者自己要身先士卒维护纪律。

“纪律可以促使一个人走上成功之路。”怡安管理顾问公司的陈怡安博士曾说过：“领导者的气势有多大，就看他纪律有多深。”一个好的领导者必定是懂得自律的人，而且也一定是可以坚持及带动团队遵守纪律的人。

训练营

训练任务 5-1　纸牌搭高

【任务目标】

帮助学生在游戏中体会团队建设的内涵。

【任务要求】

（1）组长把准备好的扑克牌放在小组中间，主持本次游戏。

（2）游戏开始前，商量下用什么方法去搭纸牌。

（3）小组成员围成一圈，在中间桌子或者空地上将扑克牌往高处搭，搭得越高越好，如果倒塌，需要重新开始。

（4）在搭的过程中，要求通过照片或者视频的方式保存游戏过程。

（5）在规定时间内可以不断地挑战高度。

（6）纸牌搭的最高的三组可以成为优秀团队，获得加分。

（7）时间为40分钟。

【任务组织】（见表5-1）

表5-1　纸牌搭高任务组织表

活动项目	具体实施	时间	备注
纸牌搭高	（1）假设全班有48人，将学生分成6个小组，每个小组8个人。 （2）组长把准备好的扑克牌放在小组中间，主持本次游戏。 （3）小组成员围成一圈，在中间桌子或者空地上将扑克牌往高处搭，搭得越高越好，如果倒塌，需要重新开始。 （4）在搭的过程中，要求通过照片或者视频的方式保存游戏过程。 （5）纸牌搭的最高的三组可以成为优秀团队，获得加分，并且发表获胜感言。	40分钟	每个小组准备两副扑克牌。每组一桌八椅。

【任务评价】（见表5-2）

表5-2　纸牌搭高任务评价表

评价指标	评价标准	分值（100分）	评估成绩	所占比例
纸牌搭高活动情况及效果	1. 纸牌搭高活动规则的遵守（比如：如果倒塌，需要重新开始）	20		70%
	2. 体会团队建设的内涵	20		
	3. 解决在活动中遇到的问题	20		
	4. 遵守活动时间	10		
	5. 表演逼真	10		
	6. 效果明显	10		
	7. 活动评估	10		
教学过程	出勤、态度和热情	100		30%
小组综合得分				

林肯“独断”

林肯上任美国总统后不久，有一次将6个幕僚召集在一起开会。林肯提出了一个重要法案，而幕僚们的看法并不统一，于是7个人便热烈地争论起来。林肯在仔细听取其他6个人的意见后，仍感到自己是正确的。在最后决策的时候，6个幕僚一致反对林肯的意见，但林肯仍固执己见，他说：“虽然只有我一个人赞成但我仍要宣布，这个法案通过了。”

表面上看，林肯这种忽视多数人意见的做法似乎过于独断专行。其实，林肯已经仔细地了解了其他6个人的看法并经过深思熟虑，认定自己的方案最合理。而其他6个人持反对意见，只是一个条件反射，有的人甚至是人云亦云，根本就没有认真考虑过这个方案。既然如此，自然应该力排众议，坚持己见。因为，所谓讨论，无非就是从各种不同的意见中选择出一个最合理的。既然自己是对的，那还有什么可犹豫的呢？

教师启发

在企业中，经常会遇到这种情况：新的意见和想法一经提出，必定会有反对者。其中有对新意见不甚了解的人，也有为反对而反对的人。一片反对声中，领导者犹如鹤立鸡群，限于孤立之境。这种时候，领导者不要害怕孤立。对于不了解的人，要怀着热忱，耐心地向他说明道理，使反对者变成赞成者。对于为反对而反对的人，任你怎么说，恐怕他们也不会接受，那么，就干脆不要寄希望于他们的赞同。

重要的是你的提议和决策是对的，只要真理在握，就应坚决地贯彻下去。

决断，是不能由多数人来做的。多数人的意见是要听的；但做出决断的，是一个人。

？课前提问

你该如何应对团队冲突呢？

相关知识点

一、团队冲突的概念

团队冲突指的是两个或两个以上的团队在目标、利益、认识等方面互不相容或互相排斥，从而产生心理或行为上的矛盾，导致抵触、争执或攻击事件。

20世纪40年代之前的传统观点认为，所有冲突都是不良的、消极的、具有破坏性的，必须避免或尽量减少。因为冲突意味着意见分歧和对抗，势必造成组织、团队、个体之间的不和，破坏良好关系，影响团队目标和组织目标的实现。从20世纪40年代末到70年代中期，人际关系观点在冲突理论中非常流行。该观点认为，对于所有团队与组织来说，冲突都是与生俱来、无法避免的。因此，我们应该接纳冲突，发挥其对团队和组织的有益之处。从20世纪70年代末至今，冲突的互动观点成为主流观点。该观点指出，过于融洽、和谐、安宁和合作的组织容易对变革表现出静止、冷漠和迟钝，因此可能使组织缺乏生机和活力，适当的冲突反而有利于组织的健康发展。

二、团队冲突产生的原因

导致团队之间冲突的原因很多，只有对症下药，才能改善和优化团队之间的关系，提高组织的整体竞争力。团队冲突产生的原因主要有以下几种。

（一）资源竞争

组织在分配资源时，总是按照各个团队的工作性质、岗位职责、在组织中的地位以及组织目标等因素分配资金、人力、设备、时间等资源，不会绝对公平。各类团队在成员数量、权力大致相同的情况下，会为了组织内有限的预算、空间、人力资源、辅助服务等资源而展开竞争，产生冲突。例如：企业里生产部门与销售部门的冲突；大学里院与院、系与系之间为争取经费、设备、奖励名额等发生冲突。另外，团队之间可能会共用一些组织资源，但是在具体使用过程中会出现谁先谁后、谁多谁少的矛盾。

（二）目标冲突

每一个团队都有自己的目标，而这些目标都是为了实现组织的目标，因此，每个团队都需要其他团队的协作。比如，市场营销部门要实现营销目标，就必须得到生产部门、财务部门、人事部门、研发部门的配合与支持。但现实情况是，各个团队的目标经常发生冲突。例如：营销部门的目标是吸引客户，培养客户忠诚，这就要求生产部门生产出质优价廉的商品。而生产部门的目标是降低成本、减少开支，以尽可能少的资源生产出尽可能多的商品，而这就不能保证商品质量。因此，营销部门与生产部门就可能发生目标冲突。

（三）相互依赖性

相互依赖性包括团队之间在前后相继、上下相连的环节上，一方的工作不当会造成另一方工作的不便、延滞，或者一方的工作质量影响另一方的工作质量和绩效。组织内的团队之间都是相互依赖的，不存在完全独立的团队。相互依赖的团队之间在目标、优先性、人力资源方面越是多样化，越容易产生冲突。例如：生产部门希望采购部门尽可能增加存货，以便在生产需要时能及时获得原材料；而采购部门希望尽可能减少存货，以降低仓储费用。生产部门与采购部门的这种相互依赖性反而可能导致冲突。

（四）责任模糊

组织内有时会由于职责不明造成缺位，出现谁也不负责的管理“真空”，造成团队之间的互相推诿甚至敌视，发生“有好处抢，没好处躲”的情况。

（五）地位斗争

组织内团队之间对地位的不公平感也是产生冲突的原因。当一个团队努力提高自己在组织中的地位，而另一个团队视其为对自己地位的威胁时，冲突就会产生。在权力与地位不同的团队之间也会发生冲突，如管理层与工人、教师与学生都可能因为立场的不同而发生冲突。

（六）沟通不畅

团队之间的目标、观念、时间和资源利用等方面的差异是客观存在的，如果沟通不够，或沟通不成功，就会加剧团队之间的隔阂和误解，加深团队之间的对立和矛盾。美国在 1998 年发射火星气候探测器失败，正是由于负责项目的两组科学家分别使用了公制单位和英制单位。

三、管理团队冲突的原则

要有效管理团队之间的冲突，需要遵循以下 3 条原则：

第一，要分清楚冲突的性质。建设性冲突要适当鼓励，破坏性冲突则应该降低到最低程度。

第二，要针对不同类型的冲突采取不同的措施。个人与个人之间、个人与团队之间、个人与组织之间、团队与团队之间、团队与组织之间都可能产生冲突，要分别采用不同的管理对策。

第三，充满冲突的团队相当于一座火山，没有任何冲突的团队相当于一潭死水，因此既要预防团队之间的冲突，也要激发团队之间的冲突。

四、团队冲突管理方法

常见的管理团队冲突的方法有以下几种：

（一）交涉与谈判

交涉与谈判是解决问题的好方法，因为通过交涉，双方都能了解、体谅对方的问题。交涉也是宣泄各自情感的良好渠道。具体来讲，要将冲突双方召集到一起，让他们把分歧讲出来，辨明是非，找出分歧的原因，提出办法，最终选择一个双方都能接受的解决方案。

（二）第三者仲裁

当团队之间通过交涉与谈判仍无法解决问题时，可以邀请局外的第三者或者较高阶层的主管调停处理，也可以建立联络小组促进冲突双方的交流。

（三）吸收合并

当冲突双方规模、实力、地位相差悬殊时，实力较强的团队可以接受实力较弱团队的要求并使其失去继续存在的理由，进而与实力较强的团队完全融合为一体。

（四）强制

借助或利用组织的力量，或是利用领导地位的权力，或是利用来自联合阵线的力量，强制解决冲突。这种解决冲突的方法往往只需要花费很少的时间就可以解决长期积累的矛盾。

（五）回避

当团队之间的冲突对组织目标的实现影响不大而又难以解决时，组织管理者不妨采取回避的方法。通过冲突造成的不良后果，冲突双方能够意识到冲突只会导致两败俱伤，因此自觉由冲突转向合作。

（六）激发冲突

具体方法有：在设计绩效考评和激励制度时，强调团队的利益和团队之间的利益比较；运用沟通的方式，通过模棱两可或具有威胁性的信息来提高冲突水平；引进一些在背景、价值观、态度和管理风格方面均与当前团队成员不同的外人；调整组织结构，提高团队之间的相互依赖性；故意引入与组织中大多数人的观点不一致的“批评家”。

（七）预防冲突

具体方法有：加强组织内的信息公开和共享；加强团队之间正式和非正式的沟通；正确选拔团队成员；增强组织资源；建立合理的评价体系，防止本位主义，强调整体观念；进行工作轮换，加强换位思考；明确团队的责任和权利；加强教育，建立崇尚合作的组织文化；设立共同的竞争对象；拟订一个能满足各团队目标的超级目标；避免形成团队之间、成员之间争胜负的情况。

五、冲突与绩效的关系

在任何组织形态下，冲突都是无法避免的，尽管管理者的无能显然不利于冲突的预防或化解，但它并非冲突的根本原因，冲突可能导致绩效的降低，亦可能导致绩效的提升。最佳绩效的获得，有赖于适度冲突的存在，如图 5-1 所示：

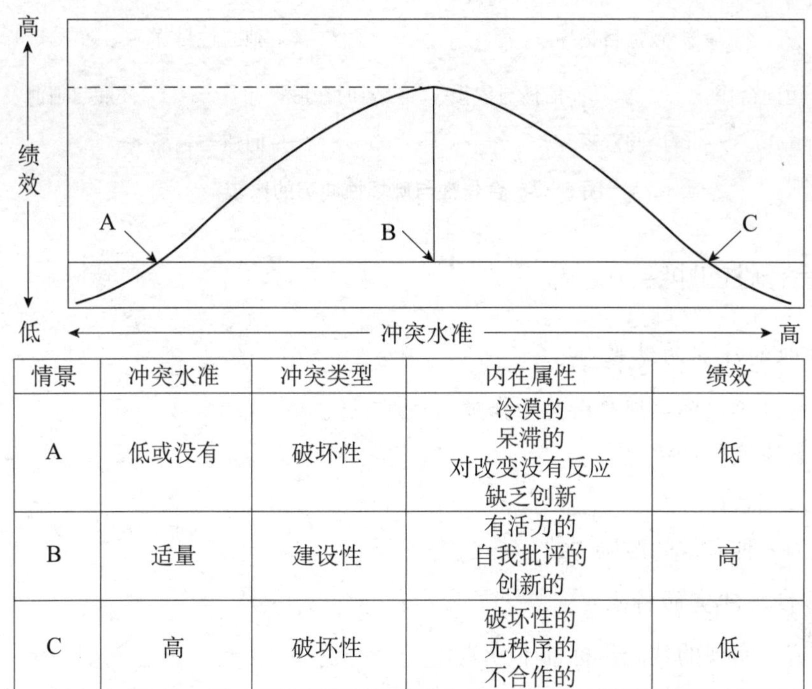

情景	冲突水准	冲突类型	内在属性	绩效
A	低或没有	破坏性	冷漠的 呆滞的 对改变没有反应 缺乏创新	低
B	适量	建设性	有活力的 自我批评的 创新的	高
C	高	破坏性	破坏性的 无秩序的 不合作的	低

图 5－1　冲突与绩效

六、五种冲突反应模式的意图向度

冲突存在五种反应模式：竞争型、顺从型、回避型、妥协型、合作型。五种反应模式的结果：竞争、顺从都是一赢一输；回避是双输；妥协介于输赢之间；合作是双赢。如图 5－2 所示：

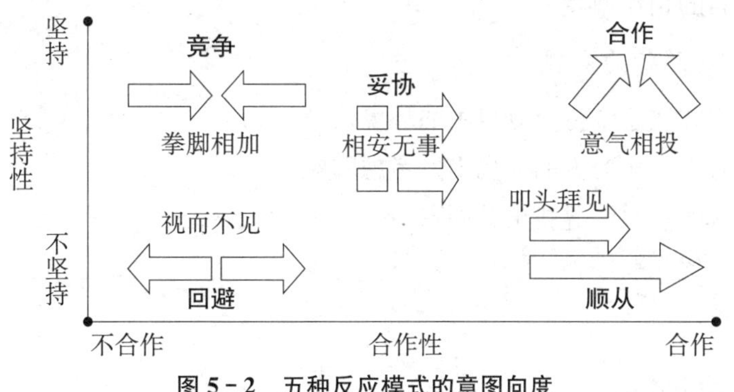

图 5－2　五种反应模式的意图向度

七、合作性与破坏性冲突的比较

合作性与破坏性冲突的比较，如图 5－3 所示：

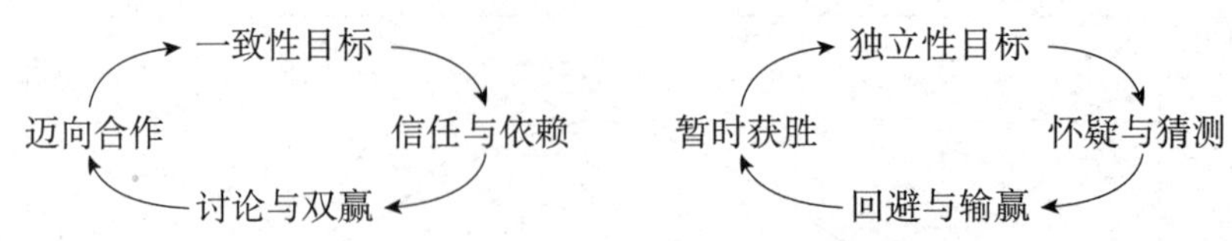

图 5-3　合作性与破坏性冲突的比较

（一）合作性的冲突

1. 合作性的冲突的结果

（1）支持群体目标，提高群体工作绩效；

（2）提高决策质量；

（3）激发创新；

（4）成为一种有效的激励手段。

2. 合作性的冲突的特点

（1）大家对实现的共同目标都十分关心；

（2）彼此愿意接受对方的观点；

（3）大家以问题为中心；

（4）沟通不断增加。

3. 合作性冲突的实质

（1）不同思想的有益碰撞；

（2）不同见解的相互探讨；

（3）不同方案的比较分析；

（4）不同行为的相互激发。

4. 合作性冲突的行为表现

（1）商谈时双方注意维持充分自由的环境；

（2）对事不对人，从对方的立场出发考虑问题；

（3）权衡双方的利益，寻找出共同点；

（4）重新考虑优先顺序；

（5）做出协议。

（二）破坏性的冲突

1. 破坏性的冲突结果

（1）降低工作绩效，阻碍群体目标的实现；

（2）团队凝聚力下降；

（3）成员之间明争暗斗；

（4）导致讯息错误和事实真相的扭曲。

2. 破坏性的冲突特点

（1）大家对自己观点是否赢得胜利十分关心；

（2）彼此不愿意接受对方的观点和意见；

（3）由问题的讨论转向人身攻击；

（4）沟通减少，以至完全停止。

八、建设性冲突

建设性冲突是指冲突各方目标一致，实现目标的途径和手段不同而产生的冲突。建设性冲突可以使组织中存在的不良功能和问题充分暴露出来，防止事态恶化。同时，可以促进不同意见的交流和对自身弱点的检讨，有利于促进良性竞争。

（一）建设性冲突的特点

（1）双方都关心实现共同目标和解决现有问题。

（2）双方愿意了解彼此的观点，并以争论问题为中心。

（3）双方争论是为了寻找较好的方法解决问题。

（4）相互信息交流不断增加。

（二）建设性冲突的作用

（1）可以促使组织或小组内部发现存在的问题，采取措施及时纠正。

（2）可以促进组织内部与小组间公平竞争，提高组织效率。

（3）可以防止思想僵化，提高组织和小组决策质量。

（4）可以激发组织内部员工的创造力，使组织适应不断变化的外界环境。

课堂测试

请结合实际谈谈如何解决团队冲突。

小故事大道理

抉　择

在一个暴风雨的晚上，你开着一辆车，经过一个车站。有三个人正在等公共汽车：一个是快要死的老人；一个是医生，他曾救过你的命；还有一个女人/男人，他/她是那种你做梦都想嫁/娶的人。

老人快要死了，你应该先救他，然而，每个老人最后都只能把死作为他们的终点站；先让那个医生上车，因为他救过你，你认为这是个报答他的好机会，但同时有些人认为一样可以在将来某个时候去报答他；你也可以让第三个人上车，因为你一旦错过了这个机会，你可能永远不能遇到一个让你这么心动的人。

但你的车只能坐一个人，你会选择哪一位呢？请解释一下你的理由。

训练营

训练任务 5-2　团队冲突处理训练

【任务目标】

帮助学生运用理论知识，进行团队冲突处理。

【任务要求】

（1）每个小组围成一圈，由组长主持讨论。

（2）小组成员学习团队冲突的概念，团队冲突的产生原因，团队冲突管理的方法，冲突与绩效的关系，五种反应模式的意图向度，合作性与破坏性冲突的比较和建设性冲突。

（3）小组根据各组成员特点，运用所学理论知识，进行团队冲突处理。

（4）每组安排一名同学负责记录、汇总。

（5）活动结束后，要求每组选出一名代表在课堂上汇报团队冲突处理训练结果。

（6）准备时间为 10 分钟。

【任务组织】（见表 5-3）

表 5-3　团队冲突处理训练任务组织表

活动项目	具体实施	时间	备注
团队冲突处理训练	（1）假设全班有 48 人，将学生分成 6 个小组，每个小组建立一个模拟公司。每个公司 8 个人。 （2）小组分工协作，运用所学理论知识，讨论团队冲突的概念，团队冲突产生的原因，团队冲突管理的方法，冲突与绩效的关系，五种反应模式的意图向度，合作性与破坏性冲突的比较和建设性冲突。 （3）6 个公司同时进行团队冲突处理训练，然后分别汇报团队冲突处理训练结果。 （4）组织学生讨论团队冲突处理训练过程中遇到的问题。	30 分钟	教室中每组一桌八椅、分组资料（公司名称、人员安排）

【任务评价】（见表 5-4）

表 5-4　　团队冲突处理训练任务评价表

评价指标	评价标准	分值（100 分）	评估成绩	所占比例
团队冲突处理训练表演情况及效果	1. 团队冲突的概念，团队冲突产生的原因，团队冲突管理的方法，冲突与绩效的关系，五种反应模式的意图向度，合作性与破坏性冲突的比较和建设性冲突的理解	20		70%
	2. 能识别团队冲突处理训练易犯错误	20		
	3. 能灵活运用团队冲突处理训练的应对策略	20		
	4. 遵守活动时间	10		
	5. 表演真实	10		
	6. 效果明显	10		
	7. 活动评估	10		
教学过程	出勤、态度和热情	100		30%
小组综合得分				

模块三　加强团队建设

故事导入

鲶鱼效应

西班牙人爱吃沙丁鱼，但沙丁鱼非常娇贵，极不适应离开大海后的环境。当渔民们把刚捕捞上来的沙丁鱼放入鱼槽运回码头后，用不了多久沙丁鱼就会死去。而死掉的沙丁鱼味道不好销量也差，倘若抵港时沙丁鱼还活着，鱼的卖价就要比死鱼高出若干倍。为延长沙丁鱼的活命期，渔民想方设法让鱼活着到达港口。后来渔民想出一个法子，将几条沙丁鱼的天敌——鲶鱼放在运输容器里。因为鲶鱼是食肉鱼，放进鱼槽后，鲶鱼便会四处游动寻找小鱼吃。为了躲避天敌的吞食，沙丁鱼自然加速游动，从而保持了旺盛的生命力。如此一来，沙丁鱼就能一条条活蹦乱跳地回到渔港。这在经济学上被称作“鲶鱼效应”。

教师启发

“鲶鱼效应”非常直观地显示了适当的冲突可能带来的积极效果，其实用人亦然。一个公司，如果人员长期固定，就缺乏活力与新鲜感，容易产生惰性。尤其是一些老员工，工作时间长了就容易厌倦、疲惰、倚老卖老，因此有必要找些外来的“鲶鱼”加入公司，制造一些紧张气氛。当员工们看见自己的位置多了些“职业杀手”时，便会有种紧迫感，知道该加快步伐了，否则就会被淘汰。这样一来，企业自然而然就生机勃勃了。

当压力存在时，为了更好地生存发展下去，惧者必然会比其他人更用功，而越用功，跑得就越快。适当的竞争犹如催化剂，可以最大限度地激发人们体内的潜力。

? 课前提问

团队建设究竟有多重要呢?

相关知识点

一、团队建设的目的

为什么要进行团队建设呢? 团队建设的目的如图 5-4 所示：

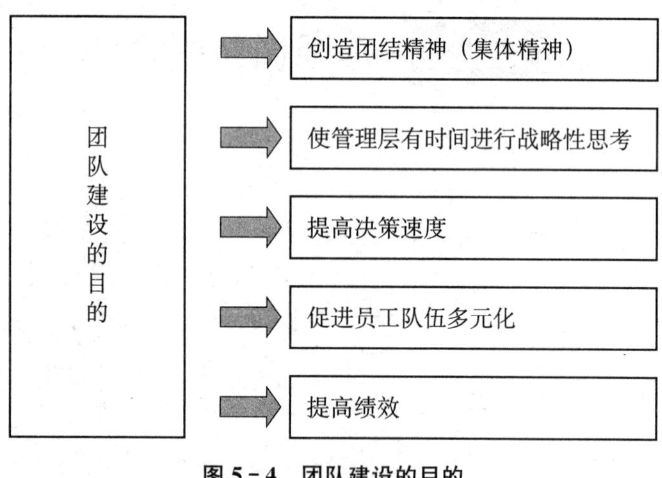

图 5-4 团队建设的目的

二、团队建设的原则

（一）确定团队规模

最好的工作团队一般规模较小，其成员应控制在 12 人以内，如果团队成员很多，会妨碍交流与讨论，难以形成凝聚力、忠诚和信赖感。

（二）完善成员技能

高效团队需要 3 种不同技能类型的成员：

（1）具有技术专长的人。

（2）具有发现、解决问题和决策技能的人。

（3）具有较强人际关系的人。

（三）合理分配角色

团队角色主要有：工兵、主席、开路先锋、智多星、八爪鱼、监控/评价、保姆、终结者。要合理分配角色，把个人偏好与团队角色要求适当匹配，使团队成员各尽其能。

（四）树立共同目标

共同目标能够为团队成员指引方向和提供动力，目标会使个体提高绩效水平，目标也使群体充满活力。

（五）建立绩效评估与激励体系

对于表现出色的团队，除了根据个体的贡献进行评估和激励之外，组织和管理者还应考虑以群体为基础进行绩效评估、团队激励及其他方面的变革，来强化团队的奋进精神。

（六）培养互信精神

（1）表明你既为自己也为别人的利益工作。

（2）用语言和行动来支持自己的团队。

（3）表明指导你决策的基本价值观是一致的。

（4）开诚布公。

（5）公平。

（6）说出你的感觉。

（7）保密。

（8）展现你的才能。

三、团队建设的过程

（一）团队建设的生命周期

团队建设也有自己的生命周期，如图 5－5 所示：

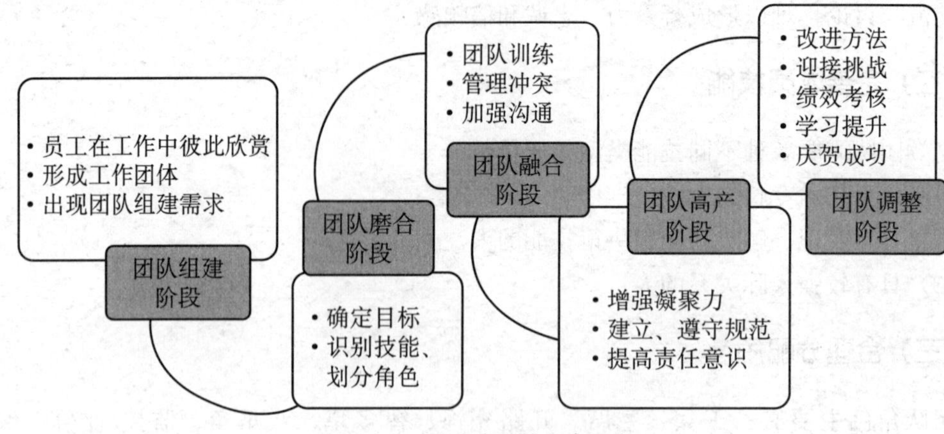

图 5－5　团队建设的生命周期

（二）团队发展的四个阶段

团队发展的四个阶段，如图 5－6 所示：

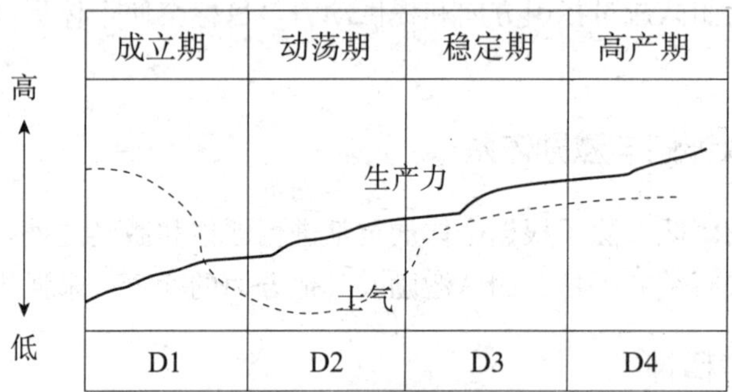

图 5－6　团队发展的四个阶段

四、团队建设中的阻力

（一）来自组织结构的阻力

（1）传统的等级官僚体制。

（2）死板而没有风险的企业文化。

（3）信息传递过程中的改变。

（4）部门间各自为政。

（二）来自管理层的阻力

（1）管理层担心一旦有了团队，自己就失去了应有的权力和地位。

（2）组织机构对管理层的排挤。

（3）没有被及时地授予团队的权威和责任。

（4）没有及时提供足够的培训和支持。

（5）没有及时传达企业的总体目标并制定出相关的细则。

（三）来自个人的阻力

（1）个人的贡献和成就感无人承认。

（2）如果在团队中必须保持一种合作的态势，那么个性还能不能发挥，个人优势还能不能得到认可？

（3）个人害怕团队会给他带来更多的工作。

（4）团队成员害怕承担责任。

（5）担心团队在一起工作时会出现新的冲突。

五、企业团队的良性构建

（一）第一阶段：组建适应期

（1）确定共同目标。

（2）建立组织架构。

（3）创制运作规范。

（4）分配成员角色。

（二）第二阶段：冲突调适期

（1）绩效低于预期。

（2）挫折引发质疑。

（3）冲突危及目标。

（4）沟通消弭冲突。

（三）第三阶段：认同协作期

（1）开放和谐互信。

（2）崇尚共享共赢。

（3）团结协作进取。

（4）理性支持领袖。

（四）第四阶段：成熟收获期

（1）凝聚温暖、力量、信心。

（2）献身团队荣誉与利益。

（3）团队使命圆满达成。

（4）个人职业成就提升。

六、企业团队建设的关键实务

（一）企业团队的构建要素

（1）共同利益基础与价值观。

（2）激励（民主）性制度规则。

（3）快乐和谐的人际关系。

（4）高效自主的多元成员。

（5）个人目标融入共同愿景。

（6）优质的沟通渠道与氛围。

（7）持续、系统、有效的培育。

（8）出色的团队组织与管理技巧。

（9）理性、勇敢、有力的领导者。

（二）企业团队成员的核心技巧

（1）尊重共同价值观与一致意见。

（2）促进团队上升与突破性发展。

（3）协助团队合理决策并执行。

（4）借助整体力量处理疑难障碍。

（5）重视并参与内外协调事务。

（三）企业团队冲突及其调适

冲突是企业团队运行中的常态，通常因目标、资源、预期、感受或价值观等差异而引发成员间或团队间的排斥、对立。

七、万科集团团队建设实例

万科集团从 2000 年到 2004 年以后组织结构图的变化，如图 5－7 所示。

从中可以看出万科组织模式的转变，如图 5－8 所示。

其中，组织积木的概念，如图 5－9 所示。

万科集团的新定位是朝着战略型总部转变，从而形成万科集团总部的线性管理，如图 5－10 所示。

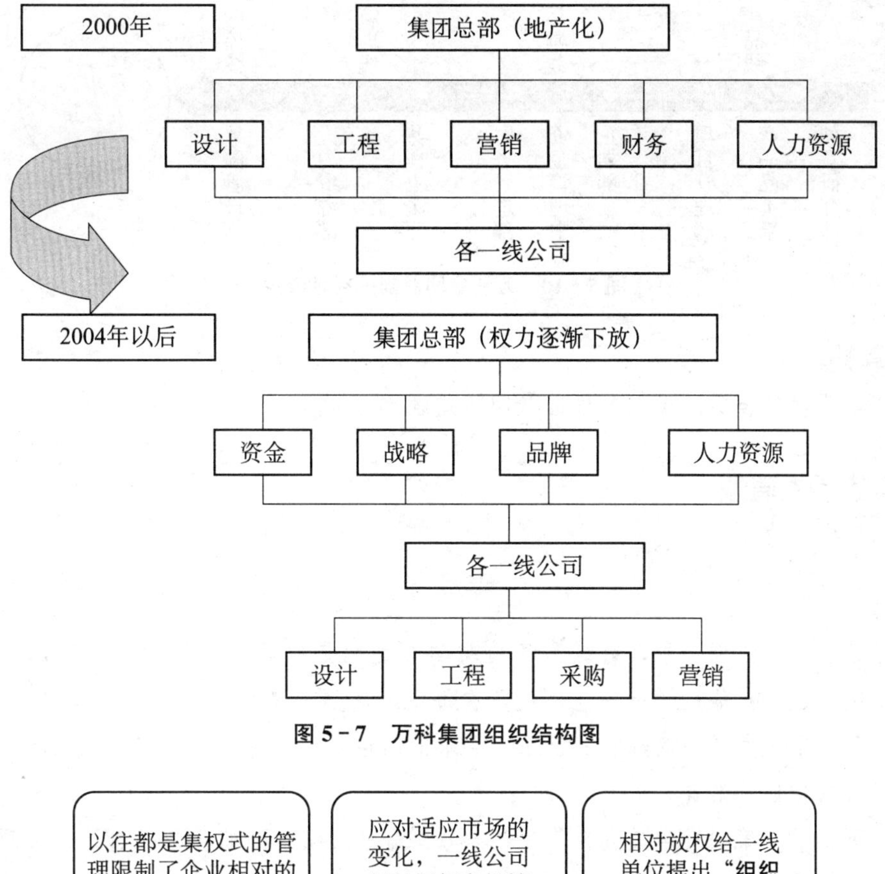

图 5－7　万科集团组织结构图

以往都是集权式的管理限制了企业相对的灵活性

应对适应市场的变化，一线公司是最了解市场情况的单位

相对放权给一线单位提出**“组织积木”**概念

图 5－8　万科组织模式转变

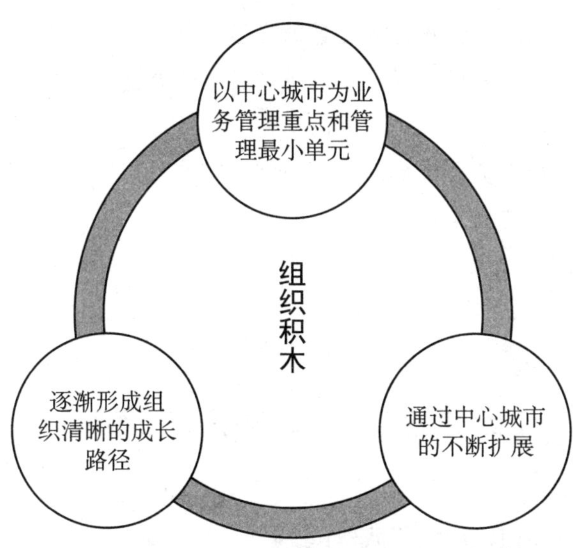

图 5－9　组织积木的概念

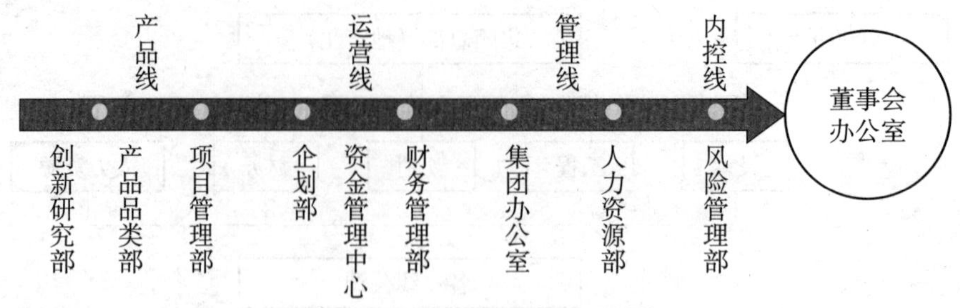

图 5-10　万科集团总部的线性管理

课堂测试

根据所学，结合实际说说怎样进行团队建设。

小故事大道理

长筷子

在某次团队建设训练中，教练为了检验学员之间是否具备团结协作、互助互帮的意识，做了一个试验：他把学员分为两批，在每批人的面前都放了一大堆可口美味的食物，但是，却给每个人发了一双细长的筷子，要求他们在规定的时间内，把桌上的食物全部吃完，并不许有任何的浪费。

比赛开始了，第一批学员各自为政，只顾拼命地用筷子夹取食物往自己的嘴里送，但因筷子太长，总是无法够到自己的嘴，而且因为你争我抢，造成了食物极大的浪费，教练看到此景，摇了摇头，感到很失望。

轮到第二批学员开始了，他们一上来并没有急着用筷子往自己的嘴里送食物，而是大家一起围坐成一个圆圈，先用自己的筷子夹取食物送到坐在自己对面人的嘴里，然后，由坐在自己对面的人用筷子夹取食物送到自己的嘴里，就这样，每个人都在规定时间内吃到了整桌的食物，并丝毫没有造成浪费。第二批学员不仅享受了美味，还获得了更多彼此的信任和好感。教练看了，点了点头，为此感到高兴。

于是，教练为第一批学员的背后贴上五个字，叫利己不利人；而在第二批学员的背后贴上另外五个字，叫利己又利人！

训练营

训练任务 5-3　加强团队建设训练

【任务目标】

帮助学生运用理论知识，加强团队建设。

【任务要求】

（1）由组长主持讨论。

（2）小组成员学习团队建设的目的，团队建设的原则，团队建设的过程，团队建设中的阻力，企业团队的良性构建，企业团队建设的关键实务，万科集团团队建设实例。

（3）小组根据各组成员特点，运用所学理论知识，加强团队建设。

（4）每组安排一名同学负责记录，汇总。

（5）活动结束后，要求每组选出一名代表在课堂上汇报加强团队建设训练结果。

（6）准备时间为 10 分钟。

【任务组织】（见表 5－5）

表 5－5　　加强团队建设训练任务组织表

活动项目	具体实施	时间	备注
加强团队建设训练	（1）假设全班有 48 人，将学生分成 6 个小组，每个小组 8 个人。 （2）小组分工协作，运用所学理论知识，讨论团队建设的目的，团队建设的原则，团队建设的过程，团队建设中的阻力，企业团队的良性构建，企业团队建设的关键实务，万科集团团队建设实例。 （3）6 个小组同时进行加强团队建设训练，然后分别汇报加强团队建设训练结果。 （4）组织学生讨论加强团队建设训练过程中遇到的问题。	30 分钟	教室中每组一桌八椅、分组资料

【任务评价】（见表 5－6）

表 5－6　　加强团队建设训练任务评价表

评价指标	评价标准	分值（100 分）	评估成绩	所占比例
加强团队建设训练表演情况及效果	1. 团队建设的目的，团队建设的原则，团队建设的过程，团队建设中的阻力，企业团队的良性构建，企业团队建设的关键实务，万科集团团队建设实例的理解	20		70%
	2. 能识别加强团队建设训练易犯错误	20		
	3. 能灵活运用加强团队建设训练的应对策略	20		
	4. 遵守活动时间	10		
	5. 表演逼真	10		
	6. 效果明显	10		
	7. 活动评估	10		
教学过程	出勤、态度和热情	100		30%
小组综合得分				

模块四 重视团队培训

令出必行

《左传》记载：孙武去见吴王阖闾，与他谈论带兵打仗之事，说得头头是道。吴王心想，“纸上谈兵管什么用，让我来考考他”，便出了个难题，让孙武替他训练姬妃宫女。孙武挑选了一百个宫女，让吴王的两个宠姬担任队长。

孙武将列队训练的要领讲得清清楚楚，但正式喊口令时，这些女人笑作一堆，乱作一团，谁也不听他的。孙武再次讲解要领，并要两个队长以身作则。但他一喊口令，宫女们还是满不在乎，两个当队长的宠姬更是笑弯了腰。孙武严厉地说道：“这里是演武场，不是王宫；你们现在是军人，不是宫女；我的口令就是军令，不是玩笑。你们不按口令训练，两个队长带头不听指挥，这就是公然违反军法，理当斩首！”说完，便叫武士将两个宠姬杀了。

场上顿时肃静，宫女们吓得谁也不敢出声，当孙武再喊口令时，她们步调整齐，动作划一，真正成了训练有素的军人。孙武派人请吴王来检阅，吴王正为失去两个宠姬而惋惜，没有心思来看宫女训练，只是派人告诉孙武：“先生的带兵之道我已领教，由你指挥的军队一定纪律严明，能打胜仗。”孙武没说什么，而是从立信出发，换得了军纪森严、令出必行的效果。

教师启发

做人难，做个优秀的管理人员更难。特别是担任管理职务的中层干部，往往会遇到孙武这样的问题，制定的一些政策在推行的时候却因为触及了一些人的既得利益而无法施展。这些人或者是比自己职位更高，或者有很多自己开罪不起的背景，他们形成的阻碍会让你进退两难。

正所谓“慈不掌兵”，管理者就应该坚持正确的原则，虽然推行的结果可能是得罪一些高层人士导致自己的职位不保，但如果你的政策推行不下去，职位也岌岌可危，那你的前途同样渺茫。这就是我们通常所说的机会成本，它所运用的就是经济学最常用的一种理论——博弈论。只要你客观公正地执行政策，而不是过多纠缠于自己的私利，成功的机会还是很大的。

作战之计既定便执行，决定发兵便马上行动；将帅不需怀疑计划，士兵也不需乱想心疑。

? 课前提问

应该如何对团队进行培训呢？

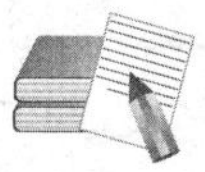

相关知识点

企业在生产经营活动过程中，由于内外部环境的变化，以及主客观多种因素的影响，面临一系列的新困难和新问题，当只有通过培训才能解决或才能更好地解决时，培训需求就应运而生。培训需求分析就是采用科学的方法弄清谁最需要培训、为什么要培训、培训什么等问题，并进行深入探索研究的过程。

一、培训需求分析的作用

培训需求分析具有很强的指导性，是确定培训目标、设计培训计划、有效地实施培训的前提，是现代培训活动的首要环节，是进行培训评估的基础，对企业的培训工作至关重要，是使培训工作准确、及时和有效的重要保证。它的具体作用，如表 5-7 所示：

表 5-7　　培训需求分析的作用

主要类别	内容描述
有利于找出差距，确立培训目标	进行培训需求分析时，首先应当找出差距、明确目标，即确认培训对象的实际状况同理想状况之间的差距，明确培训的目标与方向。差距的确认一般包括 3 个环节：一是明确培训对象目前的知识、技能和能力水平；二是分析培训对象理想的知识、技能和能力标准或模型；三是对培训对象的理想和现实的知识、技能和能力水平进行对比分析。
有利于找出解决问题的方法	解决需求差距的方法有很多，可以是培训的方法，也可以是与培训无关的方法，如人员变动、工资增长、新员工吸收等，或者是这几种方法的综合。目前企业所面临的问题往往复杂多变，因此最好将这几种可供选择的解决问题的方法综合起来，制定多样性的培训策略。
有利于进行前瞻性预测分析	企业的发展过程是一个动态的、不断变化的过程，当组织发生变革时（不管这种变革涉及技术、程序、人员，还是涉及产品或服务），培训计划必须进行相应的调整。而培训需求分析是培训计划的前提，因此它必须做好前瞻性和预测性分析，迅速把握这种变革，为制定完善的培训计划做准备。
有利于进行培训成本的预算	当进行培训需求分析并找到了解决问题的方法后，培训管理人员就能够把成本因素引入培训需求分析中去，预算培训成本，回答“不进行培训的损失与进行培训的成本之差是多少”的问题。如果不进行培训的损失小于培训的成本，则说明当前还不需要或不具备条件进行培训。但由于很多项目不能用数字量化，且要考虑长远利益，因而做这项工作是较困难的。

续表

主要类别	内容描述
有利于促进企业各方达成共识	通过培训需求分析，收集制定培训计划、选择培训方式的大量信息，为确定培训的对象、目标、内容、方式提供依据，促进企业各方达成共识，有利于培训计划的制定和实施。例如：企业相关部门的员工通常支持建立在真实需求分析基础之上的培训计划，因为他们实际参与了培训需求分析的过程，亲自感受到培训的必要性和紧迫性。

二、培训需求分析的实施程序

（一）做好培训前期的准备工作

培训活动开展之前，培训者就要有意识地收集有关员工的各种资料。这样不仅能在培训需求调查时很方便地调用，而且能够随时监控企业员工培训需求的变动情况，以便在恰当的时候向高层领导者请示开展培训。培训前期的准备工作，如表5-8所示：

表5-8　培训前期的准备工作

主要类别	内容描述
建立员工背景档案	培训部门应建立起员工的背景档案，培训档案应注重员工素质、员工工作变动情况以及培训历史等方面内容的记载。员工培训档案可参照员工人事档案、员工工作绩效记录表等方面的资料来建立。另外，培训者应密切关注员工的变化，随时向档案增添新的内容，以保证档案的监控作用。
同各部门人员保持密切联系	培训工作的性质决定了培训部门通过和其他部门之间保持更密切的合作联系，随时了解企业生产经营活动、人员配置变动、企业发展方向等方面的变动，使培训活动更能满足企业发展需要，更有效果。培训部门工作人员要尽可能和其他部门人员建立起良好的个人关系，为培训收集更多、更真实的信息。
向主管领导反映情况	培训部门应建立一种途径，满足员工随时反映个人培训需要的要求。可以采用设立专门信箱的方式，或者安排专门人员负责这一工作。培训部门了解到员工需要培训的要求后要立刻向上级汇报，并汇报下一步的工作设想。如果这项要求是书面的，在与上级联系之后，最好也以书面形式作答。如果得到的是一项口头要求，培训者可以口头作答，但应把主要内容以书面形式向上级汇报。
准备培训需求调查	培训者通过某种途径意识到有培训的必要时，在得到领导认可的情况下，就要开始调查的准备工作。

（二）制定培训需求调查计划

培训需求调查计划应包括以下几项内容，如表5-9所示：

表 5-9 培训需求调查计划

主要类别	内容描述
培训需求调查工作的行动计划	即安排活动中各项工作的时间进度以及各项工作中应注意的一些问题，这对调查工作的实施很有必要。特别是对于重要的、大规模的需求分析，有必要制定一个行动计划。
确定培训需求调查工作的目标	培训需求调查工作应达到一个什么目标，一般来说，是完全出于某种培训的需要，但由于在培训需求调查中会有各种客观或主观的原因，培训需求调查的结果并不是100%可信的。所以，要尽量排除其他因素的影响，提高培训需求调查结果的可信度。
选择合适的培训需求调查方法	应根据企业的实际情况以及培训中可利用的资源选择一种合适的培训需求调查方法。如工作任务安排非常紧凑的企业员工不宜对其采用面谈法，专业技术性较强的员工一般不用观察法。对于大型培训活动可以数种方法并施，如将问卷调查和个别会谈结合使用，扬长避短，但会增加成本费用。
确定培训需求调查的内容	确定培训需求调查内容的步骤如下：首先要分析这次培训调查应得到哪些资料，然后排除手中已有的资料，就是需要调查的内容。培训需求调查的内容不要过于宽泛，这样会浪费时间和费用，对于某一项内容可以从多个角度调查，这样易于取证。

（三）实施培训需求调查工作

在制定了培训需求调查计划以后，就要按计划规定的行动依次开展工作。实施培训需求调查主要包括以下步骤：

1. 提出培训需求动议或愿望

需求动议是指提出培训动态，由培训部门发出制定计划的通知，请各责任人针对相应岗位工作需要提出培训动议或愿望。它应由理想需求与现实需求或者预测需求与现实需求存在差距的部门和岗位提出。

2. 调查、申报、汇总需求动议

即相关人员根据企业或部门的理想需求与现实需求、预测需求与现实需求的差距，调查、收集来源于不同部门和个人的各类需求信息，整理、汇总培训需求的动议和愿望，并报告企业培训组织管理部门或负责人。

3. 分析培训需求

申报的培训需求动议并不能直接作为培训的依据，因为培训需求常常是一个岗位或一个部门提出的，存在一定的片面性，所以对申报的培训需求进行分析，就是要消除培训需求动议的片面性，也就是说要全方位考虑，从整体工作计划来考虑，这就需要由企业的组织计划部门、相关岗位、相关部门，以及培训组织管理部门共同协商确定。分析培训需求需要关注的问题，如表 5-10 所示：

表 5-10　分析培训需求

主要类别	内容描述
受训员工的现状	在调查开始之前就要明确受训员工的工作情况。了解他们在组织中的位置，以及以前是否受过培训、受过什么样的培训、培训的形式有哪些等问题。
受训员工存在的问题	员工在工作中存在的问题并不是每个员工自己都能发现的，这时培训者要帮助培训对象分析工作中存在问题的原因是什么，这样有利于员工采取更为合作的态度配合调查。
受训员工的期望和真实想法	在调查中应确定受训员工期望能够达到的培训效果，要让员工知道说出自己对培训的期望和真实想法，可能会对培训内容有所影响。如果不能满足其期望，应向员工解释原因。

4. 汇总培训需求意见

确认培训需求即培训部门对汇总上来并加以确认的培训需求列出清单，参考有关部门的意见，根据重要程度和迫切程度排列培训需求，并依据所能收集到的培训资源制定初步的培训计划和预算方案。

（四）分析与输出培训需求结果

1. 对培训需求调查信息进行归类、整理

培训需求调查的信息来源于不同的渠道，信息形式有所不同，因此，有必要对收集到的信息进行分类，并根据不同的培训调查内容的需要进行信息的归档，同时要制作表格对信息进行统计，并利用直方图、分布曲线图等工具将信息所表现的趋势和分布状况予以形象的处理。

2. 对培训需求进行分析、总结

对收集上来的调查资料进行仔细分析，从中找出培训需求。此时应注意个别需求和普遍需求、当前需求和未来需求之间的关系。要结合业务发展的需要，根据培训任务的重要程度和紧迫程度对各类需求进行排序。

3. 撰写培训需求分析报告

对所有的信息进行分类处理、分析总结以后，就要根据处理结果撰写培训需求调查报告，报告结论要以调查信息为依据，不能以个人主观看法得出结论。

三、培训规划的主要内容

（一）培训项目的确定

（1）在培训需求分析的基础上，列出各种培训需求的优先顺序，并根据企业的资源状况优先满足那些排在前面的需求。

（2）明确培训的目标群体及其规模，考虑他们在企业中的作用、目前的工作状况、知识技能和态度水平，进行后续的目标设定和课程安排等。

（3）确定培训目标群体的培训目标，要考虑到个体的差异性和培训的互动性，并对培训预期达到的结果、完成任务的条件、达到目的的标准（即完成任务的速度或工作规范）给予明确、清晰的描述。

（二）培训内容的开发

培训内容的开发要坚持“满足需求，突出重点，立足当前，讲求实用，考虑长远，提升素质”的基本原则。

（三）实施过程的设计

（1）充分考虑实施过程的各个环节和阶段，合理安排培训进度，把培训内容以问题或能力为中心分解成多个学习单元，按照各个单元之间的相互关系和难易程度确定讲授顺序、详细程度和各自需要的时间，形成一个完备的培训进度表。

（2）合理选择教学方式，根据教师期望对培训的控制程度和受训者的参与程度，结合培训内容，确定以什么方式更能达到效果。

（3）全面分析培训环境，培训时的环境应尽量与实际工作的环境相一致，以保证培训结果在具体工作中能够得到很好的应用。

（四）评估手段的选择

（1）如何考核培训的成败。

（2）如何进行中间效果的评估。

（3）如何评估培训结束时受训者的学习效果。

（4）如何考察在工作中的运用情况。

（五）培训资源的筹备

培训需要的资源，包括人、财、物、时间、空间和信息等的筹备与使用。资源分析实际上也是可行性分析，以此确定培训能否开展，是采取企业内部培训还是外部委托的方式培训，又或是与外部机构进行合作培训。

（六）培训成本的预算

培训规划总是需要得到高层管理者的批准，而高层管理者除了关心规划是否完善可行外，更关注培训的成本效益分析。因此，进行成本预算是得到高层批准的必须环节，同时，成本预算也是对培训实施过程中各项支出的一个参考。

四、培训师的培训与开发

1. 授课技巧培训

教师的授课技巧高低是影响培训效果的关键因素。授课技巧很多，因人而异，因情况而异。

2. 教学工具的使用培训

培训师必须能熟练使用现代化的教学工具。

3. 教学内容的培训

从教师的两个来源来看，外部聘请的教师可能理论知识比较扎实，但其对企业的实际情况并不了解，就要对其进行这方面知识的补充，这样他们在授课时才能做到有针对性，将理论和实践结合起来。内部开发的教师对企业的情况比较了解，业务技能也很娴熟，但这类教师的缺点在于对专业范围内的理论新动向或新开发的技术或产品并不了解，这就是他们在培训中需要补充的东西。

4. 对教师的教学效果进行评估

教师的教学效果评估包括两部分内容：一是对教师在整个培训中的表现进行评估；二是对教师在培训教学中的表现进行评估。

5. 教师培训与教学效果评估的意义

这种评估必不可少，它是企业选择高质量培训教师的一个很好的手段。很多企业在首次培训中选择教师的标准可能只是其名气声望或者是一些人的推荐，但这并不能代表其的真实能力。每次培训项目完成以后，培训组织者不但要对培训对象与培训项目做一个评估，还应该对培训教师进行相关评估，这样可以确切反映其在培训中所发挥的作用。对于教学效果较好的教师，可以长期保持联系，为以后的培训储备资源。

五、培训课程的实施与管理

一个完善的培训计划在拟订阶段，必然会涉及许多在实施中将发生的事情，包括：学员、培训师的选择，培训时间、场地的安排，教材、讲义的准备，培训经费的落实，培训评估方法的选择等。所以，培训计划能否成功实施，除了有一个完善的培训计划外，培训师的素质、培训人员的学习成效及环境、时间等相关因素的配合都不可忽视。

培训课程的实施是指把课程计划付诸实践的过程，它是达到预期课程目标的基本途径。课程设计得再好，如在实践中得不到实施，也没有意义。课程实施是整个课程设计过程中的一个实质性阶段。

（一）前期准备工作

在新的培训项目即将实施之前做好各方面的准备工作，是培训成功实施的关键。准备工作包括以下几个方面，如表 5-11 所示：

表 5-11　　前期准备工作

主要类别	内容描述
确认并通知参加培训的学员	如果先前的培训计划已有培训对象，在培训实施前必须先进行一次审核，看是否有变化，须考虑的相关因素如下：学员的工作内容，工作经验与资历，工作意愿，工作绩效，公司政策，所属主管的态度等。
培训后勤准备	确认培训场地和设备，须考虑的相关因素如下：培训性质，交通情况，培训设施与设备，行政服务，座位安排，费用（场地、餐费）等。
确认培训时间	须考虑的相关因素如下：能配合员工的工作状况，合适的培训时间长度（原则上白天 8 个小时，晚上 3 个小时为宜）；符合培训内容，教学方法的运用，时间控制。
相关资料的准备	主要包括：课程资料编制，设备检查，活动资料准备，座位或签到表印制，结业证书等。
确认理想的培训师	尽可能与培训师事先见面，授课前说明培训目的、内容。须考虑的相关因素如下：符合培训目标，培训师的专业性，培训师的配合性，培训师的讲课报酬在培训经费预算内。

（二）培训实施阶段

1. 课前工作

（1）准备茶水、播放音乐；

（2）学员报到，要求在签到表上签名；

（3）引导学员入座；

（4）课程及讲师介绍；

（5）学员心态引导、宣布课堂纪律。

2. 培训开始的介绍工作

做完准备工作以后，课程就要进入具体的实施阶段。无论什么培训课程，开始实施以后要做的第一件事都是介绍。具体内容包括：

（1）培训主题；

（2）培训者的自我介绍；

（3）后勤安排和管理规则介绍；

（4）培训课程的简要介绍；

（5）培训目标和日程安排的介绍；

（6）“破冰”活动；

（7）学员自我介绍。

3. 培训器材的维护、保管

对培训的设施、设备要懂得爱护，小心使用，不能粗暴，例如：U 盘或移动硬盘要轻柔地插入或取出；注意保持麦克风清洁，以免传播疾病；对设备要定期除尘，不要把食物、饮料放在设备附近。

（三）知识或技能的传授

传授新知识或技能的方法有很多，通常包括由培训者讲授、通过教学媒体传授、有组织的讨论、非正式的讨论，以及提问和解答等。培训过程应注意：

（1）注意观察讲师的表现、学员的课堂反应，及时与讲师沟通、协调；

（2）协助上课、休息时间的控制；

（3）做好上课记录（录音）、摄影、录像。

（四）对学习进行回顾和评估

一般在培训的最后阶段，当学员听到“现在我们来总结一下所学的内容”时，他们就会松弛下来，认为培训已经结束，该下课了。实际上，这一短暂的总结非常重要，具有承上启下的作用，它既高度概括培训的中心内容，又要提示学员注意：“请大家想一想今天所培训的内容，有哪些可以应用到今后的工作中去。”

虽然通过总结可以帮助大家复习学过的内容，但由于通常这时学员只被动地听，所以效果并不好。因此，即使是在培训的最后阶段也不能忘记学员的参与是培训成功的关键。这时学员的参与更为重要，因为这关系到学员能否把学到的知识运用到工作中去，即培训的目标能否最终实现。做任何一件事情都要有始有终，培训也是一样。但培训者通常都很重视开始和整个培训过程，而忽略了结束部分。当然，好的开始可以给学员和培训者带来信心，而整个培训过程更是传授新知识和技能的主要环节，所以能留给总结部分的时间就不多了。但你只要能给结束部分留出全部培训时间5%左右的时间，就能取得意想不到的效果。

（五）培训后的工作

（1）向培训师致谢；

（2）作问卷调查；

（3）颁发结业证书；

（4）清理、检查设备；

（5）培训效果评估。

六、培训方法的选择

（一）直接传授型培训法

直接传授型培训法适用于知识类培训，主要包括讲授法、专题讲座法和研讨法。

1. 讲授法

讲授法是指教师按照准备好的讲稿系统地向受训者传授知识的方法。它是最基本的培训方法。适用于各类学员对学科知识、前沿理论的系统了解。主要有灌输式讲授、启发式讲授、画龙点睛式讲授 3 种方式。讲课教师是讲授法成败的关键因素。

讲授法的优点：传授内容多，知识比较系统、全面，有利于大面积培养人才；对培训环境要求不高；有利于教师的发挥；学员可利用教室环境相互沟通；能够向教师请教疑难问题；员工平均培训费用较低。

讲授法的局限性：传授内容多，学员难以完全消化、吸收；单向传授不利于教学双方互动；不能满足学员的个性需求；教师水平直接影响培训效果，容易导致理论与实践相脱节；传授方式较为枯燥单一。

2. 专题讲座法

专题讲座法形式上和课堂教学法基本相同，但在内容上有所差异。课堂教学一般是系统知识的传授，每节课涉及一个专题，接连多次授课；专题讲座是针对某一个专题知识，一般只安排一次培训。这种培训方法适合于管理人员或技术人员了解专业技术发展方向或当前热点问题等。

专题讲座法的优点：培训不占用大量的时间，形式比较灵活；可随时满足员工某一方面的培训需求；讲授内容集中于某一专题，培训对象易于加深理解。

专题讲座法的局限性：讲座中传授的知识相对集中，内容可能不具备较好的系统性。

3. 研讨法

研讨法是指在教师引导下，学员围绕某一个或几个主题进行交流，相互启发的培训方法。

（1）研讨法的类型。

1）以教师或受训者为中心的研讨。以教师为中心的研讨从头至尾由教师组织，教师提出问题，引导受训者做出回答。教师起着活跃气氛，使讨论不断深入的作用。讨论的问题除主题本身外，有时也包括由受训者的回答引出的问题。讨论也可以采用教师先指定阅读材料，然后围绕材料提出问题，并要求受训者回答的形式。研讨结束后，由教师进行总结。以受训者为中心的研讨常常采用分组讨论的形式。有两种方法：一是由教师提出问题或任务，受训者独立提出解决办法；二是不规定研讨的任务，受训者就某议题进行自由讨论，相互启发。

2）以任务或过程为取向的研讨。任务取向的研讨着眼于达到某种目标，这个目标是事先确定的，即通过讨论弄清某一个或几个问题，或者得出某个结论，组织这样的研讨需要设计能够引起讨论者兴趣、具有探索价值的题目。过程取向的研讨着眼于讨论过程中成员之间的相互影响，重点是相互启发，进行信息交换，并增进了解，加深感情。这种类型的研讨既能得出某个结论，又能达到相互影响的目的，这需要对讨论进行精心的组织。例如：先分成小组讨论，小组内进行充分的交流，意见达成一致；然后小组推举一人在全体学员的讨论会上发言。

（2）研讨法的优点。

1）多向式信息交流。在讨论过程中，教师与学员间，学员与学员间相互交流、启发和借鉴，及时反馈，有利于学员取长补短，拓展思路。

2）要求学员积极参与，有利于培养学员的综合能力。研讨法要求在调查准备的基础上，就研讨内容提出自己的观点，找出解决办法，因而学员必须独立思考，收集、查阅各种资料，分析问题，并用语言表达，同时还要能判断评价别人的观点并及时做出反应。

3）加深学员对知识的理解。通过对实际问题的研究、讨论，为学员提供了运用所学知识的机会，加深了学员对原理知识的理解，提高了其运用能力，并激发了进一步学习的动力。

4）形式多样，适应性强，可针对不同的培训目的选择适当的方法。

（3）研讨法的难点。

1）对研讨题目、内容的准备要求较高；

2）对指导教师的要求较高。

（4）选择研讨题目注意事项。

1）题目应具有代表性、启发性；

2）题目难度要适当；

3）研讨题目应事先提供给学员，以便做好研讨准备。

（二）实践型培训法

实践型培训法简称实践法，主要适用于以掌握技能为目的的培训。实践法是通过让学员在实际工作岗位或真实的工作环境中，亲身操作、体验，掌握工作所需的知识、技能的培训方法，在员工培训中应用最为普遍。这种方法将培训内容和实际工作直接相结合，具有很强的实用性，是员工培训的有效手段。适用于从事具体岗位所应具备的能力、技能和管理实务类培训。

实践法的优点：经济，受训者边干边学，一般无须特别准备教室及其他培训设施；实用、有效，受训者通过实干来学习，使培训的内容与受训者将要从事的工作紧密结合，而且受训者在实践的过程中，能迅速得到关于他们工作行为的反馈和评价。

实践型培训法的常用方式如下：

1. 工作指导法

工作指导法又称教练法、实习法，是指由一位有经验的工人或直接主管人员在工作岗位上对受训者进行培训的方法。指导教练的任务是教受训者如何做，提出如何做好的建议，并对受训者进行激励。

工作指导法的优点：应用广泛，可用于基层生产工人培训，如让受训者通过观察教练工作和实际操作，掌握机械操作的技能。也可用于各级管理人员培训，让受训者与现任管理人员一起工作，后者负责对受训者进行指导，一旦现任管理人员因退休、提升、调动等原因离开岗位时，训练有素的受训者便可立即顶替，如设立助理职务培养和开发企业未来的高层管理人员。这种方法并不一定要有详细、完整的教学计划，但应注意培训的要点：一是关键工作环节的要求；二是做好工作的原则和技巧；三是须避免、防止的问题和错误。

工作指导法的缺点：不容易挑选到合格的教练或师父，有些师父担心“带会徒弟饿死师父”而不愿意倾尽全力。所以应挑选具有较强沟通能力、监督和指导能力以及宽广胸怀的教练。

2. 工作轮换法

工作轮换法是指让受训者在预定时期内变换工作岗位，使其获得不同岗位的工作经验的培训方法。以管理岗位的工作轮换培训为例：让受训者有计划地到各个部门学习，如生产、销售、财务等部门，在每个部门工作几个月。实际参与所在部门的工作，或仅仅作为观察者，了解所在部门的业务，扩大受训者对整个企业各环节工作的了解。

工作轮换法的优点：能丰富受训者的工作经验，增加其对企业工作的了解；使受训者明确自己的长处和短处，找到适合自己的位置；改善部门间的合作，使管理者能更好地相互理解、相互沟通。

工作轮换法的缺点：鼓励“通才化”，适合于一般直线管理人员的培训，不适用于职能管理人员。

3. 特别任务法

特别任务法是指企业通过为某些员工分派特别任务对其进行培训的方法，此法常用于管理培训。其具体形式如下：

(1) 委员会或初级董事会。这是为有发展前途的中层管理人员提供的，培养分析全公司范围问题的能力，提高决策能力的培训方法。一般“初级董事会”由 10～12 名受训者组成，受训者来自各个部门，他们针对高层次的管理问题，如组织结构、经营管理人员的报酬、部门间的冲突等提出建议，并将这些建议提交给正式的董事会，通过这种方法为这些管理人员提供分析公司高层次问题的机会。

(2) 行动学习。这是让受训者将全部时间用于分析、解决其他部门而非本部门问题的一种课题研究法。4～5 名受训者组成一个小组，定期开会，就研究进展和结果进行讨论。这种方法为受训者提供了解决实际问题的真实经验，可提高他们分析、解决问题，以及制定计划的能力。

4. 个别指导法

个别指导法和我国以前的“师父带徒弟”或“学徒工制度”相类似。目前我国仍有很多企业在实行这种“传帮带”式培训方式，主要是通过资历较深的员工的指导，使新员工能够迅速掌握岗位技能。

个别指导法的优点：新员工在师父指导下开始工作，可以避免盲目摸索；有利于新员工尽快融入团队；可以消除刚从高校毕业的受训者初入职场的紧张感；有利于企业传统优良工作作风的传递；新员工可从指导人处获取丰富的经验。

个别指导法的缺点：为防止新员工对自己构成威胁，指导者可能会有意保留自己的经验、技术，从而使指导浮于形式；指导者本身水平对新员工的学习效果有极大影响；指导者不良的工作习惯会影响新员工；不利于新员工的工作创新。

（三）参与型培训法

参与型培训法是调动培训对象积极性，让其在培训者与培训对象双方的互动中学习的方法。这类方法的主要特征是每个培训对象积极参与培训活动，从亲身参与中获得知识、技能，掌握正确的行为方式，开拓思维，转变观念。其主要形式有自学法、案例研究法、头脑风暴法、模拟训练法、敏感性训练法和管理者训练法。

1. 自学法

自学法适用于知识、技能、观念、思维、心态等多方面的学习。自学既适用于岗前培训，又适用于在岗培训，而且新员工和老员工都可以通过自学掌握必备的知识和技能。

自学的优点，如表 5－12 所示：

表 5－12　　自学的优点

主要类别	内容描述
费用低	自学只需要为自学者创造一定的学习条件或者对自学进行必要的组织，如购买书籍，而不需要聘请教师，购置大件教学设备，不需要解决学员的食宿问题，因此自学费用比课堂培训低得多。
不影响工作	与集中培训不同，自学往往是在业余时间进行，学习和工作不会发生矛盾，对工作一般不会产生影响。
学习者自主性强	自学者可根据自己的具体情况安排时间和进度，有重点地选择学习内容，学习者自主性强，可弹性安排学习计划。
可体现学习的个别差异	自学者可以对学习内容进行选择，着重学习自己不熟悉的内容。同时，学习者可按照自己习惯的方法学习。
有利于培养员工的自学能力	在信息时代，每个人都必须终身接受教育，学会如何学习对于每个人都非常重要。自学的过程是学习者主动地掌握知识的过程，必然会提高学习能力。

自学的缺点，如表 5－13 所示：

表 5－13　　自学的缺点

主要类别	内容描述
学习的内容受到限制	自学时缺少交流、演练和指点，通过交流、演练和指点才能掌握的东西显然不适合自学。
学习效果可能存在很大差异	每个员工的自学能力和主动性不同，学习效果可能存在很大差异。
学习中遇到疑问和难题往往得不到解答	在课堂培训时，教师会对重点和难点进行着重讲解，使受训者能够听懂。在自学时，学习者遇到不懂的问题可能无法得到解答。
容易使自学者感到单调乏味	在讲授时，教师一般通过生动的讲解引起学员的兴趣，营造良好的学习气氛。自学是单个进行，如果恰好学习者对学习的内容缺乏兴趣，就会产生单调、乏味的感觉。

2. 案例研究法

案例研究法是一种信息双向交流的培训方式，它将知识传授和能力提高两者融合到一起，是一种非常有特色的培训方法。可分为案例分析法和事件处理法两种。

(1) 案例分析法。案例分析法又称个案分析法，它是围绕一定的培训目的，把实际中真实的场景加以典型化处理，形成供学员思考分析和决断的案例，通过独立研究和相互讨论的方式，来提高学员的分析及解决问题的能力的一种培训方法。

用于教学的案例应满足以下 3 个要求：内容真实；案例中应包含一定的管理问题；分析案例必须有明确的目的。

案例分析可分为两种类型：第一种是描述评价型。即描述解决某种问题的全过程，包括其实际后果（不论成功或失败）。这样，留给学员的分析任务只是对案例中的做法进行事后分析，以及提出“亡羊补牢”性的建议。第二种是分析决策型。即只介绍某一待解决的问题，由学员去分析并提出对策。本方法更能有效地培养学员分析决策、解决问题的能力。上述两种方法不是截然分开的，中间存在一系列过渡状态。一般来说，解决问题的过程有 7 个环节：找问题、分主次、查原因、提方案、细比较、做决策、试运行。

(2) 事件处理法。事件处理法是指让学员自行收集亲身经历的案例，将这些案例作为个案，利用案例研究法进行分析讨论，并用讨论结果来警戒日常工作中可能出现的问题。学员间通过彼此亲历事件的相互交流和讨论，可使企业内部信息得到充分利用和共享，同时有利于形成一个和谐、合作的工作环境。事件处理法的适用范围：适宜各类员工了解解决问题时收集各种情报及分析具体情况的重要性；了解工作中相互倾听、相互商量、不断思考的重要性；通过自编案例及案例的交流分析，提高学员理论联系实际的能力、分析解决问题的能力，以及表达、交流的能力；培养员工间良好的人际关系。

事件处理法的优点：参与性强，变学员被动接受为主动参与；将学员解决问题能力的提高融入知识传授中；教学方式生动具体，直观易学；学员之间能够通过案例分析达到交流的目的。

事件处理法的缺点：案例准备的时间较长且要求高；案例法需要较多的培训时间，同时对学员能力有一定的要求；对培训顾问的能力要求高；无效的案例会浪费培训对象的时间和精力。

3. 头脑风暴法

头脑风暴法又称“脑力激荡法”“研讨会法”“讨论培训法”。头脑风暴法的特点是培训对象在培训活动中相互启迪思想、激发创造性思维，它能最大限度地发挥每个参加者的创造能力，提供解决问题的更多、更好的方案。

头脑风暴法只规定一个主题，即明确要解决的问题，保证讨论内容不泛滥。把参加者组织在一起，无拘无束地提出解决问题的建议或方案，组织者和参加者都不能评议他人的建议和方案。事后再收集各参加者的意见，交给全体参加者。然后排除重复的、明显不合理的方案，重新表达内容含糊的方案。组织全体参加者对各可行方案逐一评估，选出最优方案。头脑风暴法的关键是要排除思维障碍，消除心理压力，让参加者轻松自由、各抒己见。

头脑风暴法的优点：培训过程中为企业解决了实际问题，大大提高了培训的收益；可以帮助学员解决工作中遇到的实际困难；培训中学员参与性强；小组讨论有利于加深学员对问题理解的程度；集中了集体的智慧，达到了相互启发的目的。

头脑风暴法的缺点：对培训顾问要求高，如果不善于引导讨论，可能会使讨论漫无边际；培训顾问主要扮演引导的角色，讲授的机会较少；研究的主题能否得到解决也受培训对象水平的限制；主题的挑选难度大，不是所有的主题都适合用来讨论。

4. 模拟训练法

模拟训练法以工作中的实际情况为基础，将实际工作中可利用的资源、约束条件和工作过程模型化，学员在假定的工作情境中参与活动，学习从事特定工作的行为和技能，提高其处理问题的能力。其基本形式是：由人和机器共同参与模拟活动；人与计算机共同参与模拟活动。这种方法与角色扮演类似，但并不完全相同。模拟训练法更侧重于对操作技能和反应敏捷的培训，它把参加者置于模拟的现实工作环境中，让参加者反复操作，解决实际工作中可能出现的各种问题，为进入实际工作岗位打下基础。这种方法比较适用于对操作技能要求较高的员工的培训。

模拟训练法的优点：学员在培训中工作技能将会获得提高；通过培训有利于加强员工的竞争意识；可以带动培训中的学习气氛。

模拟训练法的缺点：模拟情景准备时间长，而且质量要求高；对组织者要求高，要求其熟悉培训中的各项技能。

5. 敏感性训练法

敏感性训练法又称T小组法，简称ST（Sensitivity Training）法。敏感性训练法要求学员在小组中就参加者的个人情感、态度及行为进行坦率、公正的讨论，相互交流对各自行为的看法，并说明其引起的情绪反应。它的目的是要提高学员对自己的行为和他人的行为的洞察力，了解自己在他人心目中的"形象"，感受与周围人群的相互关系和相互作用，学习与他人沟通的方式，发展在各种情况下的应变能力，在群体活动中采取建设性行为。敏感性训练法适用于组织发展训练；晋升前的人际关系训练；中青年管理人员的人格塑造训练；新进人员的集体组织训练；外派工作人员的异国文化训练等。敏感性训练法常采用集体住宿训练、小组讨论、个别交流等活动方式。具体训练日程由指导者安排，内容可包括问题讨论、案例研究等。讨论中，每个学员充分暴露自己的态度和行为，并从小组成员那里获得对自己行为的真实反馈，承受以他人的方式给自己提出意见，同时了解自己的行为如何影响他人，从而改善自己的态度和行为。

6. 管理者训练法

管理者训练法，简称MTP（Manager Training Plan）法，是产业界最为普及的管理人员培训方法。这种方法旨在使学员系统地学习，深刻地理解管理的基本原理和知识，从而提高其管理能力。管理者训练法适用于培训中低层管理人员掌握管理的基本原理、知识，提高管理能力。一般采用专家授课、学员间研讨的培训方式。企业可进行大型的集中训练，以脱产方式进行。

管理者训练法的操作要点：指导教师是管理者训练法的关键，一般采用外聘专家或由企业内部曾接受过此法训练的高级管理人员担任。

(四) 态度型培训法

态度型培训法主要针对行为调整和心理训练，具体包括角色扮演法和拓展训练。

1. 角色扮演法

角色扮演法是在一个模拟真实的工作情境中，让参加者身处模拟的日常工作环境之中，并按照他在实际工作中应有的权责来担当与实际工作类似的角色，模拟性地处理工作事务，从而提高处理各种问题的能力。这种方法的精髓在于“以动作和行为作为练习的内容来开发设想”。也就是说，学员不是针对某问题相互对话，而是针对某问题采取实际行动，以提高个人及集体解决问题的能力。

行为模仿法是一种特殊的角色扮演法，它通过向学员展示特定行为的范本，由学员在模拟的环境中进行角色扮演，并由指导者对其行为提供反馈的训练方法，它适用于中层管理人员、基层管理人员、一般员工的培训。它能使学员的行为符合其职业、岗位的行为要求，提高学员的行为能力；使学员能更好地处理工作环境中的人际关系。这种培训方法根据培训的具体对象确定培训内容，如基层主管指导新雇员，纠正下属的不良工作习惯等。它的操作步骤：首先，建立示范模型；其次，角色扮演与体验；再次，社会行为强化；最后，培训成果的转化与应用。

(1) 角色扮演法的优点：

1) 学员参与性强，学员与教师之间的互动交流充分，可以提高学员培训的积极性；

2) 角色扮演中特定的模拟环境和主题有利于增强培训效果；

3) 在角色扮演过程中，学员之间需要进行交流、沟通与配合，因此可增加彼此之间的感情交流，培养他们的沟通、自我表达、相互认知等社会交往能力；

4) 在角色扮演过程中，学员可以互相学习，及时认识到自身存在的问题并进行改正，明白自身的不足，使各方面能力得到提高；

5) 提高学员业务能力，同时加强了其反应能力和心理素质；

6) 具有高度的灵活性，实施者可以根据培训的需要改变受训者的角色，调整培训内容，同时，角色扮演对培训时间没有任何特定的限制，视要求而决定培训时间的长短。

(2) 角色扮演法的缺点：

1) 场景是人为设计的，如果设计者没有精湛的设计能力，设计出来的场景可能会过于简单，使受训者得不到真正的角色锻炼、能力提高的机会；

2）实际工作环境复杂多变，而模拟环境却是静态的、不变的；

3）扮演中的问题分析限于个人，不具有普遍性；

4）有时学员由于自身原因，参与意识不强，角色表现漫不经心，影响培训效果。

综上所述，角色扮演法既有优点，又有不足之处，是一种难度很高的培训和测评方法。要想达到理想的培训和测评效果就必须进行严格的情景模拟设计，同时，保证角色扮演全过程的有效控制，随时纠正可能产生的问题。

2. 拓展训练

拓展训练是指通过模拟探险活动进行的情景式心理训练、人格训练、管理训练。它以外化形体能训练为主，学员被置于各种艰难的情境中，在面对挑战、克服困难和解决问题的过程中，使人的心理素质得到改善。包括场地拓展训练和野外拓展训练两种形式。

（1）场地拓展训练。场地拓展训练是指需要利用人工设施（固定基地）的训练活动，包括高空断桥、空中单杠、缅甸桥等高空项目和扎筏泗渡、合力过河等水上项目等。场地拓展的特点，如表5-14所示：

表5-14　　场地拓展的特点

主要类别	内容描述
有限的空间，无限的可能	如训练场地的几根绳索，却是能否生存的关键；几块木板，成了架设通往成功的桥梁的关键。
有形的游戏，锻炼的是无形的思维	在培训师的引导下，利用简单的道具，整个团队进入模拟真实的训练状态，团队和个人的优点得以凸显，问题也不同程度地暴露出来。在反复的交流回顾中，也许可以找到某些想要的答案，为今后问题的解决提供思路。
简便，容易实施	场地拓展训练可以在会议厅里进行，也可以在室外的操场上进行，因此它既可以作为一次单独的完整团队培训项目来开展，又能很好地和会议、酒会、其他培训相结合。

团队可以从以下几个方面得到收益和改善，如表5-15所示：

表5-15　　场地拓展的收益

主要类别	内容描述
变革与学习	项目中将会设置和日常环境中不同的困难，迫使团队以新的思维解决问题，建立新的学习和决策模式。
沟通与默契	有意识地设置沟通障碍，建立团队新的沟通渠道，培养团队默契感。
心态和士气	变换环境，调整团队状态，通过新的因素的刺激提升团队士气。
共同愿景	在微缩的企业团队实验室中检验和明确团队的努力方向，从而在大环境中把握正确的方向。场地拓展训练可以促进团队内部和谐，提高沟通效率，提升员工的积极性，对形成从形式到内涵真正被大家认同的企业文化起着明显的作用，也能作为企业业务培训的补充。

(2) 野外拓展训练。野外拓展训练，是指在自然地域，通过模拟探险活动进行的情景体验式心理训练。它起源于第二次世界大战中的海员学校，旨在训练海员的意志和生存能力，后被应用于管理训练和心理训练等领域，用于提高人的自信心，培养把握机遇、抵御风险、积极进取和团队精神等素质，以提高个体的环境适应与发展能力，提高组织的环境适应与发展能力。野外拓展训练的基本原理：通过野外探险活动中的情景设置，使参加者体验所经历的各种情绪，从而了解自身（或团队）面临某一外界刺激时的心理反应及其后果，以实现提升学员能力的培训目标。野外拓展训练包括远足、登山、攀岩和漂流等项目。这些活动是参加者的一种媒介，使他们可以了解自身与同伴的力量、局限和潜力。

(五) 科技时代的培训方式

随着现代社会信息技术的发展，大量的信息技术被引入培训领域。在这种情况下，新兴的培训方式不断涌现，如网上培训、虚拟培训等培训方式在很多公司受到欢迎。

1. 网上培训

网上培训，又称为基于网络的培训，是指通过企业的内部网或互联网对学员进行培训的方式。它是将现代网络技术应用于人力资源开发领域而创造出来的培训方法产物，它以其无可比拟的优越性受到越来越多企业的青睐。在网上培训中，老师将培训课程储存在培训网站上，分散在世界各地的学员利用网络浏览器进入该网站接受培训。

(1) 网上培训的优点：

1) 无须将学员从各地召集到一起，大大节省了培训费用。

2) 在网上培训方式下，网络上的内容易修改，且修改培训内容时，无须重新准备教材或其他教学工具，可及时、低成本地更新培训内容。

3) 网上培训可充分利用网络上大量的声音、图片和影音文件等资源，增强课堂教学的趣味性，从而提高学员的学习效率。

4) 网上培训的进程安排比较灵活，学员可以充分利用空闲时间进行，而不用中断工作。

(2) 网上培训的缺点：

1) 网上培训要求企业建立良好的网络培训系统，这需要大量的培训资金。中小企业由于受资金限制，往往无法花费资金购买相关培训设备和技术。

2) 某些培训内容不适用于网上培训方式，如关于人际交流的技能培训就不适用于网上培训方式。

2. 虚拟培训

虚拟培训是指利用虚拟现实技术生成实时的、具有三维信息的人工虚拟环境，学员通过运用某些设备接受和响应环境的各种感官刺激而进入其中，并可根据需要通过多种交互设备来驾驭环境、操作工具和操作对象，从而达到提高培训对象各种技能或学习知识的目的。虚拟培训的优点在于它的仿真性、超时空性、自主性、安全性。在培训中，学员能够自主地选择或组合虚拟培训场地和设施，而且可以在重复中不断增强自己的训练效果；更重要的是这种虚拟环境使他们脱离了现实环境培训中的风险，并能从这种培训中获得感性知识和实际经验。

（六）其他方法

除了上面的培训方法之外，还有函授、业余进修、开展读书活动、参观访问等方法，这些方法是通过参加者的自身努力、自我约束能够完成的，公司只起鼓励、支持和引导作用。

课堂测试

你知道哪些培训方法？你觉得哪个方法最适合你的创业团队？

小故事大道理

摩托罗拉

摩托罗拉公司的铱星项目论证了为什么如此众多的公司采用多功能团队形式。这个项目是开发一个能够容纳 66 颗卫星的大型网络。“一开始我们就认识到，要以传统形式准时完成规模如此巨大、工程如此复杂的项目是不可能的”，项目总经理说。在项目的第一年，一直到项目进行到一半时，由 20 个摩托罗拉员工组成的多功能团队每天早晨聚会一次。后来，这个团队的成员扩展到包括其他十几个公司的专家，如道格拉斯公司的专家、马丁马瑞塔公司的专家、通用电气公司的专家、亚特兰大科技公司的专家、俄罗斯克兰尼切夫公司的专家等。

训练营

训练任务 5-4　团队内部培训实施训练

【任务目标】

帮助学生可以进行团队内部培训实施。

【任务要求】

（1）由组长主持讨论。

（2）小组根据事先制定好的培训方案，进行团队内部培训实施。

（3）每组安排一名同学负责记录、汇总。

（4）活动结束后，要求每组选出一名代表在课堂上汇报对培训的认知。

(5) 活动时间为40分钟。

【任务组织】(见表5-16)

表5-16 团队内部培训实施训练任务组织表

活动项目	具体实施	时间	备注
团队内部培训实施训练	(1) 假设全班有48人，将学生分成6个小组，每个小组8个人。 (2) 小组成员学习并讨论培训需求分析的作用，培训需求分析的实施程序，培训规划的主要内容，培训师的培训与开发，培训课程的实施与管理，培训方法的选择。 (3) 6个公司同时进行团队内部培训实施训练，然后分别汇报团队内部培训实施训练结果。 (4) 组织学生讨论团队内部培训实施训练过程中遇到的问题。	40分钟	教室中每组一桌八椅、分组资料(公司名称、人员安排)

【任务评价】(见表5-17)

表5-17 团队内部培训实施训练任务评价表

评价指标	评价标准	分值(100分)	评估成绩	所占比例
团队内部培训实施训练活动表演情况及效果	1. 理解培训需求分析的作用，培训需求分析的实施程序，培训规划的主要内容，培训师的培训与开发，培训课程的实施与管理，培训方法的选择	20		70%
	2. 能识别团队内部培训实施训练易犯的错误	20		
	3. 能灵活运用团队内部培训实施训练的应对策略	20		
	4. 遵守活动时间	10		
	5. 表演逼真	10		
	6. 效果明显	10		
	7. 活动评估	10		
教学过程	出勤、态度和热情	100		30%
小组综合得分				

游戏拓展

【游戏名称】

踩气球

【游戏目标】

进行团队建设

【活动规则和程序】

1. 将学员分成几个小组，每组在 6 人以上为佳。

2. 以小组为单位进行比赛。

3. 小组成员每人小腿上各绑一只气球，抽签决定对抗小组，进行小组赛。

4. 需要在教室外较为空旷的场地进行比赛，比赛双方成员想方设法地将对方小组成员的气球踩爆，一直到其中一组成员的气球全部被踩爆为止，则另一组为胜者，进入下一轮。

5. 小组赛获胜的团队进行总决赛，直到决出总冠军。

【学员思考】

1. 如何可以将对方的气球踩爆，同时又能保全自己的气球？

2. 团队成员如何互相配合呢？如何帮助队友呢？

【总结与点评】

1. 本游戏需要小组成员之间默契配合。

2. 在设法踩爆对方小组气球时，一定要保护好本组成员的气球。

3. 通过本游戏进行团队建设。

知识链接

科龙“钻石团队”内部培训促销综合检测表

一、是否制定了年度促销计划？如有，请简述：

____

____

二、是否有广告宣传计划？是否周密地制定了日程计划和费用计划？如有，请简述：

____

____

三、对消费者采用了何种促销方法？是否考虑以下促销方法：

1. 设计消费奖金

2. 对消费者进行教育

3. 发放宣传资料给消费者

4. 为消费者举办展览会

5. 为消费者进行实地表演

6. 发给赠品或兑换券

7. 向消费者提供新产品

8. 发给优惠券

9. 让消费者试用新产品

10. 设立商品陈列室

11. 开办商品咨询业务

12. 其他

四、对中间商给予哪些促销支持？是否考虑以下促销方法：

1. 对经营加以指导

2. 对员工进行教育

3. 加强管理

4. 展开竞赛

5. 提供商品目录

6. 联合做广告

7. 联合做促销

8. 销售折让

9. 举办讲演会或展览会

10. 其他

五、对末端商场采取何种促销方法？是否考虑以下促销方法：

1. 对商场经营加以指导

2. 加强中间商管理

3. 对商场员工的教育

4. 联合做广告

5. 举办讲演会或展览会

6. 向商场发放宣传资料

7. 允许商场抽成

8. 让商场之间竞赛

9. 派公司模特或形象代言人到商店

10. 设立直销店

11. 对商品宣传工作加以管理

12. 制定商场经营指南

13. 向商场提供销售用具

14. 向商场发放公司内部刊物

15. 赠送礼品给商场员工加以鼓励

16. 举行现场产品展示

17. 举行现场表演

18. 展开店员间竞赛

19. 其他

六、对公司内部采用何种促销方法？是否考虑以下的促销方法：

1. 让业务人员之间展开竞赛
2. 制定推销员手册
3. 制定产品目录
4. 办公司内部刊物
5. 提供销售用具
6. 其他

七、付款广告：

1. 电视
2. 广播
3. 印刷品
4. 报纸
5. 杂志
6. 电话簿黄页
7. 特殊行业名录
8. 交通运输广告
9. 路牌

八、促销计划的预算是怎样计算的？是根据“容许成本”，还是根据执行销售计划所必需的“积累成本”？请简述：

____

____

九、是否建立促销评鉴制度？如有，请简述：

____

____

专题小结

团队建设是企业真正的核心竞争力。团队是指为了实现某一目标而由相互协作的个体所组成的正式群体，是由员工和管理层组成的共同体。它合理利用每一个成员的知识和技能协同工作，解决问题，达到共同的目标。团队建设是企业在管理中有计划、有目的地组织团队，并对其团队成员进行训练、总结、提高的活动。团队建设的4个要点是：树立激励人心的目标；遴选能完成目标的团队成员；拥有良好的制度保障团队去完成目标；注重企业的核心文化建设。团队需做到5个统一：统一的目标、统一的思想、统一的规则、统一的行动、统一的声音。团队建设过程中的危险信号有：精神离职、超级业务员、非正式组织。团队建设需要注意四戒：一戒："团队利益高于一切"，二戒："团队本身的内斗"，三戒："团队内部皆兄弟"，四戒："牺牲'小我'，才能换取'大我'"。团队冲突指的是两个或两个以上的团队在目标、利益、认识等方面互不相容或互相排斥，从而产生心理或行为上的矛盾，导致抵触、争执或攻击事件。导致团队之间冲突的原因很多，只有对症下药，才能改善和优化团队之间的关系，提高组织的整体竞争力。团队冲突产生的原因主要有：资源竞争，目标冲突，相互依赖性，责任模糊，地位斗争，沟通不畅。常见的管理团队冲突的方法有以下几种：交涉与谈判，第三者仲裁，吸收合并，强制，回避，激发冲突，预防冲突。

团队建设的原则有：确定团队规模，完善成员技能，合理分配角色，树立共同目标，建立绩效评估与激励体系，培养互信精神。团队建设中的阻力有：来自组织结构的阻力，来自管理层的阻力，来自个人的阻力。企业团队的良性构建的4个阶段分别是：组建适应期，冲突调适期，认同协作期，成熟收获期。企业团队建设的关键实务有：企业团队的构建要素，企业团队成员的核心技巧，企业团队冲突及其调适。培训需求分析的实施程序是：做好培训前期的准备工作，制定培训需求调查计划，实施培训需求调查工作，分析与输出培训需求结果。培训规划的主要内容是：培训项目的确定，培训内容的开发，实施过程的设计，评估手段的选择，培训资源的筹备，培训成本的预算。培训方法有如下几类：直接传授型培训法，实践型培训法，参与型培训法，态度型培训法，科技时代的培训方式、其他方法。

主要名词

团队建设	精神离职	团队冲突	合作性冲突	破坏性冲突
建设性冲突	讲授法	专题讲座法	研讨法	头脑风暴法
模拟训练法	敏感性训练法	管理者训练法	角色扮演法	虚拟培训

课后习题

一、单项选择题

二、思考题

1. 什么是团队建设？
2. 团队建设的 4 个要点是什么？
3. 团队建设过程中的危险信号有哪些？
4. 团队建设需要注意哪四戒？
5. 团队冲突的概念是什么？
6. 团队冲突的原因是什么？
7. 常见的管理团队冲突的方法有哪几种？
8. 团队建设的原则有哪些？
9. 团队建设中的阻力有哪些？
10. 培训规划的主要内容是什么？

三、案例分析题

案例一　平衡管理

X 电脑公司是一家科技应用企业。公司创办时，董事会破格从地产公司电脑服务部聘任优秀员工 A 为公司经理。理由是：A 在电脑应用及智能化工程实施方面的技术水平较高，属于内行。A 上任 3 个月，工作积极、勤奋，带领员工刻苦钻研技术业务，但他不知道怎么经营和管理，公司经营处于停滞不前的状态。董事会决定将其撤换掉，但处理方法不当会挫伤 A 的积极性，并对其各方面产生负面影响。

如何平衡，董事们提出了各自的看法。董事 C 的看法：把他增选进董事会，然后兼任公司技术负责人。董事 Z 的看法：让他做分管技术的副经理，享受经理待遇。董事 Y 的看法：我们需要的是懂管理，能带领员工扩大经营规模，创造效益的经理，既然他不行，那就撤职让他专干业务。现在的企业对人的管理不必太顾虑，该咋办就咋办。董事 S 的看法：把他调回，给他 3000 元苦劳奖，开个离职欢送会，大家吃顿欢送饭。

董事长 H（领导层的权威）的看法：1. A 为一个有技术的优秀员工，是我们企业的财富，是我们没有给他摆好位置，这是我们的失误；2. A 正是公司最需要的专业人才，公司正要依靠这样一些技术尖子来发展，调走他会影响公司技术工作；3. 目前我们选定的经理 J 虽有经营管理经验，但技术业务不太熟，需要 A 帮助，增选 A 进董事会不合适，若他作为董事兼技术总负责，而不是董事的新任经理在领导工作中会有难度；4. 若简单把 A 撤换掉，会产生很大的负面影响，这个问题不宜简单化；5. 我的意见是设总经理，由我兼任。设两个总经理助理岗位，拟聘的经理 J 任总经理助理，负责公司日常的经营管理工作，A 任总经理助理兼技术部经理。我们应对年轻的优秀员工 A（24 岁）采取积极培养的方针，通过传、帮、带，使他既在业务上保持高水平，又在经营管理方面能有所突破。通过一段时间的运作，在合适的情况下，我退出，那时必须建立一套稳定的、能力强的领导班子。H 的意见通过后立即得到了实施，公司的经营状况有了起色，A 依然积极勤奋。

半年后，H 退位，J 任总经理，A 任副总经理分管技术，公司运转良好。

请问：在团队建设时，如何做到平衡管理？

案例二 木桶的容量

管理学中有个木桶原理：一个木桶由许多块木板组成，如果组成木桶的这些木板长短不一，那么这个木桶的最大容量不取决于长的木板，而取决于最短的那块木板。

一个企业好比一个大木桶，除非这个企业人浮于事，否则每一个员工都是组成这个大木桶的不可缺少的一块木板。这个企业的最大竞争力往往不是取决于某几个人的超群和突出，而是取决于它的整体状况，取决于它是否存在某些突出的薄弱环节。

而员工则好比是木桶的桶底，这个桶底是由员工的人文素养及他所掌握的各项专业知识和技能构成的。如果桶底不是坚固无缺的，那么当木桶的容量随着木板的加长而增大到一定程度时，桶底便开始泄漏，严重的情况下桶底会开裂甚至脱落而令木桶整个崩溃。

请问：如何运用“木桶原理”建设和管理好你的团队？

专题六 团队精神重塑造

知识目标

1. 掌握团队精神概念、作用、重要性
2. 了解团队精神的影响因素、对团队精神的认识
3. 熟悉神奇的蚂蚁、狼性团队精神、企鹅精神、大雁精神
4. 熟悉团队精神塑造的途径和方法
5. 熟悉团队精神的六大板块、五个阶段、制度保证
6. 理解团队精神塑造推行方案

能力目标

1. 能够依据企业文化创建积极向上、高效健康的团队精神
2. 能够通过有效方法增强团队凝聚力
3. 能够有较强的执行力
4. 能够有一定的影响力
5. 能够培养团队的大局意识、协作意识、服务意识

团队精神内涵

黄　蜂

有人曾做过一个实验，把七八只黄蜂同时关进一个密封的小木箱里，几天以后将它打开，发现木箱的四壁，分别多出了七八个小洞，每个洞里各有一只死去的黄蜂。而这些小洞，最浅的也超过了木板厚度的一半。

也就是说，只要这些黄蜂在危急关头能够团结合作，每一只都在同一个位置轮流钻上一段，那么完全可以轻易打破木箱，化险为夷，走出绝境。可遗憾的是，它们一个个只顾各自逃命，最后全部命丧黄泉。

教师启发

多少成功和失败的企业案例反复证明，一个企业要想持续发展，立于不败之地，没有团结奋进的企业文化，没有团队合作精神是万万不行的。尤其在企业生死存亡关头，团结是走出困境的重要保证。

富有活力和战斗力的团队精神，是任何集体都梦寐以求的。企业拥有了团队精神就拥有了核心竞争力，就具备了在现代市场竞争中无往不胜的战略优势，就可以弥补诸如资金、技术等方面的不足。一个集体如果拥有了团队精神，这个团体必然是一个富于战斗力和凝聚力的集体。

课前提问

那么，团队精神到底来自哪里？

相关知识点

一、团队精神的概念

团队精神是大局意识、协作精神和服务精神的集中体现，核心是协同合作，反映的是个体利益和整体利益的统一，并进而保证组织的高效率运转。

团队精神的形成并不要求团队成员牺牲自我，相反，挥洒个性、表现特长保证了成员共同完成任务目标，而明确的协作意愿和协作方式则产生了真正的内心动力。团队精神是组织文化的一部分，良好的管理可以通过合适的组织形态将每个人安排至合适的岗位，充分发挥集体的潜能。如果没有正确的管理文化，没有良好的从业心态和奉献精神，就不会有团队精神。

二、团队精神的作用

团队共同追求的价值观和理想目标，不但会被团队伙伴视为理所当然，而且具有指导伙伴行为的作用，借助言传、身教，还会传播给新的伙伴、家属、客户甚至更多的人。拥有良好的团队文化，不仅可以增强团队的凝聚力，而且可以令团队的潜力发挥到极致，使团队拥有良好的竞争力。团队精神的作用，如表 6－1 所示：

表 6－1　　团队精神的作用

主要类别	内容描述
目标导向功能	团队精神能够使团队成员齐心协力，拧成一股绳，朝着一个目标努力，对团队的个人来说，团队要达到的目标即是自己努力的方向，从而使团队的整体目标分解成各个小目标，在每个成员身上都得到落实。
团结凝聚功能	任何组织群体都需要一种凝聚力，传统的管理方法是通过组织系统自上而下的行政指令，淡化个人感情和社会心理等方面的需求，团队精神则通过对群体意识的培养，通过队员在长期的实践中形成的习惯、信仰、动机、兴趣等文化心理，来沟通人们的思想，引导人们产生共同的使命感、归属感和认同感，逐渐强化团队精神，产生一种强大的凝聚力。
促进激励功能	团队精神要靠每一个成员自觉地向团队中最优秀的员工看齐，通过成员之间正常的竞争达到实现激励功能的目的。这种激励不是单纯停留在物质的基础上，而是要能得到团队的认可，获得团队中其他成员的认可。
实现控制功能	在团队里，不仅队员的个体行为需要控制，群体行为也需要协调。团队精神所产生的控制功能，是通过团队内部所形成的一种观念的力量、氛围的影响，去约束、规范、控制团队的个体行为。这种控制不是自上而下的硬性强制力量，而是由硬性控制向软性内化控制；由控制个人行为，转向控制个人的意识；由控制个人的短期行为，转向对其价值观和长期目标的控制。因此，这种控制更为持久且更有意义，而且容易深入人心。

三、团队精神的重要性

团队精神的重要性主要有以下几点：

（一）团队精神能推动团队运作和发展

在团队精神的作用下，团队成员产生了互相关心、互相帮助的交互行为，显示出关心团队的主人翁责任感，并努力自觉地维护团队的集体荣誉，自觉地以团队的整体声誉为重来约束自己的行为，从而使团队精神成为公司自由而全面发展的动力。

（二）团队精神能培养团队成员之间的亲和力

一个具有团队精神的团队，能使每个团队成员显示高昂的士气，有利于激发成员工作的主动性，由此而形成集体意识、共同价值观，团队成员会自愿地将自己的聪明才智贡献给团队，同时也使自己得到更全面的发展。

（三）团队精神有利于提高组织整体效能

通过发扬团队精神，能进一步减少内耗。如果总是把时间花在怎样界定责任，应该找谁处理，让客户、员工团团转，这样就会降低企业成员的亲和力，损伤企业的凝聚力。

四、团队精神的影响因素

团队精神有以下几个影响因素：

（一）团队精神的基础——挥洒个性

团队业绩从根本上说，首先来自团队成员个人的成果，其次来自集体成果。团队所依赖的是个体成员的共同贡献而得到实实在在的集体成果。这里恰恰不要求团队成员都牺牲自我去完成同一件事情，而要求团队成员都发挥自我去做好这一件事情。就是说，团队效率的培养，团队精神的形成，其基础是尊重个人的兴趣和成就。设置不同的岗位，选拔不同的人才，给予不同的待遇、培养和肯定，让每一个成员都拥有特长、表现特长。这样的氛围越浓厚越好。

（二）团队精神的核心——协同合作

社会学实验表明，两个人以团队的方式相互协作、优势互补，其工作绩效明显优于两个人单干时绩效的总和。团队精神强调的不仅仅是一般意义上的合作与齐心协力，它要求发挥团队的优势，其核心在于大家在工作中加强沟通，利用个性和能力差异，在团结协作中实现优势互补，发挥积极协同效应，带来“1＋1＞2”的绩效。因此，共同完成目标任务的保证，就在于团队成员才能上的互补，在于发挥每个人的特长，并注重流程，使之产生协同效应。

（三）团队精神的最高境界——团结一致

全体成员的向心力、凝聚力是从松散的个人集合走向团队最重要的标志。在这里，有一个共同的目标并鼓励所有成员为之奋斗固然是重要的，但是，向心力、凝聚力来自团队成员自觉的内心动力，来自共同的价值观，很难想象在没有展示自我机会的团队里能形成真正的向心力；同样也很难想象，在没有明确的协作意愿和协作方式下能形成真正的凝聚力。

（四）团队精神的外在形式——奉献精神

团队总是有着明确的目标，实现这些目标的过程不可能总是一帆风顺的。因此，具有团队精神的人，总是以一种强烈的责任感，充满活力和热情，为了确保完成团队赋予的使命，和同事一起努力奋斗、积极进取、创造性地工作。团队精神表现为团队成员在自己的岗位上尽心尽力，主动为了整体的和谐而甘当配角，自愿为团队的利益放弃自己的私利。

五、对团队精神的认识

团队精神的核心是奉献，奉献成为激发团队成员的工作动力，为工作注入能量。团队精神的精髓是承诺，团队成员共同承担集体责任。没有承诺，团队如同一盘散沙。做出承诺，团队就会齐心协力，成为一个强有力的集体。团队精神是团队成员共同的归属感与成就感，它能带来高昂的士气，是团队凝聚力的高度体现。

团队精神是一种力量，摸不着、看不见、听不到，我们只有学会用心去体会、去感悟、去深化。团队精神不能只靠口号式的宣传产生效果，也不能靠简简单单地开几次沟通交流会、办几次所谓的集体活动、做几回民意测验和调研就能达到效果。

在公司的发展过程中，存在一些不容忽视的问题。有些员工虽然不缺乏工作热情，也有基本的企业利益立场，但却缺乏起码的团结协作的精神，遇到一些简单的工作尚可以较好地完成，一遇到复杂的工作，需要部门内部或部门之间进行深入探讨、沟通协作时，却躲躲闪闪，争功诿过，打击别人的积极性；有些员工没有很好的团队意识和整体观念，在涉及自身的利益时，斤斤计较，面对集体利益时，没有强烈的集体荣誉感和责任心。企业中的员工之间的关系，虽谈不到什么生死之交，但一定要做到风雨同行、同舟共济。没有团队合作的精神，仅凭一个人的力量无论如何也达不到理想的工作效果，只有通过集体的力量，充分发挥团队精神才能使工作做得更出色。

（一）队伍建设

加强队伍建设对提高企业竞争力的影响是至关重要的，每一个企业都应把培育人、不断提高员工的整体素质，作为经常性的任务。尤其是在急剧变化的时代，每个人、每个组织都必须不断学习，以适应环境的变化，并重新塑造自己，提高员工素质，加强队伍建设，也就是提高企业的生命力、竞争力。加强队伍建设要坚持以人为本的管理理念，在生产经营实践中，人们越来越认识到，决定一个企业发展能力的是人们拥有的知识、智慧、才能和技巧，人是社会经济活动的主体，是一切资源中最重要的资源，归根到底，一切经济行为都是由人来进行的，人没有活力，企业就没有活力和竞争力。因而，必须树立以人为本的经营理念，通过全体成员的共同努力，去创造企业的辉煌业绩。

（二）发挥大家的潜能

生命有限，智慧无穷。人们通常都潜藏着大量的才智和能力。企业最主要的任务就是开发人的潜能，开发员工的潜能。管理员工就是如何最大限度地调动员工的积极性，释放其潜藏的能量。让员工以极大的热情和创造力投身于事业之中。三流企业靠制度管理，二流企业靠经营管理，一流企业靠团队管理、文化建设，得到了企业界的认同。当然也离不开管理制度和经营工作这个基础。越来越多的成功案例证明，现代公司的管理运营在很大程度上是对团队人力资源的运筹和管理，运筹管理的水平有多高，公司的发展潜力就有多大，这方面成功的案例很多，其中一条很重要的经验，就是必须重视团队建设，必须打造团队精神，必须调动团队作战，否则必将被淘汰。所以，团队精神是纽带，是连接，也是公司的灵魂，一个公司没有精神，没有灵魂，就不会有活力，不会有生命力。

（三）端正态度，摆正心态

好的团队源于勤奋。我们所倡导的勤奋，既是一种积极向上的人生态度，也是员工成才的必经之路，是引发生机与活力的集中表现。就公司集体和个人来说，要想成就一番事业，必须具备勤奋的工作态度，没有勤奋的工作，再美好的愿望都会成为空谈。团队中的员工是否敬业很重要。为了生活而工作，为了责任而工作，不要抱怨，要学会自我奖励，快乐就是最好的奖励。要学会在任何时候建起自己内心的标准和满足感，要自发自动、自我奖励，视工作为快乐。你过去对工作的态度如何并不重要，重要的是从现在起对未来的态度如何。

（四）忠诚是动力

忠诚是团队持续的动力。员工的忠诚是无价之宝。我们提倡的忠诚并不是唯唯诺诺地顺从，而是一种职业的责任感；忠诚不是对某个人忠诚，而是对职业的忠诚，是承担某一责任或者从事某一职业所表现出来的精神。忠诚于团队、忠诚于事业的员工，他们工作努力，在工作中不找任何借口，有时会达到一种令人难以置信的程度。大多数人对自己的团队都怀有一定程度的忠诚，但这种忠诚在很多情况下表现得不够，有人把忠诚作为增加回报的筹码，这不是真正的忠诚，而是交换。作为一个团队的领导，宁愿信任一个虽然能力差一点但有足够忠诚的人，而不愿意重用一个能力超强但朝三暮四的人。

（五）营造团结协作、和谐融洽的团队氛围

在公司与员工之间、员工与员工之间互相忠诚、互相尊重、互相帮助、互相理解，倡导和营造一种积极健康、活泼和谐的员工精神氛围，就是我们希望达到的公司文化的状态。宽以待人是善待团队，也是善待自己。宽容是一切成功者应有的境界，也是形成团队精神的必备要素，没有宽容就没有和谐。有了宽容，阅历不同而能相互补充，年龄不同而能相互尊重，能力不同而能相得益彰，职位不同而能共进共勉。

所以，团队精神表现为一种文化氛围、一种精神面貌，是一种看得见、感知得到的精神气息；企业的灵魂则是一种看不见、摸不着的神韵。一个好的企业，首先应是一个团队。一个团队要有鲜明的团队精神。一种积极向上、朝气蓬勃、洋溢着时代气息的企业精神，对于现代企业是十分重要的。

课堂测试

创业团队需要团队精神吗？你是怎么认为的？

小故事大道理

青岛啤酒

青岛啤酒公司的一位员工到超市买东西，看到货架上有几瓶啤酒的商标有划痕，他感到格外扎眼，就将它移到货架后面，后转念一想，前面的啤酒卖完后，后面划伤的啤酒就又会露在外面，于是他干脆掏腰包，把这几瓶啤酒买下来。

青岛啤酒公司每个月给员工发一箱青岛啤酒，这位员工根本就不缺酒，虽然是商场人员不小心造成的，但他却心甘情愿买下来，为的是不让青岛啤酒在消费者的心目中留下伤痕。

训练营

训练任务 6-1　踩报纸

【任务目标】

帮助学生在游戏中体会团队精神的内涵。

【任务要求】

（1）游戏开始前，商量下用什么方法去踩报纸。

（2）坚持 5 秒，即挑战成功，可以将报纸对折，再挑战。

（3）游戏时间为 30 分钟。

【任务组织】（见表 6-2）

表 6-2　　踩报纸任务组织表

活动项目	具体实施	时间	备注
踩报纸	(1) 将学生分成6个小组，每个小组8个人。 (2) 组长把准备好的报纸放在小组中间，主持本次游戏。 (3) 小组成员可以用任何方式去踩报纸，要求小组所有成员都要踩在报纸上。 (4) 在游戏过程中，要求通过照片或者视频的方式保存游戏过程。 (5) 可以容纳所有组员的报纸最小者，可以成为优秀团队，获得加分。如果报纸大小相同，看坚持时间长者为优胜，并且发表获胜感言。	30分钟	每个小组准备一张报纸。桌椅移向教室两边，留出中间空地。

【任务评价】（见表 6-3）

表 6-3　　踩报纸任务评价表

评价指标	评价标准	分值（100分）	评估成绩	所占比例
踩报纸活动情况及效果	1. 踩报纸活动规则的遵守（比如：脚不能踩在报纸外面）	20		70%
	2. 能体会团队精神的内涵	20		
	3. 能解决在活动中遇到的问题	20		
	4. 遵守活动时间	10		
	5. 表演逼真	10		
	6. 效果明显	10		
	7. 活动评估	10		
教学过程	出勤、态度和热情	100		30%
小组综合得分				

团队精神典范

狮子和大象为什么怕蚂蚁

在非洲的草原上，如果见到羚羊在奔逃，那一定是狮子来了！如果见到狮子在躲避，那一定是象群发怒了！如果见到成百上千的狮子和大象集体逃命的壮观景象，那是什么来了？

有人说是火山或地震，也有人说是成群的猎人来了，但很少有人猜想到是蚂蚁军团！因为蚂蚁很渺小，几乎任何动物都可以一脚踩死它。但谁能想到大象和狮子怕的是小小的蚂蚁呢？

教师启发

无数蚂蚁团结一致，可以战胜比它们重得多、大得多的大象和狮子。狮子和大象再大，也是一个个体，对蚂蚁无法团队作战。而蚂蚁再小却是一个强大的团队，可以有无限大的力量。联合的弱小个体可以战胜一个强大的个体，这正是上帝借蚂蚁给人类的启示。

? 课前提问

团队精神的典范是什么样子的？

相关知识点

一、神奇的蚂蚁

（一）蚂蚁是什么样的小动物

在地球上，除了南北两极和终年积雪不化的山峰外，陆地上几乎都有蚂蚁生存的足迹。蚂蚁之所以在世界各个角落都能存活，是因为它们在一个非常有组织、有纪律、有分工的群体中生活。它们一起工作，一起建筑巢穴，一窝蚂蚁有不同的分工，蚁后负责繁衍后代，蚁后产的卵，大部分的卵发育成没有生殖能力的雌性，它们被称为工蚁，负责建筑并保卫巢穴，日常还负责觅食储存，每一类都有其专门的职责。

蚂蚁团结协作的精神使人类敬佩，我们可以看到七八只蚂蚁捕获一只苍蝇，齐心协力地把它拖进巢穴里，一个窝的蚂蚁从来不打架。它们有类似人类的组织，拥有强大的战斗力，就像人类最初发展部落一样，慢慢地发展壮大。

蚂蚁是最勤劳的生物之一。它们整天东奔西跑，忙忙碌碌，从不疲倦。蚂蚁只要出了洞口，便从不休息，除非死亡。蚂蚁的勤劳是自觉的、主动的、本能的。只要它还活着，它就会愉快地工作，工作就是它们的生存方式。

据力学家测定，一只蚂蚁能够举起超过自身体重 400 倍的东西，从相对力气这个角度来看，蚂蚁是当之无愧的大力士。小小的蚂蚁为什么能有如此神力？科学家现在还不知道其中的奥秘。

蚂蚁虽然不算地球上最小的动物，但在我们眼里，它们是弱小的。弱小的蚂蚁社会却有勤劳和共同对抗敌外的精神，它们虽然身材矮小、生命短暂，但它们团结在一起，在地球上生存的时间甚至比人类都要长。

蚂蚁过火的故事

一位老农上山开荒，山上长满了茂密的杂草和荆棘。当砍到一丛荆棘时，老农发现荆条上有一个箩筐大的蚂蚁窝。荆条倒，蚁窝破，无数蚂蚁蜂拥窜出。老农立刻将砍下的杂草和荆棘围成一圈，点燃了火。风吹火旺，蚂蚁四散逃命，但无论逃到哪方，都被火墙挡住。蚂蚁占据的空间在火焰的吞噬下越缩越小，灭顶之灾即将到来。可是，奇迹发生了。火墙中突然冒出一个黑球，先是拳头大，不断有蚂蚁粘上去，渐渐地变得篮球般大，地上的蚂蚁已全部抱成一团，向烈火滚去。外层的蚂蚁被烧得噼里啪啦，但缩小后的蚁球竟然越过火墙滚下山去，躲过了全体灰飞烟灭的灾难。

（二）企业中的蚂蚁精神

有很多世界500强的企业已经把蚂蚁精神奉为学习的典范。前通用电气公司CEO杰克·韦尔奇曾多次强调："我们不仅要学习蚂蚁分工协作的精神，还要学习蚂蚁团结拼搏、共同奋斗的精神，唯有这样，才能营造核心竞争力和长期竞争优势，才能确保我们在行业里第一的位置。"IBM公司也把蚂蚁精神作为对员工进行思想教育的重点内容。公司要求员工不仅要有奉献意识，更要能够团结协作，共同享用"觅食利益"。同样，飞利浦公司也把蚂蚁精神视为对员工考核的重要内容，强调员工要有忘我的奉献意识，要在团结协作中成就卓越。

二、狼性团队精神

（一）狼的处世哲学

狼在人们的印象中，样貌与狗类似，凶狠、攻击性强，很多人简单地以为狼只是凶残无比、让人恐惧的，然而，狼还具有很多值得我们去学习的特点，如冷静的头脑、顽强的斗志、作战的方式。

狼在所有的哺乳动物之中是将团队精神发挥得最淋漓尽致的动物。狼的团队在捕获猎物时非常强调团结和协作，因为狼同其他动物相比，实在没有什么特别的个体优势，在生存、竞争、发展的动物世界里，它们懂得团队的重要性，久而久之，狼群也就演化成了"打群架"的高手。

在狼成功捕猎过程的众多因素中，严密有序的集体组织和高效的团队协作是其中最明显和最重要的因素。这种特征使得他们在捕杀猎物时总能无往不胜。狼群总是协同作战，正是因为如此，虽单打独斗狼不敌虎、狮、豹，但狼群可以杀死它们；在蒙古草原上所有的猛兽都被狼驱逐出草原，任何动物遇到狼群都很害怕，为什么？因为狼靠的是协同作战，所以其他动物都不敢惹狼。我们团队学习"狼文化"，也就是将狼的团队中比较积极的因素引用到我们的团队建设中来，争取做一个成功的团队。

（二）狼性精神

现在，在日益激烈的市场经济竞争中，狼的这种团队作战的方式正被越来越多的人所认可。一群狼团结拼搏，共同发展的团队精神正是我们团体所要追求的。同样，为了达到我们的目标，团体成员要像狼一样团结协作，团队中的每个成员都应该清楚个人和团队的共同目标，明确自己的角色定位和在组织中的作用。团队的目标就是要创造出比团队成员个人所能创造出的总和更多的价值，这也是团队存在的意义。这就需要团队的每个成员都具有团队精神。

在狼的团队中相当注重和谐。我们在打造成功的团队时，意识到个人有优点也有缺点，所以尊重人和人之间的差异是和谐的体现。因为最优秀的团队，并不是最优秀的员工组成的，而是由各个成员团结协作、扬长避短来组建的。世界上没有完美的人，但是如果我们能够充分了解自己，发挥优点，改善缺点，就应该说已经接近完美了。在任何环境之下，优点和缺点都会对人产生一定的影响，并且决定了别人对自己的态度，阻碍或者帮助实现目标，完成工作。一个优秀的员工，要根据不同的环境和不同的情况，灵活面对自身的优缺点，也就是说，尽量用优点来面对环境，当工作环境需要你面对自己的缺点时，也不要逃避。

三、企鹅团队精神

澳大利亚企鹅

凡是去过澳大利亚的人都应该去过一个地方——菲利浦岛。这个位于维多利亚州西南、面积不足两平方千米的小岛却有着世界上其他地区都没有的珍稀动物——蓝企鹅。由于此种企鹅体态娇小，且只有在菲利浦岛周围出现，故人们把它们亲切地称之为“澳大利亚企鹅”。

澳大利亚企鹅被人们发现还是在上个世纪初，从那时起到现在的一百多年时间里，全球的环境与气候发生了很大变化，许多动物与植物被大自然无情地淘汰，我们人类赖以生存的空间也变得越来越小。在此种情况下，体态娇小又没有任何攻击能力的澳大利亚企鹅就面临严峻的生存危机。在海洋里，它们要面对类似鲨鱼的诸多凶猛水中杀手的袭击，在陆地上，它们又要面临包括人类在内的更多的食肉动物的攻击。为了更加有效地保护这一地球上的珍稀物种，当地人主动为这些可爱的小动物修建巢穴、开辟通道、清理环境、减少污染，到目前为止，澳大利亚企鹅的数量一直保持在 200 多只的水平上。

夕阳西下、夜幕降临之时正是澳大利亚企鹅从大海返回陆地的最佳时间，来自世界各地的人们此时都按捺不住自己激动的心情，要看看小企鹅抢滩上岸的美妙动人的场景。海潮一波接一波地冲刷着海滩，一批正准备上岸的小企鹅，借助海潮的涌动纷纷“冲”上岸边，有的停立在滩头，有的则又被潮水带回海中。停立在滩头的企鹅在看到还有自己的同伴没有上岸后就一起又退回到海水里再进行一次“集体抢滩登陆”，如此这般，反复数次，等到这一批企鹅全部上岸后才排着整齐的队伍集体向着自己熟悉的巢穴一摇一摆地前进。在这之后，一批又一批的企鹅都是以这样的“集体行动”的方式登陆，登陆后又是以这种“集体行动”的方式回到它们自己的巢穴。小企鹅是很有组织、很有纪律、很有原则、很有规律的，一同上岸的小企鹅实际上是一个“小团队”，在这个小团队中有一两只是“领头者”，在前面开路，也有一两只是“报信者”，前后奔忙，如果其中有“掉队者”“走失者”，整个团队就会“集体后退”或“停止不前”，一定要等到掉队者归队后才能继续前进。我们目送着小企鹅们一个个钻进自己的巢穴。

“企鹅精神”才是澳大利亚企鹅的精髓所在！这种小企鹅之所以能够吸引来访者的眼球，给参观者带来莫大的震撼，归根结底是因为这种看似弱小的生物用一种拟人化的行为使自己“强大起来”。它们从生物进化的过程中、从大自然弱肉强食的规律中、从与海洋与陆地上的生物竞争的过程中逐渐形成一种习惯、一种求生的本能、一种战胜对手的法宝，这就是我们亲眼所见的企鹅的“团队精神”，这种精神要求每一只企鹅都不能脱离集体，每一个集体都要关注每一只企鹅，企鹅之间只有共进共退才能形成一个团队，才能产生令对手无法“下手”的保护网。企鹅精神就是团结向上、发扬集体主义、相互关心、相互帮助，这正是我们今天社会所要倡导、鼓励、支持、发扬的社会主义精神文明的核心之所在。

四、大雁精神

大雁是动物界很特别的群体，每年秋天飞到南方过冬，在其迁徙的过程中，它们密切配合，相互扶持。从它们身上，可以领悟到一些团队配合的道理。

第一是对环境的敏感性。大雁不懂日历，它们只能靠着自身对环境的敏感性，确定日期，在冬天到来之前开始迁徙。在团队中最重要的一点就是对环境的敏感性，环境的特征将直接影响团队的目标和团队的前进路线，营销团队要时刻注意市场环境的变化，而公司经营则要对政策环境随时保持高度的敏感，这样才能在“寒冬”到来之前开始迁徙。

第二是对团队精神的忠诚。雁群的飞行效率是孤雁的 1.71 倍，雁群飞行时领头雁奋力振动翅膀，给后面的大雁营造出相对真空的环境，以减轻其飞行阻力，然后依次类推，整个雁阵便能以高效的形式前进。在团队中，每个团队成员都要以集体为中心，凡事要以集体的形式出现，不能出现个人利益高于团队利益的现象。

第三是对团队目标的执着。在漫长的旅途中，雁群从来都是目标清晰、方向坚定。在团队配合中更应如此，坚定的目标和方向是团队生存和发展的必要条件。

第四是注重贡献。在雁群迁徙的过程中，各个大雁的分工不同，领头雁在飞行中所承受的阻力是十分巨大的，在飞行过程中，其他雁对领头雁发出“呱呱”的叫声给领头雁以鼓励，使它保持高速的飞行，以带动雁群的高效率。而在飞行间歇休息的时候也有大雁站岗放哨，为雁群的安全高度警戒。在团队中也是如此，每个成员都应贡献出个人的一份力，无论是压力重重的“领头雁”，还是辛苦付出的“站岗雁”，每个成员都应为团队的生存与发展贡献自己的一份力。

第五是主动的补位意识。在雁群飞行过程中，领头雁承受着高度的压力，因此在其力尽之后，它会退到雁群的后方，而其他的雁会积极地补到“头雁”的位置上。依次类推，雁群中的每一个成员都会轮流承担“头雁”的任务。在团队配合中也是一样，“领头雁”不仅仅是一种荣誉和地位，更意味着对团队更多的付出和更大的压力。在团队配合中，要抛却“出风头”“抢位置”的想法，每个人都应当为团队的前进和发展积极贡献力量，发挥自身的潜力和能量。

在团队配合中也是如此，强烈的补位意识是团队默契配合的必要条件。在车间生产线上，一名合格的员工并不仅仅是做好自己的工作，更要在生产过程中积极配合同事。在团队配合的工作当中，只有每个团队成员都积极配合、协调其他成员，在同事脱不开身的时候伸出援手，才能保证团队的高效运作。

无论是补位意识还是贡献意识，重要的都是群体而非个人。作为工作团队，更是应当长短互补，积极协作、配合。没有完美的个人，只有完美的团队。打造高效、无缝隙的团队，需要每位成员的付出和努力，高效的团队是实现事业成功的不二法宝，更是个人价值实现的唯一途径。

课堂测试

结合实际，谈谈狼性团队精神。

小故事大道理

巨鹿决战

秦朝末年，天下纷乱，军阀为了不同的利益相互混战，其中，项羽破釜沉舟的“巨鹿之战”至今被人们传诵。

当时，赵王歇被秦军围困在巨鹿（今河北平乡西南），请求楚怀王救援。而秦军强大，几乎没人敢前去迎战。项羽为报秦军杀父之仇主动请缨，楚怀王封项羽为上将军。

项羽先派都将英有、蒲将军率领两万人做先锋，渡过漳水，切断秦军运粮通道。然后，项羽率领主力渡河。渡过了河，项羽命令将士，每人带三天的干粮，把军队里做饭的锅碗全砸了，把渡河的船只全部凿沉，连营帐都烧了，并对将士们说：“咱们这次打仗，有进无退，三天之内，一定要把秦兵打退。”

项羽破釜沉舟的决心和勇气，对将士起了很大的鼓舞作用。楚军把秦军的军队包围起来，个个士气振奋，越打越勇，一个人抵得上十个秦兵，十个就可以抵上一百。经过九次激烈战斗，活捉了秦军首领王离，其他的秦军将士有被杀的，也有逃走的，围困巨鹿的秦军就这样瓦解了。

成功时刻，鲜花美酒，这样的领导者当然好做，可是一个人、一个公司在发展的过程中不可能总是与顺利相伴。世界上事业有成的成功人士大多经历过非常多的痛苦与磨难，甚至有的人一辈子都与失败为伍，只是到人生的最后一段时光才取得事业上的伟大成就。

没错，在成功的时候，下属都看到前面繁花似锦，你可以一呼百应；可是当团队遭遇失败挫折的时候，你要怎样才能保持现在这种一呼百应的良好领导局面呢？决定因素有很多，其中很重要的一点就是要把整个团队拧成一股绳，激励大家同仇敌忾，激发员工拼死一搏的决心、信心和勇气。

置之死地而后生，如果凡事怕危险而畏首畏尾，则永无出人头地之日。唯有将自身的安全置之度外，勇于面对现实，方能使事业飞黄腾达。

训练营

训练任务 6-2　团队精神典范训练

【任务目标】

通过观看团队精神典范相关视频，帮助学生领悟团队精神。

【任务要求】

(1) 由教师准备团队精神典范相关视频。

(2) 每组安排一名同学负责记录、汇总。

【任务组织】（见表 6-4）

表 6-4　团队精神典范训练任务组织表

活动项目	具体实施	时间	备注
团队精神典范训练	(1) 全班在多媒体教室观看团队精神典范相关视频。 (2) 假设全班有 48 人，将学生分成 6 个小组，每个小组 8 个人。 (3) 6 个小组同时讨论团队精神典范，领悟团队精神，然后分别汇报讨论结果。 (4) 组织学生讨论团队精神典范训练过程中遇到的问题。	40 分钟	多媒体教室中，每组一桌八椅、分组资料（公司名称、人员安排）

【任务评价】（见表 6-5）

表 6-5 团队精神典范训练任务评价表

评价指标	评价标准	分值（100分）	评估成绩	所占比例
团队精神典范训练表演情况及效果	1. 对神奇的蚂蚁、狼性团队精神、企鹅精神、大雁精神的理解	20		70%
	2. 能识别团队精神典范训练易犯的错误	20		
	3. 能灵活运用团队精神典范训练的应对策略	20		
	4. 遵守活动时间	10		
	5. 表演真实	10		
	6. 效果明显	10		
	7. 活动评估	10		
教学过程	出勤、态度和热情	100		30%
小组综合得分				

模块三 团队精神塑造

故事导入

黑带的真义

一位武学高手在一场典礼中，跪在武学宗师的面前，正准备接受得来不易的黑带，经过多年的严格训练，这个徒弟武功不断精进，终于可以在这门武学里出人头地了。

“在颁给你黑带之前，你必须再通过一个考验。”武学宗师说。

“我准备好了。”徒弟答道，心中以为可能是最后一回合的拳术考试。

“你必须回答最基本的问题：黑带的真义是什么？”

“是我学武历程的结束，”徒弟不假思索地回答：“是我辛苦练功应该得到的奖励。”

武学宗师等了一会儿，他显然不满意徒弟的回答，最后他开口了：“你还没有到拿到黑带的时候，一年后再来。”

一年后，徒弟再度跪在武学宗师面前。

“黑带的真义是什么？”宗师问。

“是本门武学中杰出和最高成就的象征。”徒弟说。

武学宗师等着，等着，过了好几分钟都没有说话，显然他并不满意，最后他说道：“你还没有到拿到黑带的时候，一年后再来。”

一年后，徒弟又跪在武学宗师面前。

"黑带的真义是什么？"

"黑带代表开始，代表无休无止的纪律、奋斗和追求更高标准的历程的起点。"

"好，你已经准备就绪，可以接受黑带和开始奋斗了。"

教师启发

在这变化激烈的竞争环境中，企业成立即代表着一个新的里程碑，是一个起点，企业创立之时或许在专业技术上保有短暂的优势，但企业的经营不只是靠技术而已。他必须有团队的共同运作，要有能激发团队奉献的愿景，要有管理的机制，更重要的是领导者要有规划地去学习经营与管理。一个企业是一个成就亦是一个起点，唯有保持个人及团队的学习，企业才可以基业长青，永驻健康与发展。

? 课前提问

团队精神如何塑造？

相关知识点

一、团队精神塑造的途径和方法

团队精神日益成为一个重要的团队文化因素，它要求团队分工合理，将每个成员放在适合的位置上，使其能够最大限度地发挥自己的才能，并通过完善的制度、配套的措施，使所有成员形成一个有机的整体，为实现团队的目标而奋斗。团队精神的养成需要从以下几个方面入手，如表 6-6 所示：

表 6-6　　团队精神的养成

主要类别	内容描述
明确提出团队目标	目标是把人们凝聚在一起的力量，是鼓舞人们团结奋斗的动力，也是督促团队成员的标尺。要注意用切合实际的目标凝聚人、团结人，调动人的积极性。
健全团队管理制度	管理工作使人们的行为制度化、规范化。好的团队都应该有健全完善的制度规范，如果缺乏有效的制度，就无法形成纪律严明、作风过硬的团队。
创造良好的沟通环境	有效的沟通能及时消除和化解领导与成员之间、各部门之间、成员之间的分歧与矛盾。因此，必须建立良好的沟通环境，以增强团队凝聚力，减少内耗。
尊重每一个人	尊重是调动人的积极性的重要前提。尊重团队中的每一个人，人人都感受到团队的温馨。关心成员的工作与生活，将会极大地激发成员献身事业的决心。
引导成员参与管理	每个成员都有参与管理的欲望和要求。正确引导和鼓励这种愿望，就会使团队成员积极为团队发展出谋划策，贡献自己的力量与智慧。

续表

主要类别	内容描述
增强成员全局观念	团结出战斗力。团队成员不能计较个人利益和局部利益，只有将个人、部门的追求融入团队的总体目标中去，才能达到团队的最佳整体效益。团队中成员之间的关系，一定要做到风雨同行、同舟共济，没有团队合作的精神，仅凭一个人的力量无论如何也达不到理想的工作效果，只有通过集体的力量，充分发挥团队精神才能使工作做得更出色。

二、团队精神的六大板块

（一）创建团队经营理念

主要包括 3 个方面：

（1）经营组织与社会经济环境的关系；

（2）经营的目标愿景；

（3）实现这些目标要采取的手段与方法。

例如：我们将运用产品，为尽早实现中国和谐社会的目标而努力！通过共同学习，把自己培养成为一名优秀的管理人员，为客户提供最完善的服务。把我们的团队建设成最好的、最有特色的优秀基层团队。

（二）弘扬公司的企业文化

公司是母体，员工都是她的一个组织细胞，无论在何时，员工都遵循同一种精神，延续同一种文化。弘扬公司的企业文化就是成就团队自身文化的一个重要板块。

（三）建立日常的管理制度

制度是经营理念的体现与载体。对于团队而言，如果没有大家共同遵守的制度，也就没有真正意义上的经营哲学。例如：考勤制度、早会制度、激励制度、例会制度、学习制度、员工品质管理、财务管理等规定，这些都是保证团队有序运作的基础。

（四）举行制式的典礼仪式

仪式在人们生活中具有非常重要的作用，团队经营过程中典礼仪式既是经营理念、经营活动的一种体现，也是团队经营哲学的表现形式之一。例如：迎新会、生日会、晨会、夕会、周例会、月历会、庆功会、晋升会、反思会、总结会、说明会、产说会等。

（五）设置行为标准的规范

明确的制度、潜在的规则，一个好的营业单位最大的特点就是拥有大家一致认同的并遵守的行为准则。这种行为标准一定是积极正面的，符合国家和公司的规定，符合广大营销伙伴的利益和行为习惯。

这些标准规范最好是能够超越制度的要求，形成在道德层面以上，让广大营销伙伴能够主动遵守，相互监督。

（六）营造温馨激励的环境

好的团队职场=好的氛围=好的业绩，特别在营销职场布置方面，是团队文化建设中最感性的物质形态之一。

三、团队精神文化的四个阶段

（一）混乱阶段

不知道自己该怎么做是这个阶段的特点。

如何体现“营销文化”，如何体现“部门特色”？诸如此类的问题深深地困扰着团队的经营者；“做不好就不做了”，依旧按照以往的经验或者“走一步看一步”地进行管理是这个阶段的普遍现象。另外，急功近利，简单地大搞，希望通过这些“文化建设”让团队的管理水平和凝聚力马上发生质的提高，经营业绩也随之变好，这种团队文化建设往往是“雷声大、雨点小”的形式主义的代名词。

（二）片面阶段

开始关注文化建设，但仍然具有如下特色：文化没有个性，千篇一律；缺乏核心理念，杂乱无章；缺少一致内容，矛盾背离。

（三）系统阶段

系统建设的意思就是从团队精神的 4 个层次（理念、制度、行为和物质）进行全面塑造，并且具有统一性。

（四）实践阶段

这个阶段的团队管理者一般会关注两个方面：

（1）如何提高部门的核心竞争力，使部门能够保持现在的竞争优势，面对日益激烈的市场竞争；

（2）如何塑造优秀的部门文化，使团队能够基业长青，永葆青春。

四、团队精神的制度保证

团队精神与企业制度的关系应当体现在以下几个方面：

（一）企业方针、制度的决策和形成应当融入团队精神

按照现代公司法原理，形成公司的各股东或利益集团均由公司以法人的身份进入市场从事各种商业行为，从企业的方针、战略的制定到具体措施的实施均体现企业的整体利益，因此在相当程度上，公司法人具有商事人格权。作为法人授权的具体的执行者及其领导的团队也应当以一个整体的姿态出现在商场，这是现代企业制度原理和市场运作规律对企业的必然要求，团队精神的融入和渗透无疑是符合这一内在规律的。

企业制度的形成应当是一个科学、民主的决策过程，是一个集思广益、发挥众人智慧和力量的过程，是综合指挥员的经验和众多战斗员的丰富实践的过程，很难想象在一个宁静的港湾潜心研究出的企业制度能够自如地应对瞬息万变、暗礁密布的市场状况。在我们的企业中，各种规章制度往往并不少见，但常常是束之高阁，究其原因，其中很重要的一点就是制度本身严重脱离实际，自然就形同虚设。

（二）企业目标的实现需要有团队精神

索尼公司是世界上著名的企业，之所以能有今天的巨大成就，与其“家庭式”的管理方法是分不开的。在索尼公司，每一个员工都被视为大家庭的一分子，每个员工都能够发表自己独特的观点。但是，索尼又强调员工之间要像在一个家庭中生活一样互相配合、协调。公司的每一位员工由于受到充分的尊重，才华得到充分的发挥，最后，公司得到了员工们同等的回报——积极工作并对公司忠诚，于是索尼公司获得了巨大的、可持续的事业成功。

成功的团队并非以压抑个性为代价，相反，成功的团队十分尊重成员的个性，重视成员的不同想法，真正使每一个成员参与到团队工作中，风险共担，利益共享，相互配合，完成团队工作目标。

（三）团队精神是制度创新的巨大动力

人是各种资源中唯一具有能动性的资源。企业的发展必须合理配置人、财、物，而调动人的积极性和创造性是资源配置的核心，团队精神就是将人的智慧、力量、经验等资源进行合理的调动，使之产生最大的规模效益，用经济学的公式表述即 1+1>2 模式。

谈及团队精神，我们往往只认识到团队精神所体现的凝聚力对企业制度、企业文化的影响，然而在全球知识经济和中国加入 WTO 直接融入国际市场的背景下，我们尤其要认识到团队精神对企业制度创新的巨大意义。

（四）制度建设是团队精神的有力体现和保障

一方面，我们要把在新形势下团队精神的具体内涵反映到制度上来，不断充实、修正。另一方面，我们要重新检讨奖惩机制、分配机制，确定是不是真正做到了权、责、利的统一。比如说，通畅、透明、多向、经常性的信息交流体现了一个企业团结一致、信息共享的良好团队精神，这种信息交流机制在日本已成为企业极为重要的管理制度，可是在我国不少企业中，信息交流并没有形成有效机制，无论是领导外出参观、交流，还是业务人员因公出差或后勤职能部门外出履行职责时，因而采集到与企业有关的有价值的信息，大多未形成书面报告、分类归档，更谈不上横向交流和支持相应的调研。久而久之，一些有价值的信息就渐渐从记忆中流失了，决策的依据有时就只剩下了“好像”“大概”，甚至是伪证。

五、做好矛盾管理

团队工作不同于一般的工作，因为它是一个管理矛盾的过程。回顾一下团队工作过程中五个冲突的矛盾，管理者必须理解、接受，并尽可能地平衡这些矛盾。

（一）容纳个人的不同和集体目标的一致

团队的有效性常常需要混合不同的个体。团队为了从多样性中获益，它必须允许不同声音——观点、风格、优先权表达的过程。这些不同的声音一方面带来了开放的工作环境，另一方面也带来冲突，甚至有团队成员之间的竞争。过多的冲突和竞争会导致一个“胜负”的问题，而不是合作解决问题的方法。这样做的目的是集合不同的个体，从而激励他们追求团队的共同目标。有效的团队允许个体的自由和不同，但是所有团队成员必须遵守适当的下级目标或团队日程安排。

（二）鼓励团队成员之间的支持和对抗

如果团队成员的多样性得到承认，不同的观点被鼓励，团队需要发展一种成员之间互相激励和支持的文化。在这种文化环境下，团队成员之间有一种内聚性。他们对其他人的想法真正感兴趣，他们想听到并且区分谈论的内容。他们愿意接受其他具有专长、信息或经验和当前的任务或决策相关人员的领导和影响。但是，如果团队成员太过于互相支持，他们会停止互相对抗。在内聚力非常强的团队中，当反对不同意见时，保护和谐与友好关系的强硬的规范会发展成为整体思想。成员将会抑制他们个人的想法和感受，不会再互相批评对方的决策和行动，这时需要付出相当大的个人成本。团队决策时将不会出现不同意见，因为没有一个人想制造冲突。如果持续出现这种情况，团队成员很可能产生压抑的挫折感，他们将只是想“走自己的路”，而不是真正解决问题。有效的团队要想办法允许冲突，而又不至于因此而受损。

（三）注意业绩、学习和发展

管理者不得不在“正确的决策”和未来的经验积累的支出之间选择。犯错误应该认为是学习付出的成本，而不是作为惩罚的原因，这将鼓励发展和革新。

（四）在管理者权威和团队成员的判断力和自治之间取得平衡

管理者不能推脱团队业绩最终的责任，授权并不意味着放弃控制。给团队成员越多的自治，他们遵守共同的日程就显得越重要。有效的团队是灵活的，他们可以在管理者权威和最适合的团队解决方案之间取得平衡。实际上，在功能完善的团队，成员之间高度的互相信任，管理者在做出某些决定时不必讨论，也不必解释。相反，无效的团队中缺乏信任感，即使管理者做最明白的事情或无关紧要的建议，团队成员都要提出疑问。

（五）维护关系三角

对于管理者来说，由于他们最终具有正式的权威，而不是团队成员，所以他们理解这一点非常重要。团队管理者的作用是管理关系三角：管理者、个体、团队，三者处于等边三角形的三个顶点。管理者必须关心三方面的关系：他们和每一个团队成员个体的关系；他们和作为整体的团队的关系；每一个团队成员个体和团队整体的关系。任何一条关系都受其他两条关系影响。当管理者不能很好地管理这个关系三角求得平衡时，团队成员之间的不信任和不良影响将呈螺旋式向下蔓延。

（六）团队管理的挑战

由于团队的复杂性，很多团队不能充分发挥潜能。有效的团队不是自然形成的，管理者必须提前把团队成员团结在一起。很多管理者逐渐明白如果他们在管理团队过程中和团队成员分担责任和权威——从管理团队边界到管理团队本身，团队会更有效。如果所有团队成员齐心协力，将取得有效的团队业绩。我们又一次看到，授权是管理者面对竞争现实可以依赖的工具。一位优秀的团队管理者发现：“我最终认识到我的责任包括把优秀的人员集合起来，创造良好的环境，然后制定出解决问题的方案。”当然，在事情进展过程中，这个责任说起来容易做起来难。

六、团队精神塑造推行方案

（一）确立明确的目标

明确具体可行的企业发展目标，是员工最好的航行方向，目标方向越明确、越具体，激发的团队效力也就越大。

（1）将公司发展方针、目标、计划告诉所有员工，让员工有工作的热情和动力。

（2）将员工的薪金增长计划、方案、职位升迁方案明确，让员工觉得自己在公司有所作为，有发展的前途。

这样一个目标可以使员工看到希望，从而劲儿往一处使，产生向目标奋进的力量源泉。

（二）培育共同的企业价值观

企业制度、企业规范只能在有限和常规情况下，告诉员工“干什么”和“不干什么”，因此，把价值观作为员工的行为准则可以利用各种方式：

（1）培养员工良好的道德规范、道德修养。

（2）培养员工的个人修养。

（3）培养员工正确的人生价值观、社会价值观。

（三）公司的管理层起表率作用

公司的决策者、各级管理者是团队的龙头，是团队的核心，管理人员的表率作用体现在：

（1）给各部门制定相关的评估、考核机制。没有各部门的评估、考核机制，就看不到领导起表率作用的成绩。

（2）给管理者一定的激励机制。只有通过奖励方式，才能保证管理层的带头作用。

（四）激发员工的参与热情

企业的精神有赖于员工的参与，只有员工全方位地参与企业的经营管理，把个人的命运与企业未来的发展捆绑在一起，员工才会真心实意地关心企业，才会与企业结成利益共同体和命运共同体，因此，必须建立“以人为本”的管理机制。

（1）制定相应的激励机制，如生产改进的激励、质量改进的激励、员工为企业创造价值的激励等。

（2）将激励机制落实，只有这样员工才会觉得有真实感。

（3）要关心员工生活，关心员工的思想状态，对于员工反映的实际问题，要及时解决，条件不够、不能满足的，要给员工一个答复。

（4）用人性的手段激励员工，如制定夫妻同在公司服务的激励政策，关心员工生日，给久未归家的员工的父母一声问候，对员工家人或员工的身体状况不幸表示关注等方式。

（五）积极发现员工的共同领域

团队的默契，源于团队成员之间自觉的了解和熟悉，而彼此之间的了解、熟悉又以共同的生活为基础，也是形成团队精神的必要条件，因此，按公司的实际情况要：

（1）语言统一。在团队内部用统一的语言有利于员工沟通，也有利于团队的团结。

（2）服装统一。统一的服装是团队精神的表现。

（3）礼仪、礼节的统一。这是公司文化修养的表现，也是公司形象的体现。

（4）其他统一。利害关系的统一；大体匹配的文化层次；共同的兴奋点、兴趣等。

（六）唤醒危机意识和忧患意识

危机意识和忧患意识是团队精神形成的外在客观条件，没有团队的觉悟，没有大家的奋起，没有危机的心态，一旦危机到来，就会措手不及。

（1）市场分析。将市场的挑战性、困难性、竞争性，同行的压力分析给员工。

（2）技术改进上的压力。

（七）保持经常性的沟通

员工与企业之间持续、有效、深度、双向的沟通，能使员工知己知彼，动态掌握自己在团体行动网络中的坐标。因此建议：

（1）组织经常性的座谈会，或者以意见箱的形式让员工积极反映对企业的一些看法、观点，以及有益的建议。

（2）组织文化、文艺演出，让员工与公司进行感情上的沟通。

（3）部门之间要进行沟通，不要因沟通不足而造成隔阂，沟通方式是多样的，但不能流于形式，一定要落于实处。

（八）团队精神需要一个培育的过程

一支具有良好的团队精神的团队，应具有以下特点：在团队风气上，能够容忍不同的观点；支持在可能接受常驻范围内进行不同试验；对公司忠诚；共同的价值观并愿意付出努力；在合作上能坦诚交流。但是，形成这样的团队要有一个长期的培育和合作过程，公司领导必须在组织上为团队建设提供如下支持：

（1）明确团队的目标。团队的目标只能由决策层提出，才能让员工、管理人员明确。

（2）给予一定的资源。包括人力资源、物资资源、资金资源、信息资源。

（3）提供可靠的信息。要给予策划者市场最新动向、国际国内情况、人员培训信息、培训最新动态等。

（4）不断的培训和教育。要对员工不断地培训和教育，对企业文化的策划者也要不断地培训与教育。

（5）定期的技术和方法的指导。

课堂测试

结合实际，谈谈如何塑造团队精神。

小故事大道理

楚汉相争

两千多年前的楚汉相争，项羽勇猛无比，力大能拔山，然而最终得天下的，却是刘邦。刘邦网罗了很多人才，有韩信、张良、萧何、樊哙、夏侯婴、周勃、陈平、英布等，组成了一个人才济济的智囊团。项羽生性多疑，不能够任人唯贤，连一个范增都留不了，最后落得一个兵败身亡的下场。刘邦的胜利，是团队的胜利。刘邦建立了一个人才各得其所、才能适得其用的团队；而项羽仅靠个人的匹夫之勇，所以失败是情理之中的事。

训练营

训练任务 6-3 撕名牌

【任务目标】

帮助学生在游戏中塑造团队精神。

【任务要求】

每个人后背上都会贴上写有自己名字的 A4 纸，叫作名牌。以小组为单位，在不伤害对方的情况下可以采用运动战或者正面对战，想方设法把对方后背上的名牌撕下来的即为胜利者。

【任务组织】（见表 6-7）

表 6-7　撕名牌任务组织表

活动项目	具体实施	时间	备注
撕名牌	（1）将学生分成 6 个小组，每个小组 8 个人。 （2）把准备好的 A4 纸、马克笔、双面胶等物放在小组中间桌子上，首先制作名牌。 （3）小组成员可以用任何方式去撕其他小组成员的名牌，名牌被撕的组员离开游戏区域，小组中所有成员名牌被撕，该组被淘汰。 （4）在游戏过程中，要求通过照片或者视频的方式保存游戏过程。 （5）留到最后的小组，即为优胜，并且发表获胜感言。	50 分钟	每个小组准备 A4 纸若干，要求每个组的纸颜色不同，马克笔，双面胶等物。撕名牌在教室外空地完成，最好是草地。

【任务评价】（见表 6-8）

表 6-8　撕名牌任务评价表

评价指标	评价标准	分值（100 分）	评估成绩	所占比例
撕名牌活动情况及效果	1. 撕名牌活动规则的遵守（例如：被撕掉名牌后，必须立即离开游戏区域，不得再去撕别人的名牌，也不得将撕掉的名牌重新贴上）	20		70%
	2. 能体会团队精神的塑造	20		
	3. 能解决在活动中遇到的问题	20		
	4. 遵守活动时间	10		
	5. 表演逼真	10		
	6. 效果明显	10		
	7. 活动评估	10		
教学过程	出勤、态度和热情	100		30%
小组综合得分				

游戏拓展

【游戏名称】

夹球喝水

【游戏目标】

塑造团队精神

【活动规则和程序】

1. 将学员分成几个小组，每组在 6 人以上为佳。

2. 以小组为单位进行比赛，每组派出 6 人参加比赛。

3. 小组先派出 2 人，背对背站立，中间夹一气球，计时开始后，走向事先放有一杯水的椅子，其中一名成员弯下腰，用嘴叼起水杯，喝完杯中水，然后将气球传给本组另外 2 人，进行接力，6 人全部完成后，计算总时间。

4. 在过程中气球不能掉落或者挤破，水杯的水要全部喝完，否则将从头开始，计时不停止，用时最少的小组获胜。

【学员思考】

1. 如果气球掉落怎么办？

2. 想想哪个同学弯下腰喝水更合适？

【总结与点评】

1. 本游戏需要学员之间默契配合。

2. 并不是越快越好，减少失误很关键，气球如果掉落，要从第一位学员重新开始，反而会浪费时间。

3. 通过本游戏塑造团队精神。

知识链接

认识团队精神塑造的误区

我们应该认识到，团队意识和个人英雄主义是矛盾的对立统一体。团队意识的强弱决定了团队的整体战斗力。团队工作是一个系统而整体的工作，加强团队意识的培养是提高战斗力的重要前提，而个人英雄主义也会影响团队成员工作的主动性和积极性。所以，加强团队意识的培养，正确引导成员充分发挥个人英雄主义是提高效率的重要方法，而不是一味强调团队意识而忽视了个人英雄主义的正确发挥。

（一）提高个人的团队意识

我们应该明白，只有整个团队的业绩提高了，自己才能更好地发挥潜能，所谓“大河流水小河满”说的也是这个道理。我们要充分认识到自己离不开团队，团队离不开自己，这样才能形成团队强大的凝聚力和战斗力。

（二）让员工正确发扬个人英雄主义

领导在工作中要合理授权，给下属更多发挥的机会。在工作中遇到问题要广泛采集成员的意见，最大限度地调动成员的创造性思维，通过员工正确地发扬个人英雄主义，提高成员独立作战的能力和市场竞争意识。

（三）个人利益永远服从团队利益

团队意识和个人英雄主义是对立统一的，因此二者在特定的条件下会产生冲突和矛盾。如果处理不当，势必影响团队的整体战斗力。根据团队利益为上的原则，个人英雄主义必须服从于团队利益，个人英雄主义的发扬必须以维护团队利益为前提，如果过分强调个人英雄主义，整个团队就可能变成一盘散沙，不堪一击。

专题小结

团队精神是大局意识、协作精神和服务精神的集中体现，核心是协同合作，反映的是个体利益和整体利益的统一，并进而保证组织的高效率运转。团队精神是组织文化的一部分，良好的管理可以通过合适的组织形态将每个人安排至合适的岗位，充分发挥集体的潜能。如果没有正确的管理文化，没有良好的从业心态和奉献精神，就不会有团队精神。

团队精神的作用有以下几点：目标导向功能，团结凝聚功能，促进激励功能，实现控制功能。团队精神非常重要，主要有以下几点：团队精神能推动团队运作和发展，团队精神能培养团队成员之间的亲和力，团队精神有利于提高组织整体效能。团队精神的影响因素：团队精神的基础——挥洒个性，团队精神的核心——协同合作，团队精神的最高境界——团结一致，团队精神的外在形式——奉献精神。

团队精神的塑造需要从以下几个方面入手：明确提出团队目标，健全团队管理制度，创造良好的沟通环境，尊重每一个人，引导成员参与管理，增强成员全局观念。团队精神的六大板块：创建团队经营理念，弘扬公司的企业文化，建立日常的管理制度，举行制式的典礼仪式，设置行为标准的规范，营造温馨激励的环境。团队精神文化的四个阶段：混乱阶段，片面阶段，系统阶段，实践阶段。团队精神与企业制度的关系应当体现在几个方面：企业方针、制度的决策和形成应当融入团队精神，企业目标的实现需要有团队精神，团队精神是制度创新的巨大动力，制度建设是团队精神的有力体现和保障。团队精神塑造推行方案：确立明确的目标，培育共同的企业价值观，公司的管理层起表率作用，激发员工的参与热情，积极发现员工的共同领域，唤醒危机意识和忧患意识，保持经常性的沟通，团队精神需要一个培育的过程。

主要名词

团队精神	蚂蚁精神	狼性精神	企鹅精神	大雁精神

课后习题

一、单项选择题

二、思考题

1. 团队精神是什么？
2. 团队精神的作用是什么？
3. 团队精神有多重要？
4. 团队精神有哪些影响因素？
5. 请举例说明大雁精神在实际生活中的运用。

三、案例分析题

案例一　蝴蝶效应

1979 年 12 月，洛伦兹在华盛顿的美国科学促进会的一次讲演中提出：一只蝴蝶在巴西扇动翅膀，有可能会在美国的得克萨斯州引起一场龙卷风。他的演讲和结论给人们留下了极其深刻的印象。从此以后，“蝴蝶效应”之说就不胫而走，声名远扬了。

“蝴蝶效应”之所以令人着迷、令人激动、发人深省，不但在于其大胆的想象力和迷人的美学色彩，更在于其深刻的科学内涵和内在的哲学魅力。

从科学的角度来看，“蝴蝶效应”反映了混沌运动的一个重要特征：系统的长期行为对初始条件的敏感依赖性。

经典动力学的传统观点认为：系统的长期行为对初始条件是不敏感的，即初始条件的微小变化对未来状态所造成的差别也是很微小的。可混沌理论向传统观点提出了挑战。混沌理论认为在混沌系统中，初始条件的十分微小的变化经过不断放大，对其未来状态会造成极其巨大的差别。我们可以用西方流传的一首民谣对此做形象的说明。这首民谣说：

丢失一个钉子，坏了一只蹄铁；

坏了一只蹄铁，折了一匹战马；

折了一匹战马，伤了一位骑士；

伤了一位骑士，输了一场战斗；

输了一场战斗，亡了一个帝国。

请问：为何“蝴蝶效应”的威力如此之大？

案例二 放虎不一定归山

《魏书·侯渊传》载，北魏大都督侯渊，率领七百骑兵，疾奔袭击拥兵数万的葛荣部将韩楼。他孤军深入敌方腹地，带着一股锐气，在距韩楼大本营一百多里地之处，将韩楼的一支五千余人的部队一下子就打垮了，还抓了许多俘虏。侯渊没有将俘虏当“包袱”背，而是将他们放了，还把缴获的马和粮等东西都发还给他们。侯渊的部将都劝他不要放虎归山，以免增加敌人的实力。侯渊向身边的将士们解释道：“我军仅有七百骑，兵力十分单薄，敌众我寡，无论如何都不能和对方拼实力、拼消耗。我将俘虏放归，用的是离间计，使韩楼对他们疑心，举棋不定，这样我军便能趁机攻克敌城。”将士们听了这番话，才恍然大悟。

侯渊估计那批释放的俘虏快回到韩楼占领的蓟城了，便率领骑兵连夜跟进，拂晓前就去攻城。韩楼接纳曾被俘过的这批部下时，就有些不放心，当侯渊紧接着就来攻城时，便怀疑这些放回来的士兵是给侯渊当内应的。他由疑而惧，由惧而逃，弃城而去没多远，就被侯渊的骑兵部队追上去活捉了。

请问：从团队精神的角度，谈谈如何在自己处于不利地位的时候，战胜对手。

参考文献

[1] [英] 迈克·布伦特，[英] 菲奥娜·艾尔莎·丹特. 团队赋能：大师的 18 堂团队管理课 [M]. 北京：北京联合出版有限公司，2019

[2] [美] 南希·马丁尼. 销售团队管理 [M]. 北京：电子工业出版社，2017

[3] [美] 布伦特·格里森. 先发制人：海豹突击队团队管理的 10 大黄金法则 [M]. 北京：中国友谊出版公司，2019

[4] [美] 南希·马丁尼，[美] 杰弗里·詹姆斯. 销售团队管理：通过应用心理学打造高绩效销售团队 [M]. 北京：电子工业出版社，2013

[5] 千海. 华为团队管理法 [M]. 广州：广东经济出版社有限公司，2018

[6] 宋安顺. 保险团队管理 [M]. 北京：北京大学出版社，2012

[7] 任南. 团队管理三要诀：聚人气，拢人心，做人杰 [M]. 长春：吉林出版集团有限责任公司，2014

[8] 王胜会. 高绩效团队管理实务全案 [M]. 北京：化学工业出版社，2014

[9] 杨剑. 班组长实用团队管理 [M]. 广州：广东经济出版社有限公司，2013

[10] 任康磊. 小团队管理的 7 个方法 [M]. 北京：人民邮电出版社，2019

[11] 王峰雪. 保险营销团队管理之道 [M]. 北京：中国金融出版社，2013

[12] 黄钰茗，石强. 团队管理的 55 个关键细节 [M]. 北京：中国电力出版社，2011

[13] 杜一凡. 微商团队管理运营实战宝典 [M]. 北京：人民邮电出版社，2016

[14] 周剑熙. 创业者要懂的 24 堂团队管理课 [M]. 北京：人民邮电出版社，2016

[15] 华杰. 孙子兵法与团队管理 [M]. 成都：西南财经大学出版社，2015

[16] 蔡为东. 行之有效：IT 技术团队管理之道 [M]. 北京：电子工业出版社，2012

[17] 赵巍程. 向佛陀学团队管理智慧 [M]. 北京：北京工业大学出版社，2013

[18] 文希岳. 销售团队管理全案 [M]. 北京：中国铁道出版社，2019

[19] 苗青. 团队管理：成就卓越的基石 [M]. 杭州：浙江大学出版社，2014

[20] 孙科柳，石强. 团队管理工具箱 [M]. 北京：中国电力出版社，2012

图书在版编目（CIP）数据

团队管理/陈锋主编．--2版．--北京：中国人民大学出版社，2020.6
21世纪高职高专规划教材．市场营销系列
ISBN 978-7-300-28149-0

Ⅰ.①团… Ⅱ.①陈… Ⅲ.①组织管理学-高等职业教育-教材 Ⅳ.①C936

中国版本图书馆CIP数据核字（2020）第089758号

21世纪高职高专规划教材·市场营销系列
"十三五"江苏省高等学校重点教材
团队管理（第2版）
主　编　陈　锋
副主编　袁玉玲　王金龙
Tuandui Guanli

出版发行	中国人民大学出版社		
社　　址	北京中关村大街31号	**邮政编码**	100080
电　　话	010－62511242（总编室）		010－62511770（质管部）
	010－82501766（邮购部）		010－62514148（门市部）
	010－62515195（发行公司）		010－62515275（盗版举报）
网　　址	http://www.crup.com.cn		
经　　销	新华书店		
印　　刷	北京市鑫霸印务有限公司		
规　　格	185 mm×260 mm　16开本	**版　　次**	2020年6月第1版
印　　张	16.25 插页1	**印　　次**	2021年1月第2次印刷
字　　数	340 000	**定　　价**	35.00元

信息反馈表

尊敬的老师:

您好！为了更好地为您的教学、科研服务，我们希望通过这张反馈表来获取您更多的建议和意见，以进一步完善我们的工作。

请您填好下表后以电子邮件、信件或传真的形式反馈给我们，十分感谢！

一、您使用的我社教材情况

您使用的我社教材名称			
您所讲授的课程		学生人数	
您希望获得哪些相关教学资源			
您对本书有哪些建议			

二、您目前使用的教材及计划编写的教材

	书名	作者	出版社
您目前使用的教材			
	书名	预计交稿时间	本校开课学生数量
您计划编写的教材			

三、请留下您的联系方式，以便我们为您赠送样书（限1本）

您的通信地址			
您的姓名		联系电话	
电子邮箱（必填）			

我们的联系方式:

地　址：苏州工业园区仁爱路158号中国人民大学苏州校区修远楼

电　话：0512-68839320　　传　真：0512-68839316

网　址：www.crup.com.cn　　邮　编：215123